21世纪广告基础教材
广告学专业“十三五”规划教材

广告策划（第三版）

黄升民　段晶晶　著

Advertising Planning

中国传媒大学出版社
·北京·

图书在版编目（CIP）数据

广告策划/黄升民，段晶晶著．—3版．--北京：中国传媒大学出版社，2018.11（2023.6重印）
（21世纪广告基础教材　广告学专业“十三五”规划教材）
ISBN 978-7-5657-2413-8

Ⅰ.①广…　Ⅱ.①黄…②段…　Ⅲ.①广告—营销策划—教材　Ⅳ.①F713.81

中国版本图书馆CIP数据核字（2018）第236923号

广告策划（第三版）
GUANGGAO CEHUA（DI-SAN BAN）

著　　者	黄升民　段晶晶		
策划编辑	程　平		
责任编辑	程　平		
封扉设计	大鹏设计		
责任印制	李志鹏		
出版发行	中国传媒大学出版社		
社　　址	北京市朝阳区定福庄东街1号	**邮　　编**	100024
电　　话	86-10-65450528　65450532	**传　　真**	65779405
网　　址	http://cucp.cuc.edu.cn		
经　　销	全国新华书店		
印　　刷	北京中科印刷有限公司		
开　　本	787mm×1092mm　1/16		
印　　张	19		
字　　数	350千字		
版　　次	2018年11月第3版		
印　　次	2023年6月第6次印刷		
书　　号	ISBN 978-7-5657-2413-8/F·2413	**定　　价**	49.00元

本社法律顾问：北京嘉润律师事务所　郭建平

再版序

忽然收到段晶晶老师的微信,说是《广告策划》一书再版在即,出版社需要有一个再版序言。我问,以前不是有的吗?回答说,那是好几年前的序啦,环境变化时代进步,序言也需要更新了。

我想想也对。广告策划一课,始于1991年,几届学生下来,讲义集结成材,再由任课的段晶晶担纲,边讲边改,逐步形成了一个体系。我们私下也有商量,是不是把它推倒重做一个崭新的广告策划系列呢?每当我们摩拳擦掌跃跃欲试的时候又犹豫不决了。

的确,很多的知识都需要更新了,需要补充新的案例和操作流程,需要容纳对新媒体环境下新业务方式的应用,也需要对包括文字、图片在内的内容加以完善。在新版教材中,对这些内容都进行了充分的更新,并对重要知识点用加粗的方式做了表示。但是,它的基座、它的系统真到了需要完全推倒重建的程度了吗?

我们的耳边常常想起一个声音:颠覆,重构,再建。说实话,革命是很痛快的事情,一跺脚一咬牙,什么都可以连根拔掉,可以,遗留下来巨大的空洞如何填补呢?罗马不是一天建起的。作为一套系统知识,经历长年,吸纳东南西北。它在诞生之初,既有模仿也有承传,它的成长过程,同样既有修缮也有创造。

人人都说,信息时代联网世界,没有不变的事物。营销如是媒介如是广告亦如是,既然一切在变,哪有广告策划不变之理。我承认,置身市场前沿的广告行业,风吹雨打变化无常。规则可以变,流程可以变,思维也可以变。然而,万物变化之中,是不是可以看到广告千年不变的基因呢?广而告之警醒提示不变,是不是可以体味广告百年延续的定理呢?作为一种目的明了的传播行为,目标最佳、资源最优、效果最大的策划原则是不会改变的吧。有人类就会有传播,有传播就会有广告。广告在策划也就在。是为序。

黄升民

中国传媒大学教授

中国广告博物馆馆长

目　　录

第一章
广告策划概述

本章学习目标

☑ 了解广告策划的本质。

☑ 了解现代广告的形成条件。

☑ 了解广告策划的发展变化。

☑ 掌握广告策划的定义、基本运作模式以及广告策划的阶段性运作。

☑ 熟悉广告策划过程中涉及的组织类型。

☑ 区别计划、策略、战略等基本概念。

第一节 广告策划的本质

认识广告策划

1.广告策划的定义

在我国,“策划”一词早期见于《后汉书》,也作“策画”。《辞源》将“策划”解释为“筹划”“计划”;《辞海》将之解释为“计划”“打算”。总之,策划就是“动脑子”“想办法”“出主意”的意思。

在西方,“策划”这个概念最早是由公共关系学者爱德华·伯纳斯在其著作《策划同意》中提出的。20世纪60年代,英国BMB广告公司创始人斯坦利在广告领域首先使用了这个概念。随着策划理论和工作方法的成熟以及其在西方广告界和公共关系界的推广普及,广告策划逐渐演化为现代广告活动科学化和规范化的标志之一。

我们在探讨对“策划”一词的理解时,通常会从“策划”一词中发现两个层面的含义:一是计谋说,二是策略规划说。

从“计谋说”的视角而言,我们可以从中国古代众多的计谋故事中发现其背后的“策划”工作。但今天,我们从我国古代众多的计谋中发现,当时的计谋更倾向于个体的形式,虽然饱含智慧的结晶,欣赏之下令人回味无穷,但其复制的难度极大,其规律和使用条件难以控制。

从“策略规划说”的视角而言,它强调经验之中隐含的内在规律,要求依循规律进行未来规划,重视事物之间存在的共同方法与程序。“策略规划说”中的“策划”意义更适合于现代广告观念。**“策划”经常和“战略”“策略”“规划”等字眼连用,泛指某种策略或战略的产生过程。**在诸多学者的定义之中,我国台湾管理学者许士军和美国学者菲利普·科特勒的见解值得关注。

我国学者许士军认为,策略代表为达到某一特定目的所采取的手段,表现为对重大资源的调配方式。**策略规划(Strategy Planning)则是界定企业目标与使命,侦察外在环境,制定公司资源分配原则,乃至决定生产、行销、财务等功能性政策这一整个系统的过程。**

美国学者菲利普·科特勒认为,当一个组织明确了其市场目的和目标时,它就知道了今后要向何处去。问题是如何通过最好的路线达到那里。为此,**企业要有一个达到其目标的全盘计划,这就叫策略。策略和战术不能混为一谈:策略针对一场战争,而战术则针对一场战役。**

在广告概念中,策划、策略、战略等在理论上的完善均有赖于对管理学的借鉴。由于企业经常会面对一系列策略与决策问题,并且要将其纳入企业的战略管理体系中加以控制。所以,在管理学领域,也有学者将“策略规划”的概念整合为“战略管理”,使这个核心概念更加系统和完整。目前,策划、策略、战略这组概念在战略管理理论中已经形成了比较成熟的理论和应用体系。

1985年前后,我国有部分学者撰文呼吁,要把现代广告策划观念引入中国的广告实践中,树立“以调查为先导,以策划为基础,以创意为灵魂”的现代广告运作观念。1989年,上海的唐仁承出版了我国内地第一本《广告策划》专著,其后,北京的杨荣刚也出版了《现代广告策划》一书。关于“广告策划”的概念,两位作者均有明确的界定。

在此,我们对广告策划的定义是:**所谓“广告策划”,就是根据广告主的营销计划和广告目标,在市场调查的基础上,制定出一个与市场情况、产品状态、消费群体相适应的经济有效的广告计划方案,并加以评估、实施和检验,从而为广告主的整体经营提供良好服务的活动。**

2. 广告策划与广告计划的区别

在业界经常使用的字眼中，除了"策划"之外，还有"策略""计划"等概念。广告策划(Advertising Planning)属于最初的阶段，也是广告活动的基础。广告计划，则既有属于企业形象战略一类、需要实施三四年的长期计划，也有属于人才招聘一类、只需实施一次的短期计划。广告计划的内容包含目标设定、对象选择、媒体选择等。

策划与计划有着明显的不同：策划是能实际引导行动、创造性思考及实践的过程，也有人说"策划是一种无中生有的精神活动"；**计划则是从现在到未来，根据时间表，思考如何逐次达成目标的行为。**

在市场活动和广告运作中，区分策略、策划、计划具有非常重要的意义。**首先，策略要解决如何通过综合配置企业的各个资源，使其发挥出最大效果这一观念性问题；其次，策划要提供综合的方法，以完成策略目的；而计划则负责完善和细化各战术，以便具体实施策划。**

在使用时，这些概念之间存在着特定的差别，在此，我们可以用图1－1和表1－1来简约表示这三个概念之间的基本关系：

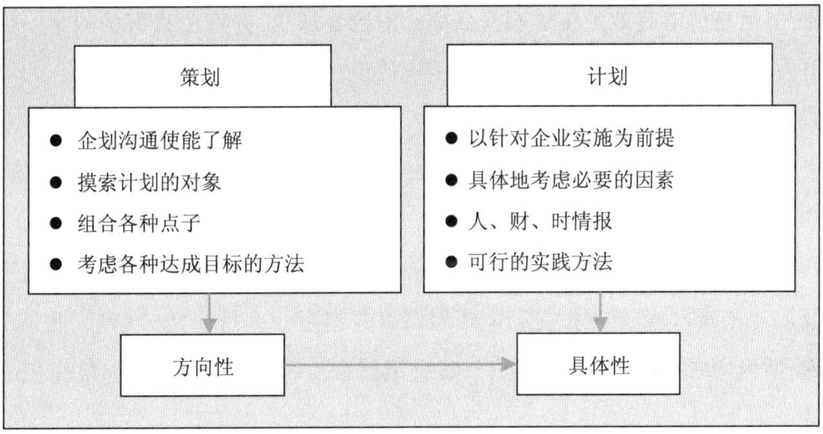

资料来源：大川耕平. 企划新行家[M]. 萧志强，译. 台湾：远流出版事业股份有限公司，1993.

图1－1　策划与计划的比较

在完整的广告策划活动中，首先要清晰地把握活动的策略方向，这一策略方向与客户以往的策略方向既可能是延续的关系，也可能是修正甚至颠覆的关系。在此基础上，通过统筹优化，拟定出有利于实施策略的各种方法，最后提出较为详细的执行计划。

在完整的广告策划中，"策划"的意义涵盖策略、策划、计划等三个层面，而非仅指提供广告活动的一个综合方案，更有别于拟定一个短期的广告活动计划。但也不排除应客户要求提供阶段性广告策划的可能性，此时，策划工作将集中在后两部分内容上。

表1-1 策略、策划、计划的区别

	策略	策划	计划/战术
国家	为了保卫祖国的利益,将国家资源进行经济性的计划组合。	1. 经济计划方面; 2. 外交官的能力; 3. 政府要有能力显耀国威。	用直接的行动力来保卫国家的利益。
战争	为战争的胜利,组合各项战斗力。	1. 开发武器,提高其性能; 2. 做战时的经济计划; 3. 提高战士的斗志。	有效地组织攻守进退。
企业	为了永久性的企业活动,综合配置经营资源。	1. 开发新商品构想; 2. 创新商品或服务; 3. 扩展公共关系。	从企业的活动中产生直接的利益。
个人	为了生存而发挥自己的能力。	磨炼自己的能力	认清自己的优点,采取直接行动。
比喻	头(思考)	手(方法)	足(行动)

3.广告策划的任务及要解决的核心问题

广告策划的任务就是帮助企业完成传播广告讯息的任务,使有利于产品营销活动的销售、品牌等信息能够有效地传达到其预期的消费者那里,并产生良好的效果。策略规划之所以引人入胜,是因为它在功能上充当了连接现在与未来的桥梁。

那么,广告策划要解决哪些核心问题呢?**广告策划要解决的核心问题包括:制作出适当的销售/品牌信息,使该信息能到达适当的受众,选择合理的时机和渠道传达信息,控制成本。**

如果简单地从以上广告运作的工作内容上看,我们似乎觉得广告是一项比较简单的工作。但是,如果同时需要根据复杂的资料调查并判断什么是适当的信息、谁是合理的受众、何时是适当的时机等,那么广告的策略决策就会变得非常复杂,要求最优化的处理和统筹安排。

在一切广告活动中,无论广告公司服务的企业属于什么行业,也无论其提供的服务属于哪个业务领域,要想获得成功,最为重要的一点就是要有一个策略正确、构思周密、适宜操作的广告运作方案。广告公司要用这个广告方案表明:为什么做广告?对谁做广告?要传递什么信息?要选取什么传播渠道?通过努力希望获得什么效果?

广告策划在一定程度上能帮助广告公司避免在广告操作过程中可能出现漫无目标、随心所至的盲目性。因此,广告方案要尽量通过发现问题、解决问题,配合企业的市场营销策略,确保广告讯息传播活动整体上的成功,从而使这一过程得到评估、判断和及时调整。无论是针对侧重广告投放的策划方案,还是针对侧重内容营销的广告方案,抑或是面向企业、品牌的日常内容(信息)管理的广告方案,如果仅仅注重广告活动的创新性、奇特性，或者盲目跟风热度内容而忽视了广告与市场、广告与营销环节的天然联系，就会导致广告活动不可避免地存在致命的缺陷。

大家较为普遍认可的观点是：对于广告策划活动而言，通过分析研究客户产品所处的生存环境来判断其市场策略的方向性，是确保广告策划活动方向正确的基础工作。只有在这个基础上发展出来的广告策略，才是对客户的产品/服务市场有针对性、有意义的广告策略。

4. 广告策划涉及的组织

广告策划过程中有比较固定的参与者，其中有一些组织可以身兼多职，也有一些组织的专业性比较强，包括广告主、广告代理公司、广告制作公司、专业广告公司、市场调查公司、演员经纪公司、媒体组织、媒介购买公司、公共关系公司，等等，种类繁多，分工较细（见图 1－2）。

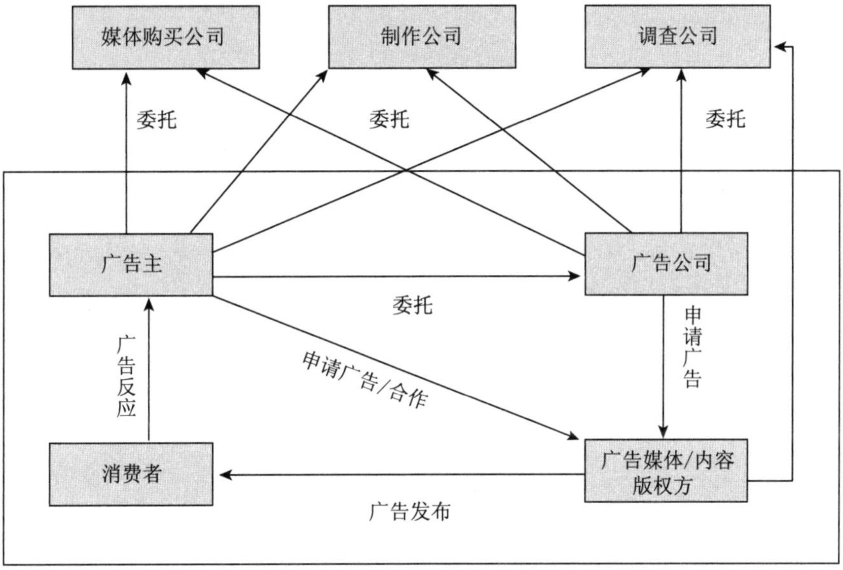

图 1－2　广告组织的业务关系

随着近年来新媒体和广告业的发展，广告业内的组织形式、规模、专业技能等方面都得到了长足的发展，组织间的业务配合在专业性和规范性上不断进步。下面，我们就对广告运作及策划环境中涉及的主要组织类型进行简单的说明。

（1）广告客户

广告主（Advertiser）是广告活动的主体，通常指发布广告的企业，但也可以是通过媒体发布广告的各种法人、团体或个人。也就是说，从广义上讲，任何发布广告的主体都可以称为“广告主”。广告客户（Client）一般指广告公司的主顾。由于广告主通常通过广告公司代理广告业务,所以,广告主通常还被称为“广告客户”或“客户”。在实际应用中,“广告主”和“广告客户”的说法虽然在内涵上略有细微区别,但基本上可以通用。

广告主承担着制订营销计划及决定最终的广告或促销计划的主要责任,企业可以通过自己的营销或广告部门自行完成这些工作中的大部分,但大多数还是会在广告战略的制定和执行过程中寻求广告公司的帮助。

在实际工作中,往往由广告公司帮助企业进行具体的广告策划、广告发布和效果评估。广告主给广告代理公司提供市场及产品资料,监督广告公司的工作,同时也提供用于广告和促销的资金,并验收广告作品。

(2)广告公司

广告公司是专门致力于规划、执行、服务广告客户的广告策略和计划的组织,许多组织都利用广告公司创意、生产和传播广告讯息,推进营销和促销过程。如今,广告公司越来越多地扮演着广告主合作伙伴的角色,在开发营销和促销的过程中承担越来越多的责任。

广告公司中有专业广告公司和综合性广告代理公司之分,其中常见的类型包括广告创意公司、专业广告制作公司(影视广告制作公司、平面广告制作公司、展览展示制作公司以及广告礼品制作公司等)、媒介代理商(媒介购买公司)、媒体共生型广告公司、营销传播策划公司、品牌推广公司、广告策略评估公司等。

在数字媒体大发展的背景下,网络广告推广公司、搜索引擎推广公司以及电子邮件推广公司等新型业务组织发展迅速。

(3)媒介组织及内容版权方

广告是一种传播行为,广告讯息的传播以媒体为渠道。因此,在广告运作过程中,媒体是一个重要的相关组织,是广告和促销过程中的一个重要参与者,而大多数媒体的最基本功能便是向它们的订阅者、观众、读者或用户提供信息或娱乐节目。

大众媒体、网络媒体、户外媒体、销售场所、书籍以及个人都是能够传播信息的载体,而从传播信息的效率角度而言,四大媒体以及常用的网络媒体、户外媒体等是必不可少的广告媒体。通常,绝大部分媒体机构都是与广告相关的媒体组织。

内容版权方同样也与广告活动有着紧密的关联。在版权内容的制作过程中,来自广告客户的广告内容可以与内容版权进行程度不一的捆绑。伴随版权内容在不同媒体的发布、播放以及 UGC(User Generated Content,用户原创内容)的传播,广告内容可获得高效触达广泛目标受众的机会。

作为内容版权方,其版权内容的文本类型多元,可以是小说、电影、连续剧、动漫、游戏、音乐及各类节目,也可以是多元的自媒体内容以及代表生产内容的个人等。

(4)调研公司及数据服务

调研公司的服务是为了给制定广告策略决策提供数据、资料,这些资料涉及范围较广,如市场资料、行业数据与分析、消费者数据、媒体的广告发布数据、互联网用户数据、广告效果调查数据、流通渠道数据等。

调研业的发展为广告业的专业化提升提供了帮助,同时,伴随着互联网各类平台的迅速发展,互联网大数据也给广告投放中的广告场景挖掘、广告精准触达、广告高效转化等客户需求提供了巨大的助力。目前,无论是广告公司、媒介还是广告客户,都越来越多地依赖互联网大数据及调研数据进行决策。可以说,数据获得和数据应用的成熟度就意味着广告行业的成熟度。

(5)其他

新媒体和新服务的发展,不断为广告业带来新领域的合作组织。值得关注的是,与广告活动紧密相关的公关公司、自媒体、大数据公司、内容制作公司,以及各类会展、活动的承包公司等,正在广告推广活动中发挥着越来越重要的作用;另外,可以提供各类新媒体技术、新媒体内容制作及平台的公司,也越来越多地进入了广告活动方案的视线中。

广告策划与其他因素的联系

1.广告策划和消费者心理和行为的变化相联系

广告策划的根本任务就是在激烈竞争的市场中帮助产品引发消费者的注意,以激发消费者的购买欲望,进而促进产品和服务的销售。广告通过影响消费者的心理和行为,可以直接或间接地影响消费者的生活方式和价值观;而消费者的消费心理和行为特点反过来也可以影响广告的策划与创意。**因此,成功的广告都有一个重要特征,那就是始终如一地将广告的功能与消费者的心理连接起来,通过研究消费者心理,从而有效地将广告讯息传达给消费者。**

例如,以往由于部分行业中不断出现问题品牌,结果导致消费者逐渐丧失了对该行业品牌的信任与依赖。随着市场和媒体的日益复杂和丰富,能展示深度卷入信息的媒体变得更有影响、更为普及了;而且,为了使产品和品牌在消费者心目中占有独特优势,适应消费者低卷入行为的广告策略也会通过持续不断地告知差异性信息,将消费者的信息获取习惯从低卷入度推向高卷入度。如此,以品牌形象和品牌记忆带动销售的策略就不得不随着消费者的卷入行为方式发生改变而进行调整了。

2.广告策划与新媒体发展的相联系

新媒体与广告策划的联系,主要表现在传播媒介,特别是网络媒体、手机媒体、数字电视等上,互联网发展催生了自媒体、用户自创内容(User Generated Content,UGC)、社交媒体等概念,使得以往的大众“受众”不再仅仅是信息的接受方,而同时也变身成为了信息的制作方和发送方。

新媒体的发展带来了广告业务再造的现实压力,电脑、数字电视、手机“三屏”以及微博、微信“两微”迅速发展,移动媒体在生活空间中的便利性,使得用户可以在更多的生活场景中使用媒体,如在家中、在工作环境中、在室外等,移动媒体的互动特性还构成了新媒体不同于大众传播媒体的沟通方式;而网络媒体的发展,社交媒体的出现,媒体数量及种类的增长,使“大众”的地位不断弱化,使媒介使用的个性化更加突出,受众群体不再像以往那样特性鲜明地出现在大众媒体前供广告客户分群“享用”。

在新媒体环境下,广告策划并不仅仅意味着通过新媒体工具,复制、粘贴、传播和发布广告,而更多的是要通过对广告进行策划,创造性地发挥广告的创意潜力、媒体的使用潜力,并在此基础上对广告的整体战略进行运筹规划。

3.广告策划与市场环境的发展变化相联系

市场中发生的变化是企业无法回避的问题,往往同时也是广告策划工作方法及模式发生改变的动因之一。很多行业现在面对的市场更大、消费者群体更复杂、地域更广泛。电子商务的出现,使得这个市场的边界可以扩展至全国甚至全球,这也导致市场中的竞争环境变得更为复杂。

面对企业市场生存环境的改变,广告策划者必须重新审视消费者的认知与行为,重新考虑品牌老化、品牌或产品同质化以及同行业内可能存在的恶性竞争等问题。这些都将一一反映在广告策划方法上:无论是定位方法还是诉求点的提炼,或者市场细分决策,现在都需要不同于以往的决策视角和重点。

广告策划工作所依托而诞生的市场、媒体等社会背景赋予了广告策划特定的工作方式和策略方法,但是由于广告策划的社会背景一直处于不断的发展和变迁中,因而其运作方式也将发生一定的变化。

4.广告策划与调查研究实践的发展相联系

随着近年来媒体环境与市场环境的不断发展变化,广告策划业务的内涵也在不断变化与发展,广告策划从“本质”上更加关注如何为产品提供市场生存的助力,关注如何更有效地建立信息的传播方法。广告策划的业务操作一直以来都在追随着新条件、新环境、新技术和新方法而获得发展。

广告调查就是利用市场调查的方式和方法,对影响广告活动的相关因素的状况及其发展进行调查研究。随着大数据技术与环境的进步,针对市场、产品、消费者、传播效果等领域展开的洞察及调查研究实践活动正在发生根本性的改变。调查研究实践就是利用一定的数据获取方式和方法，对影响广告活动的相关因素的状况及其发展进行洞察和研究。数据可以为广告策略的决策者提供有力的依据。没有这些信息，广告策划人员就只能凭直觉和猜想行事，而这样做，在当前市场环境和媒介环境异常复杂的背景条件下是完全行不通的。

5.广告策划与不同业务形式的发展相联系

制定和实施广告策划的过程就是对所有广告业务形式进行整合的一个过程，这个整合特征不但体现在广告策划业务展开的过程中，同时也表现在各种不同的广告业务中。前者不难理解，广告活动会不断涉及广告业务中的不同业务种类，比如市场/消费者行为分析、市场研究、媒体策略制定、顾客关系管理、“双微”运营、创意、文案、公关活动、促销活动等；后者则体现为我们在分别执行市场调查、创意等工作时，即使无需我们去制定有关广告运作的完整策略，我们的工作也必须与广告的策略性环节相衔接，否则，策划工作就会有偏离方向的危险。

第二节　广告策划的基本流程

广告策划的总体模式与战略分析模式

广告运作是一个动态的过程，是一个环环相扣的过程，但也是一个可以根据广告主的要求增删业务环节的流程。在这个运作过程中，处于同一链条上的广告主、代理公司、广告媒体将会表现出各自鲜明的功能和充分的配合（见图1－3）。

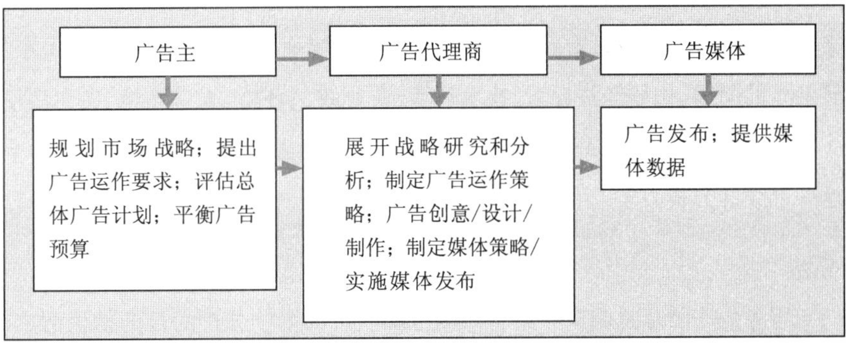

图1－3　广告策划总体模式

在这个链条上，我们最为关注的是广告代理公司如何展开动态的策略研究、分析，如何制定策略、如何开展创意/制作/执行等工作。

当我们接受委托,开始接触一种产品或服务并围绕它而展开调研时,广告的战略分析就开始了。我们一般可以按照如下思路进行分析(见图1-4):

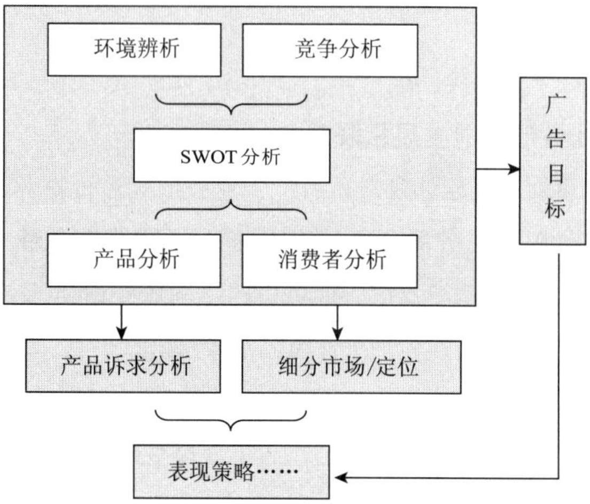

图1-4 广告策略分析模式

1. 环境分析

广告的策略分析要从环境分析入手。环境是经营的大气候,往往对企业的营销和广告策划有框定、渗透甚至决定性的影响。比如,经济萧条使消费者收入减少、消费预算收缩,奢侈品消费下降;网络技术的发展对销售通路产生影响;人口结构老化催生新的市场需求;文化潮流变迁改变传播话语方式;环保意识的增强要求企业和产品有绿色形象等。

在制定广告战略的过程中,我们必须关注这个大环境,并在动态环境中让广告战略创造性地去适应它。环境分析的重点在于判断环境中哪些趋势会对策划产生至关重要的影响,以便寻找可供企业利用的机会,及时规避威胁。

那么,怎样才能从我们身边众多的变化中筛选出较重要的因素呢?建议大家集中精力考虑最基本的问题,比如经济环境、技术环境、产业政策环境、人口环境、文化环境、自然环境等。当然,也可根据实际需要进行安排,如果某些行业特别受环境因素的影响,则要加大对这一部分的分析力度。

2. 竞争分析

我们所服务的产品总是归属于某个市场范围。市场竞争分析的目的是认清产品所处行业的格局,确定竞争对手的范围,分析竞争对手的长处和短处,从而为挖掘和完善自己的优点提供方向。

市场格局是由众多的行业参与者相互作用而形成的。从广义上说,这些参与者都可以囊括在竞争对手的范围内,他们包括直接竞争对手、进入者、替代者、销售商。这些市场参与者中的任何一方调整战略或实力发生变化,都会引发更多的调整和变化,进而使市场格局发生变化。

在上述四种力量中,我们最为关注的是现有竞争对手。对竞争对手进行监控可以使我们了解竞争对手的长处和短处,并对他们的潜力、目标及其当前和未来的战略做出判断。这样我们就能努力挖掘自身产品的优点,努力在竞争对手相对薄弱的环节获得突破,建立竞争优势。

直接与竞争对手进行对比是辨别优势/劣势的一种比较简单和直接的方法。虽然各个企业的产品不完全一样,但每个企业都可以将自己的产品与竞争对手的加以比较,以此确定扩大市场份额的独特方法。

3. 产品分析与诉求点提取

了解一家企业可以从其产品与市场沿革入手。掌握了体现在产品上的企业竞争力——企业的核心能力,我们就可以更本质地理解企业的营销意图,从而把握好自己的广告战略方向。

在产品与企业分析中,我们对产品的看法是立体的。首先,我们所指的产品既包括基本的产品或服务,也包括售前、售中、售后服务。其次,我们要考察产品所处的生命周期,以使广告战略切实为产品营销服务。再次,我们还要将单独的产品放在行业和品类的层面上,以明确产品对消费者的需求所应承担的角色和地位,了解产品所能获得的营销支持,从而使广告战略和企业的营销思路相吻合。

把握了产品的核心竞争力,也就掌握了广告诉求的核心内容。如果同类产品的同质化程度非常高,难以捕捉到产品的差异点,那就必须有意识地强化广告中感性的一面。

4. 消费者分析和细分市场选择

消费者分析有大两目的:一是了解消费者的购买潜力和生活形态,捕捉本产品或品牌的目标消费者;二是了解产品或品牌的消费者的购买习惯和媒体接触偏好。从操作的难度来说,完成前者要花费更大的精力。

在市场中捕捉消费者的方法通常是市场细分法。**市场细分法以消费者正在或打算寻找的东西为标准,将一个较大的、复杂多样的市场分解成较小的、具有共性的细分市场,从而为其提供针对性的产品、服务和广告诉求。**

消费者分析有很多不同的角度,比如地理细分法、人口统计细分法、消费过程细分法、消费心态和生活方式细分法等。细分市场的选择反映了细分市场的消费者需求、市场竞争强度、企业竞争优势之间的三角关系,其目的就是寻求三者之间的匹配,从而进行企业抉择,保持广告策略与营销环境的和谐。

5. SWOT 分析

在分析以上各部分的基础上,我们可以将以前的许多分析加以总结,最后以 SWOT 的思路进行简洁的总结式分析,以确认组织的当前战略以及其优势(Strengths)、劣势(Weakness)、机会(Opportunities)和威胁(Threats),并解决以下问题:

◎ 在产品和企业现有的条件下,如何最大限度地利用自己的优势条件?

◎ 为了更好地应对新出现的竞争,必须对产品或服务采取哪些调整?

◎ 与以上两个问题相配合,必须采取哪些广告行动?

只有回答了这几个问题,SWOT 分析才算结束。

6. 广告目标

制定广告目的和广告目标,是继策略分析之后,为了明确广告活动的任务,使广告运作的方向有所保障而设定的一个工作环节。广告目的指广告活动的大方向;而广告目标则是在广告目的的基础上,以具体的数字来量化说明广告目的,使广告运作能够依据具体的目的,有理、有据、有效地完成广告任务。

7. 广告的表现策略和媒体策略

广告表现策略的制定在广告运作过程中是一个承上启下的环节。在完成了策略分析后,广告策划人员需要完成广告作品的创意、设计、制作。为了使广告作品与策略决策思路的要求保持一致,就要制定表现策略,对诉求风格、创意、设计、制作的原则进行判定和说明。

广告媒体策略则把广告策略目标和目的转化为可行的媒体目标,通过媒体应用的策略方法与原则,制定出可行的媒体实施方案,然后通过媒体去实现这些目标。

广告策划的阶段性运作与运作思路

1. 广告策划的阶段性运作

在广告运作过程中,有时要求根据客户的需要进行信息发布的整体运作:从调研开始,进而分析出市场战略和广告战略的结论,然后依据结论制定表现策略和广告媒体策略,制作广告作品,制订媒体计划,最后发布信息。完整的广告运作过程涵盖面广、执行难度大,工作量也比较大,要想完成这样一个运作过程,通常需要一个人员配备完善的工作团队。

阶段性的广告运作则要求根据客户的实际需要,只涉及媒体策略、终端广告活动方案、某项广告推广活动计划的安排等阶段性工作,工作难度较小,工作流程单一,工作小组的人员配备也较为单一。

2. 广告策划的运作思路

广告策划有四种常见的运作思路，即浪漫策划法、理念 HITS 法、3P 法和 POS 法：

◎ 浪漫策划法即假设策划以“成功”为目标，首先提出梦想或理想，进而拿出实现梦想的方案，然后利用资料、构想和判断进行说明、支持；

◎ 理念 HITS 法即按照遇到困难怎么办（How），这个主意、那个方法（Idea），尝试看看（Try）以及决策（Select）这四个步骤展开思路；

◎ 3P 法即经尝试并加以修正、整理后产生策划方案。3P 法也是“三阶段可能性追求法”的简称，可能性即“Possibility”，因此可以将需求的可能性、主意的可能性、测试的可能性作为测试、判断策略方案的方法；

◎ POS 是 Plan – Do – See 的简称，指策划所经历的三个阶段性步骤。POS 法指通过细致的市场观察，深入了解事实，把握情报，之后再对市场进行判断，制定策略对策，进而提出解决问题的方案。

广告策划中的制作表现模式

明确了广告目标后，广告策划人员便可以制定出广告表现的策略原则，这一策略原则又将分别引领综合促销战略，指导广告创意在大众媒体中展开（见图 1 – 5）。

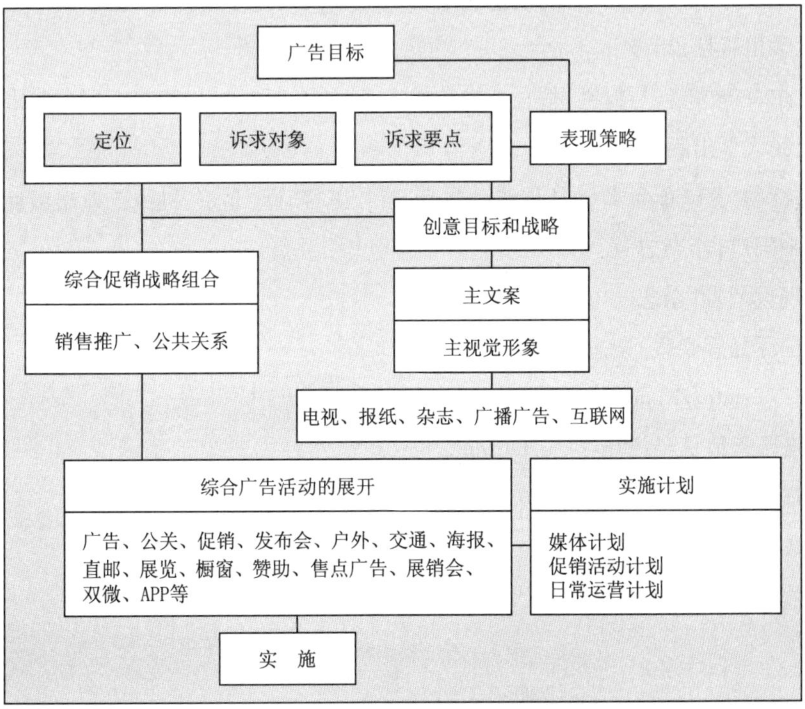

图 1 – 5　广告制作表现流程

练　习

一、请解释以下概念

广告策划　广告计划

二、请简答以下问题

1. 大众媒体的诞生如何对现代广告的形成产生了巨大影响?

2. 广告策划的本质是什么?

3. 广告运作涉及的组织有哪些?

4. 广告策划中有哪些战略分析模式?

5. 广告的阶段性运作和整体运作是怎样的?

三、实践活动

北京某超市连锁店要在某社区开业(可假设),请你考虑其短期的广告策略要点,并在此基础上为其拟定开业典礼日前后的开业广告活动计划。

补充阅读

1. 丁俊杰,康瑾. 现代广告通论(第3版)[M]. 北京:中国传媒大学出版社,2013.

2. 阿伦斯等. 当代广告学(第11版)[M]. 丁俊杰,等译. 北京:人民邮电出版社,2013.

3. 舒尔茨等. 整合营销传播:创造企业价值的5大关键步骤[M]. 王茁,译. 北京:清华大学出版社,2013.

4. 贝尔奇等. 广告与促销:整合营销传播视角(第9版)[M]. 郑苏晖,等译. 北京:中国人民大学出版社,2014.

5. 科特勒. 营销革命4.0:从传统到数字[M]. 王赛,译. 北京:机械工业出版社,2018.

6.《中国广告》杂志

7.《现代广告》杂志

8.《国际品牌观察》杂志

9. HUNT:http://hunt.socialbeta.com/

10. 腾讯营销平台:https://e.tencent.com/

11. 有道智选:http://dsp.youdao.com/

12. 微信公众号:广告人智库

13. 微信公众号:媒介360

第二章
广告策略的设定:环境分析

本章学习目标

☑ 掌握广告策略设定的步骤。

☑ 了解“环境”的概念,认识企业生存环境所包含的因素。

☑ 掌握分析总体环境的基本方法。

☑ 认识并尝试发现对企业生存有利的总体环境条件。

从生物界到人类社会,万事万物都有自己的运转体系和所处环境。任何组织(包括我们的广告客户)都是在一定的历史时代、地理范围和资源条件中运转的,这个特定的状态通常会带来足以让人挖掘的各种可能性,从而赋予企业各种各样的决策依据和生存形态。

在广告策略制定之前对其环境进行适当的分析是很有必要的。策略制定人员为了有效地应对这些随时可能发生的变化,为了随着生存环境的变化而调整或改变自己的战略,就必须深入分析和了解企业所处的生存状态中的各个重要因素,通过策略分析了解企业所面对的策略状况,从而为制定有效的策略方案打下良好的基础。

第一节　环境分析概说

企业所面对的“环境”,指与其生存发展有一定关系的不可控者与力量,这个词可以用来描述组织以外的任何人和任何事物,既可以包括消费者、竞争者、供应商、分销商,也可以包括政府、社会机构及它们带来的影响等(见图2-1)。

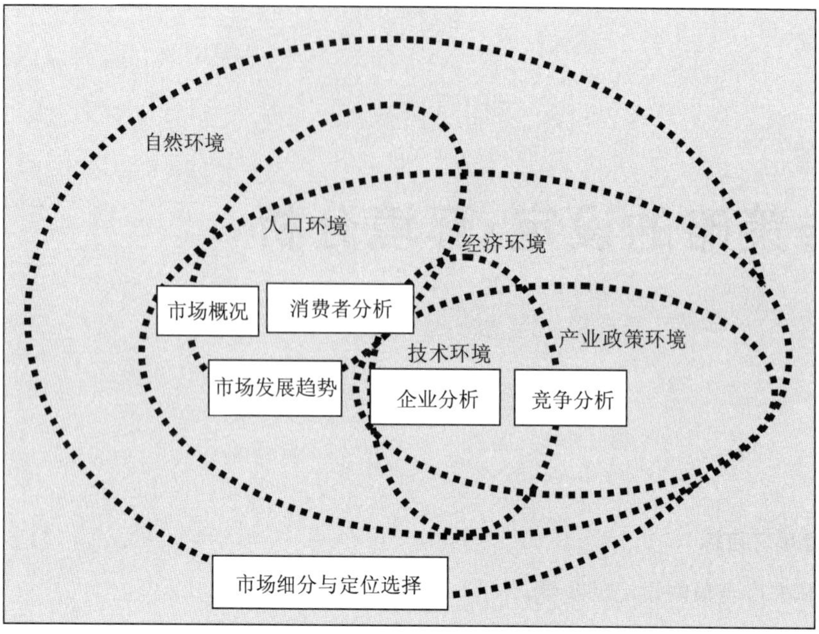

图 2-1　环境要素对广告决策的影响

通常,企业所处的环境因素会持续不断地发生变化,从而对企业的生存发展产生持续的影响。一旦环境因素发生了变化,组织就必须相应地调整自己的战略。因此,环境分析是战略决策的一个基础。

环境分析的目的

环境是变化的、复杂的,环境在不断给企业的生存带来不确定性,正因为如此,才有对其进行深入分析的必要。正是因为环境中充满了各种各样的变化和机会,环境问题才成为市场研究人员非常关心的一个问题。

在简单和静态的环境里,组织所面对的环境相对容易理解,不会有太大的变动。其中一个例子就是,占"垄断"地位的一些受保护的公共服务行业不受竞争者的影响,它们所处行业的稀有资源需要"配给"。在这种情况下,即使环境发生变化,它们也会受到保护,因此这类企业的环境问题可以通过历史数据进行分析。

在动态环境中,分析的重点应该放在对未来环境状况的预测上,而不仅仅是整理以往的环境特征。处于复杂环境中的组织面临着难以把握的环境影响,特别是随着越来越复杂的技术发展和运用,某些行业环境中的不确定性也越来越大,包括计算机行业和电子行业,它们都处在这种动态和复杂的环境中。

环境分析的目的,就是要通过收集和分析环境资料,最大限度地把握环境给予企业的

生存条件，掌握环境的变化趋势，以便将因环境变化不确定性而产生的不利影响转化为市场发展机会，争取企业的生存优势。

环境分析的层次

企业的生存永远离不开自己的大背景。**我们可以将“企业环境”定义为“不受企业控制，但可部分决定企业如何运作的因素”。**市场环境包括所有能对企业产生影响的因素，不论是直接因素还是间接因素。因此我们用“环境”这个词来描述组织以外的任何人和任何事物。一旦企业的环境因素发生了变化，企业就必须相应地调整自己的战略和行为。**由此，环境分析便成了制定战略决策和广告运作策略的基础和前提。**

但是，如果将企业以外的世界都定义为企业的环境，就会使这个概念过于宽泛，环境分析的内容就不得不因此而包含所有的因素，这样，企业所处环境的各种变量就会显得过于繁多。为此，我们对“环境”的概念做出了进一步限制，提出了“广义环境”和“狭义环境”两个概念：

“广告环境”代表前文所界定的“影响企业运作的因素”，“狭义环境”的意义狭窄一些，代表企业生存背景中的部分外部因素，也称为“总体环境”。在广告运作策略分析中，所谓“环境分析”多指这个狭义的“总体环境”分析，而整个广告策划中策略分析的内容，则构成了对“广义环境”的全面观察。广义环境可以包含如下层面的内容（见图 2－2）：

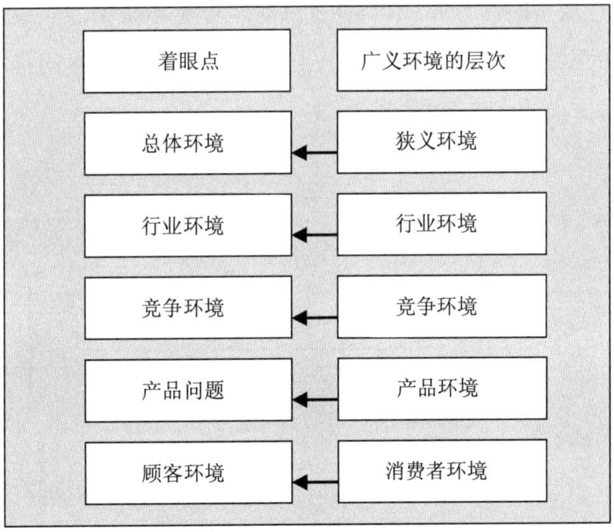

图 2－2　广义环境层次及着眼点

1. 总体环境

总体环境即人们习惯说的“大环境”,如经济、社会、教育、文化、军事、科技、法律、风俗,等等。这种环境是处于同一时代、同一地域的个人或企业都会面对的。最为重要的是,绝大多数个人或企业只能观察总体环境而不能左右总体环境(下文对总体环境的分析有具体的说明)。

2. 行业环境

行业环境即依照企业所处的行业来思考的环境。例如,假设为一家汽车生产厂做策划,它所依存的行业环境就是汽车行业。谈到行业环境,最好把相关的上下游行业都包括进去,也就是把生产车灯、轮胎等相关配件的行业都包含进去。

行业分析可以从很多角度入手,如行业规模、行业利润率、行业主要成功因素、行业文化价值观、市场占有率结构、分销通路结构、行业生命周期、行业进入壁垒等。

3. 竞争环境

竞争环境即从同行动向这个角度出发而进行分析的环境。例如,一家电脑生产厂所面对的竞争环境就是各种电脑生产者所形成的市场,但随着行业及市场环境的变化,电视机生产厂家也可能加入到竞争行列中。

行业环境和竞争环境看似相似,其实有很大的区别,那就是思考问题的出发点不同:行业环境基本上从总体的角度出发进行分析,某一企业对于行业环境或许有可能产生影响,但除非是独占性或垄断性行业,单个企业只能是行业环境中的一小部分;竞争环境则从本企业的角度去思考,看各家同行与本企业的竞争状况,或考察同行在原料获取、技术以及其他经营资源方面的优劣势(见图 2-3)。

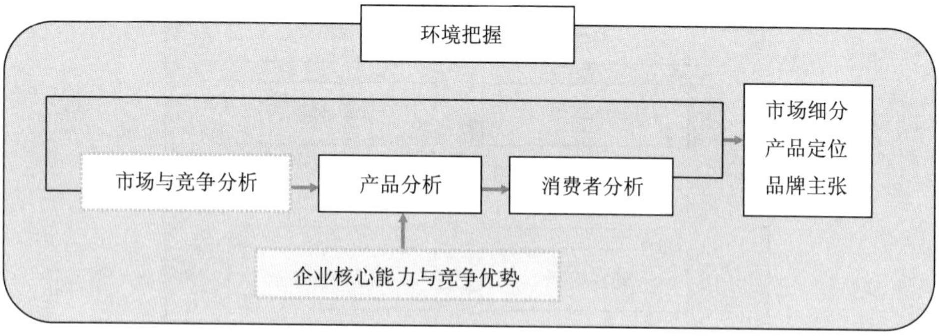

图 2-3 竞争环境分析

4. 产品层次

企业虽然能够在自己的控制下生产自己的产品,但是这个产品必须与竞争对手的相同产品、相似产品、互补产品、替代产品等一起争夺消费者的注意和认可。辨别自家产品的优/劣势与地位,就是对产品进行研究的过程。

5. 消费者环境

消费者环境是企业不可控的因素之一。社会文化的变迁、消费群体的迁移、消费偏好的改变等,都会给企业的生存环境带来变化。企业只有深入了解消费者的状况,才能找到捕获消费者的策略。

第二节 总体环境分析的一般方法

没有环境分析和预测,广告战略的制定就缺乏基础。那么,怎样才能从我们身边众多的变化中筛选出对企业生存至关重要的因素呢? 这是企业要着力思考的基本问题。

在对企业的总体环境进行分析时,重要的是要建立起全面的环境扫描意识,建立经常性的资料收集、分析机制。经常性的环境分析可以揭示市场、行业以及其他方面正在发生的变化,并最终导致企业对市场或广告行动认识的转变。

要建立全面环境扫描的机制,必须完成两项工作:

首先,筛选出对企业来说有价值的环境因素,使企业与环境因素对应。环境分析的重点在于判断环境中的哪种趋势会对策划产生至关重要的影响,如果环境变量太多,便不可能逐个区分和分析它们。环境变化有可能对某些组织影响大,对另一些组织影响小。每个组织都和总体环境的某个部分相互影响、相互作用,我们把这一部分称为"相关环境"。针对大多数因素,我们可能一眼就能辨别出其是否会对企业的生存、发展构成影响,而不重要的因素就可以忽略不计。精简环境因素可以减少工作量、提高效率,使环境扫描工作具有更强的可操作性。

其次,要经常针对相关环境因素做信息扫描和资料收集工作,以便把握环境变化的方向。

总体环境分析的思路

有些经济、技术、法律等总体环境因素年复一年地固定不变,在这种环境条件下制定策略,由于面对的革新机会较少,在策略上不必进行针对性的调整;有些环境背景是以一种可以预见的方式缓慢演变的,如果企业已经觉察到这种变化,企业就必须有针对性地调整策略;还有一些环境因素的变化大起大落、难以预料,此时企业就必须提高自身适应环境的战略能力。

环境变化的程度、速度和复杂性不同,因此,在环境分析时要因地制宜,根据具体的需要,关注不同的问题。通常,最受市场关注的环境问题,往往是那些变化幅度大、速度快或变化过程难以预测的因素。所以,首要的是捕捉到对不同行业来说比较重要的环境因素,其后明确这些因素在分析和把握上的难度。

为此,进行总体环境分析时,在思路上可以本着如下的步骤进行:

第一步,根据组织环境的不确定性初步了解组织的环境性质。

它有发生变化的迹象吗?它会怎样变化呢?这种分析将指明今后的分析应该将重点放在什么地方。如果环境是相对简单的、静止的,那么详细的、系统的历史性分析将很适用;如果环境是动态的,或者有迹象表明其将会变成动态的,则采用面向未来的预测性分析更好。

第二步,考察环境的影响。

这一步的目的是找出过去有哪些环境因素影响了企业。

第三步,将重点转向对单个环境因素的详细分析。

通过结构分析,可以形成对环境因素的一般性认识,其目的是找出发挥作用的关键要素,并分析为什么这些关键要素很重要,分析它们是如何发挥作用的。

从以上三个步骤中可以大致了解发生在企业周围真正重要的变化是什么。有可能没多大的变化,也有可能存在很多交叉的、相互关联的发展。关键在于了解这些因素具有什么样的战略性。

第四步,分析组织的战略地位。

同那些与自己竞争资源或争夺客户的其他企业相比,自己的地位如何?

这四个步骤在企业战略的总体环境分析中构成了一条完整的思路。在广告策划的全过程中,这种思维视角也是很有效的。

总体环境分析的指标

对于纳入总体环境分析的指标,在此可以提供三个较常用的归纳思路:六子集系统、PEST 分析法和假设分析法。

1. 总体环境分析的六子集系统

在整理数据和资料的过程中,可以将内容分别归入以下六个子集中:经济环境、技术环境、政治法律及行业政策环境、人口环境、文化环境、自然环境,接着可以在策划小组中分享、讨论、分析挑选出来的有关信息,找出重点内容和相关内容。

(1)经济环境

市场不仅需要人口,还需要一定的购买力。经济因素决定了企业能否获得充足的资金、消费者的购买力以及畅通的流通渠道;而消费者的实际购买力则取决于他们的现行收入、价格、储蓄、负债及信贷水平,等等。经常受到关注的经济因素包括以下几个方面:

①家庭收入

分析中,可以将家庭收入按档次划分。在不同的地区,各收入档次所占比例也是不同的。营销人员可以据此划分出市场的五类收入分配模式(一般认为高收入家庭的市场开发价值比较高):

◎ 都是很低的收入;

◎ 大多数是低收入;

◎ 很高收入与很低收入并存;

◎ 高中低收入都有;

◎ 大多数是中等收入。

②消费支出

消费者的消费支出数额并不一定与其收入相对应,换句话说,就是消费者并不是有多少钱就花多少钱。消费支出占其收入的比例的高低,往往受消费者现有储蓄、信贷水平、社会心理等因素的影响。

③社会经济景气程度

社会经济景气程度和消费者信心指数也是影响消费力的直接因素。经济繁荣,人们的消费欲望便容易上升,享受类消费、炫耀类消费等便容易发生;经济紧缩,精打细算的消费者人数便会增加,享受类、炫耀类消费便会相应减少。

(2)技术环境

随着全球经济技术水平的发展,技术变革对行业发展的驱动能力也越来越强。互联网、通信、信息处理技术的显著进步,为企业展现了无穷的前景和更合理的成本。许多小革新填补了技术缺口,创造了新的市场和机会。从生产到销售,企业在迎合市场需求方面变得更加灵活和迅速。

从某种角度来说,每一种新技术都是一种“创造性破坏”因素。比如电脑的产生带走了一部分电视、报纸、杂志的用户,几乎全部带走了打字机的用户;复印机破坏了复写纸行业;电脑和智能手机带走了部分纸质书籍的消费价值。新技术的出现,总会在一定程度上冲击相关老品类产品的市场。

了解一些技术的基本内涵并分析技术变革对企业和产业发展的深刻影响,是广告策划人员必须具备的基本知识。

(3)政治、法律与行业政策环境

一个行业是由一群生产相近的或替代产品的企业组成的。政治法律环境决定着企业能否在稳定的社会中获得稳定、长期的发展,也决定着企业是否有可能进入国际市场;而行业政策的最大影响就在于它规定了企业能做什么、不能做什么,从而影响企业的战略选择。

近年来,为了更好地保护企业、消费者以及社会利益免受损害,立法对企业的影响不断增大,出现了不少限制商业活动的法规。比如,在中国就禁止在大众传播媒介或公共场所、公共交通工具、户外发布烟草广告,并禁止向未成年人发送任何形式的烟草广告;在新加坡,甚至禁止零售商在店内展示香烟;而在印度,一些包含了性暗示内容的广告就被认为违反了其广告规则。与此同时,公共利益团体的数目和力量也在不断增加,我国的保护消费者权益法、消费者协会以及"3.15 保护消费者权益日"就是典型的例子。

(4)人口环境

人口统计环境包括不同城市、地区和国家的人口规模、人口增长率、地理分布、人口密度、年龄分布、种族组合、教育水平、家庭类型、出生率、结婚率、死亡率和人口流动等因素。以上因素的发展变化可以影响市场规模和市场前景等的变化。21 世纪,世界人口的变化正在出现以下趋势:

◎ 增长速度放慢;

◎ 世界人口分布发生变化;

◎ 逐渐步入老龄化社会;

◎ 受教育程度普遍提高;

◎ 晚婚。

(5)文化环境

人们赖以成长和生活的社会形成了人们的基本信仰、价值观和生活准则。生活在特定社会中的人们持有许多持久的核心信仰与价值观念,社会的文化环境制约着处于这种文化背景中的消费者对产品的认同,制约着消费行为的趋向。

在对社会文化价值观念进行分析的过程中,我们可以发现对市场、消费者有价值的因素,其中可以重点关注以下几个问题:

①从属价值观的变化

相对于核心文化的持久性,人们的从属价值观是比较容易改变的。例如在我国,人们对传统、婚姻和人际关系的态度已经发生了变化,一些高收入人群花钱购买的对象已从“物质”转移到“体验”,他们过去常在出售高档产品的大百货商店购物,且忠实于品牌,而现在则也许热衷于在线购物,追求性价比,并且常常更换品牌。

②亚文化

社会文化由若干亚文化组成。亚文化即人们因共同的生活经历或生活环境而持有的共同价值观。亚文化常常被当做市场细分的重要指标。

③地域文化

随着全球市场的发展,地域文化研究成为越来越重要的营销分析内容。例如,宝洁在日本、我国香港及台湾地区推出 SK-Ⅱ皮肤护理产品之初,其营销人员和广告代理人员曾投入大量的精力,与公司的忠诚消费者讨论该品牌以及他们购买的原因。正是通过这种对消费者的深层次理解,宝洁对 SK-Ⅱ每一个市场的用户才有了深入的了解。假设某消费者为 26 – 34 岁,开始认识到年龄对皮肤的影响,于是她希望找到一种产品能使自己皮肤光洁,但这种光洁肌肤的类型却因地而异。在日本,最称心如意的是“像煮熟的鸡蛋”一样“半透明”的光洁肌肤,在我国香港,“水晶般光洁”最吸引人;而在我国台湾,人们的标准则是“红润光洁”。由于充分了解消费者,SK-Ⅱ在亚洲的三个市场上均取得良好的销售业绩。

④流行文化

从文化的角度来审视流行,流行是一种普遍的社会文化心理现象,是一个时期内社会中许多人都在实践和追随的一种新的物质生活方式和精神生活方式;从商业的角度看,流行意味着消费潮流,它在当代社会已成为一种与产业发展因素(如营业额、利润等)紧密相连的东西。

值得注意的是,流行文化在完成其传播使命的过程中,从一开始就在寻求广告的支持并与广告结成了联盟。流行文化成为连接消费者和广告的一根线,通过这根线,广告知道了消费者何时对什么感兴趣,从而在产品诉求方面尽可能去迎合这种取向。流行文化的发展大都经历了初步扩散→逐渐普及→广为流传→逐渐衰退的过程,每一个过程的传播活动都与广告相关,流行的文化观念、行为等都离不开广告的强大支持。这是由广告作为一种传播载体所具有的极其广泛的社会效应所决定的。

⑤生活方式

生活方式这个概念常用来表示人们与所处社会的关系。按照生活方式对消费者人群进行分类的方法有很多种,这里我们介绍菲利普·科特勒划分出的六类人群:

◎ 创造者:指那些使这个社会体系运转的人,他们是领先者,是进取者,他们在专业行业中通常都很成功,而且雄心勃勃;

◎ 保守者:指那些安于现状并以传统而自豪的人,在不断变化的世界里,这种人是促

进社会稳定的强大力量;

◎ 投机者:指努力从社会上捞取一切的那些人,他们仅仅为了生活而在那个社会范围里工作,但却在社会之外寻找乐趣,他们热衷于官僚和权势;

◎ 变革者:他们常常爱提一些问题,希望按照自己的看法改变世界,他们爱挑剔、爱抗议,是激进者、解放主义者、提倡者和抱怨者,主要是干实事的那部分人,他们的观点常是外向型的;

◎ 追求者:指那些力图更好地掌握知识、探求丰富经验和全面观点的人,他们探索的道路和成就常常是内在的,经常创造和传播思想;

◎ 逃避者:他们具有躲避和什么都不需要的倾向,而躲避的形式多种多样,包括落伍、吸毒或精神空虚。

这六种生活方式在任何社会中都存在,不过随着时间的变化,各类人在数量的多寡上会发生变化。

⑥新观念的动向

今天,日益加快的信息流动加速了价值观的变化,而且使之由过去的局部变化向全世界扩展。一些主流价值观和信念受到质疑,而新观念则逐渐兴起。例如:

◎ 多元文化:各种主要的文化传统为人们提供了不同的观察方式、评价方式和行为方式;

◎ 人与自然的关系:人类已经认识到了人与人之间、人与自然之间的联系和交往,强调人类以及自然界的共性和统一性已成为主流观念——对于企业来说,真正的效率不单是数量最大的生产,而是创造对社会有益的、必需的商品和服务;

◎ 新技术新生活:互联网、云计算、数字存储、算法、人工智能、虚拟现实技术、社交网站、区块链、物联网、大数据收集、手机应用软件以及无线网络,这些数字化技术正在改变生活中的一切,使我们的社会、生活和信息传播形态不断发生改变,广告活动也不可避免地受到巨大的影响;

◎ 相互依存:相互依存意味着一种积极的、共同组成的关系,而不是一种被动的、完全外在的关系,相互依存的逻辑是相容、双赢的"正和"游戏,而不是彼此抵消的"零和"游戏,人类将在更多的领域里建立全球伙伴关系,因而相互依存的文化将渗透到更多的决策和行动领域。

市场营销人员对那些能预示新的市场营销机会或危机的文化变化极为关注。例如注重身体健美和健康的人数逐年增加,尤其是30岁以下者、年轻女性与高消费者,因此健康食品与运动器材等行业的市场营销人员便可以通过相应的诉求来迎合这种趋势。

(6)自然环境

自然环境因素决定着企业所能获得的自然资源以及自然保护对企业生产和产品特性的限定。进入20世纪90年代以来,自然环境的恶化是企业与公众面临的一个主要问题,声势日益强大的"绿色"运动强调善用资源、保护环境,这促使越来越多的企业致力于开发新的高效、节能、无污染的能源及产品,如无氟冰箱、节能灯和无磷洗衣粉等。

为了适应世界市场对地球生态的日益关切和"绿色消费者"规模的不断扩大的趋势,企业必须对日益严格的环保法规、日益高涨的环境意识有更多的认识,接受和采取"绿色营销"的观念,消除或减少生产经营活动对地球生态环境的破坏,并以此为基础展开市场营销活动。目前,许多企业都在纷纷为自己的产品以及企业争取适应环境保护的标签,以此作为一种市场营销手段,促销自己的产品。

2. 总体环境分析的PEST分析方法

在对环境进行分析时,PEST分析法是一种提示性非常强的分析规则。PEST是政治(Policy)、经济(Economics)、社会/文化(Society)与科技(Technology)的英文首字母缩写。与"环境分析六子集法"很相似,PEST法也提出了若干常见的环境因素。通过考察这些因素对企业的影响,我们可以轻松地发现为行业、组织进行环境分析的要点。

PEST分析重点研究政治、经济、社会文化、技术因素,为研究组织的总体环境提出有益的出发点。筛选出一些因素进行深层次的分析是有价值的,但如果分析的因素过多,则变成了一种浪费。

PEST分析中涉及的要素通常针对过去发生的事件以及组织已经拥有的经验,该分析过程也可以用来对未来的状况进行预测说明(见表2-1)。

表2-1 PEST分析项目核对表

未来政治形势 国家与世界或地区范围的经济合作;国家的法制化进程;政府与组织的关系;对垄断和竞争的态度;保护消费者不受侵害的力度;保护社会利益不受商业行为危害的力度;行业协会的发展;环境保护政策。	未来经济形势 总GDP和人均GDP;通货膨胀水平;币值波动;国有私企和外国公司的投资水平;实际收入增长率;消费者可支配收入水平;消费者贷款水平;消费者支出模式;周期性;失业率;成本水平。
未来社会-文化 价值观和文化变迁;生活方式的改变;工作和休闲的态度;资源问题;教育与健康;环境保护;地理变化;收入分配与文化;亚文化;对社会的态度;人口环境;家庭规模;教育程度。	未来技术变革 政府投资政策;社会的技术投入;新的专利产品;新技术变化与应用速度;竞争对手的研发投资水平;技术变革范围;技术革新的节奏和预见;可应用的不相关行业的技术发展。

3. 总体环境分析的假设分析法

假设分析指预测组织在未来可能所处的环境,然后再据此进行市场决策。假设分析法侧重于对未来的探索,预测以当前发生的时间为基础,然后向未来推断,目的是探索一系列的可能性。

进行假设分析,首先要建立情景方案,步骤如下:

第一步,从一个不平常的观点出发。

第二步,定性描述一组可能发生的事件或者叙述某事件发生的过程。

第三步,通过构造两个或三个可能发生的情景来探求未来的结果,例如最乐观的结果和最不乐观的结果。

第四步,考虑每个情景中不可避免的不确定性,探索这些不确定性的后果,如最乐观的结果会引起什么结果。

第五步,检验情景方案导致新策略的可能性,而不是仅仅只顾延续当前的策略。

假设分析法在进行总体环境分析时并不常用,这种方法是在必要的时候,在需要关注企业未来环境以争取策略的主动性时,才会特别使用的。

发现对广告战略有重要影响的环境趋势

在对组织所处的环境要素进行梳理时,要尽量发现环境要素对广告战略的重要影响,其主要方法是讨论法和 SWOT 分析法。

1. 讨论法

讨论时要以环境要素为主要线索去观察组织外部的真实条件,以期对重点要素有所发现。在讨论中,策划人员可以依据线索提出一些基本问题,比如:

◎ 以往产品与企业在市场中取得的成功是建立在哪种基础之上的?如果失败,其主要原因是什么?是否具有技术优势、资源垄断优势或营销优势?

◎ 未来若干年中,市场会发生哪些深刻的变化?新技术的采用或推迟会对此产生什么影响?

◎ 相关政策和法律对市场格局有什么影响?市场的开放和融合对我们有什么意义?

◎ 预计若干年内人口会有哪些变化?其中隐藏着哪些风险?我们如何利用其中的机遇?

◎ 未来市场中的竞争优势主要会在哪里产生?是技术的先进性还是对消费者的把握?抑或是垄断优势?

◎ 消费者的价值观变化中有哪些可以为我所用?我们对新兴阶层和新群体是否大致了解?

◎ 绿色观念的兴起对我们有什么影响?

……

不断变化的外部环境条件给我们确立了限定性的条件,我们必须熟悉这些条件,并以积极的姿态去面对企业和行业环境的变化,不断探讨这些可观察到的变化究竟会给我们提供多少机会或威胁。借助以上的提示,我们可以对环境状况有一个大致的了解。

2. 针对总体环境的 SWOT 分析

分析组织的环境特点以及组织的自身条件,可以使我们发现自己的竞争机会和优劣势,而整合这些要点的方法,就是美国旧金山大学管理学者提出的 SWOT 模型。该模型告诉我们要利用环境因素分析去部署策略(见图 2 - 4)。SWOT 思路和方法的运用,不仅限于对总体环境机会的捕捉,还可以用在市场策略和广告策略分析、提炼的整个过程中,尤其是竞争分析中。

企业的优势 (Strength)	企业的劣势 (Weakness)
环境机会 (Opportunity)	环境威胁 (Threat)

图 2 - 4　SWOT 模型

SWOT 分析表明了策略规划的真正含义:

◎ 了解环境变化的趋势,掌握机会,躲避威胁;

◎ 发挥竞争优势,弥补竞争劣势;

◎ 外部环境变迁引发的机会与竞争优势之间的交集,就是未来最佳的策略诞生之处。

通过环境分析,策划人员可以明确哪些环境趋势、问题、事件或信号等值得重新考虑或为此重新修改计划。但环境分析的直接用处主要是策划人员可以据此对环境中表现出来的问题做出反应,并将环境分析的结果转化为具体的建议,将战略转变为实施计划书。

在展开环境分析时,通常要识别来自外部的“机会”或“威胁”,并采取适当的对策。

(1)企业对待环境威胁的对策

如果企业发现面对的是来自环境的威胁,则首先应该考虑现在的威胁对企业的经营目标会有多大的影响;其次,企业有没有力量摆脱这个威胁。在此基础上,可以采用以下决策:

◎ 反抗策略:尽量限制或扭转不利因素的发展,如通过各种方式促使政府改变环境威胁,即从一般的政策和法律入手;

◎ 减轻策略:通过改变策略,减轻环境威胁伤害企业的程度;

◎ 转移策略:将产品转移到其他市场,或转移到其他盈利更多的行业,实行多元化经营。

(2)企业对待环境机会的对策

如果企业发现面对的是来自环境的机会,则应该首先了解现有的营销机会是否符合本企业的经营目标;即使符合目标,还要考虑企业是否具有足够的资源来利用这一营销机会。

(3)决策:能动地适应环境变化

营销环境归根结底是一个动态的变化环境。它或给企业营销活动提供机会,或带来威胁。从这个意义上说,市场营销环境等于机会+威胁。

并非所有的威胁因素对企业的威胁程度都一样,也并非所有的机会对企业都具有同样的吸引力。企业必须针对自己的具体情况,分析哪些环境威胁最大或最小,哪些环境机会最有吸引力,以便采取适当的应对策略。

练　习

一、请解释以下概念

广义环境　总体环境　SWOT 分析　宏观环境　微观环境　PEST 分析

二、请简答以下问题

1. 进行环境分析的目的是什么?
2. 环境分析有哪些步骤?
3. 总体环境分析有哪些指标?
4. 流行文化有什么轨迹?
5. 面对环境压力可以采取哪些对策?
6. 假设分析法的实施步骤是怎样的?

三、实践活动

请对糖果市场中的好时(Hershey's)品牌进行总体环境分析,关注其六个子集系统。

补充阅读

1. 科特勒等. 营销革命 4.0:从传统到数字[M]. 王赛,译. 北京:机械工业出版社,2018.
2. 马中红等. 新媒介新青年新文化(中国青少年网络流行文化现象研究)[M]. 北京:清华大学出版社,2016.
3. 林奇. 公司战略(第 3 版)[M]. 杨世伟,等译. 北京:经济管理出版社,2011.

4. 三谷宏治. 商业模式全史[M]. 南京:江苏凤凰文艺出版社,2016.

5. 余小梅. 广告心理学[M]. 杭州:浙江大学出版社,2008.

6. 霍普金斯. 科学的广告 + 我的广告生涯[M]. 邱凯生,译. 北京:华文出版社,2010.

7. 酒井隆. 图解市场调查指南[M]. 郑文艺,等译. 广州:中山大学出版社,2008.

8.《媒介》杂志

9.《南风窗》杂志

10.《三联生活周刊》杂志

11.《21 世纪经济报道》报纸

12. 虎嗅:https://www.huxiu.com/

13. 36 氪:http://36kr.com/

14. 微信公众号:SocialBeta

15. 微信公众号:娱乐资本论

第三章 广告策略的设定:产品分析

本章学习目标

☑ 明确对产品层面进行研究的意义,掌握产品的定义和本质。

☑ 掌握产品差异性对市场和广告策略的重要价值。

☑ 了解产品的分类方法以及产品特征对消费者消费模式的影响。

☑ 掌握制定广告策略时需关注的与产品功能、市场机会、生命周期以及产品组合等有关的环节。

☑ 掌握捕捉产品差异点的基本方法。

☑ 理解差异化策略的弱点,并在实际操作中避开这些弱点。

☑ 掌握产品分析和诉求层面的关系。

☑ 了解产品特质对消费者消费模式的影响。

☑ 掌握诉求的确立方法,掌握诉求点、卖点、商品概念、表现概念等基本概念。

每个在市场中站住了脚的产品,都拥有能被普遍认可的价值点。正是因为这些价值点的存在,消费者才可能在购买决策过程中付诸以货币换产品的行为,甚而会基于产品特殊价值点的存在,做出选取一种产品而放弃其他产品的决策。在广告策略中,“以什么内容与消费者进行沟通?怎样让消费者认为某产品更加值得选择?”既是策略分析工作中的重要步骤,也是关键的一个环节。

广告客户和广告商之间是否衔接默契,完全取决于广告商对广告客户的产品、品牌、市场是否理解正确,取决于广告商是否能够为广告客户寻找到基于产品的最佳沟通内容,能够以此赢得消费者的认可:这个产品恰恰是我所需要的!

第一节 挖掘产品的本质

消费者了解自己每天所接触的产品吗?消费者了解自己对产品所产生的印象是如何形成的吗?广告策划人员知道该如何层层武装产品,使之体现出消费者喜爱的功能与情感特征吗?

对于企业来说,选择生产什么样的产品,为产品构建什么样的市场基础,是企业解决生存问题时必须面对的第一要务;而对于消费者而言,为消费产品、满足生活需要而不停做出判断,则已经是其生活中不可或缺的一项活动。

因此,广告策划人员首先必须通过产品分析明确产品所处的特定环境、自身条件,从而确认广告主在市场上应该采取哪种市场推广策略,并使产品呈现出的主客观特征与消费者的需要相契合。广告策划人员还要依据产品的功能、特质等优势,为产品创造一个主观世界,把为产品创造的气氛和感觉赋予产品,使其扎根于消费者的心中。

认识产品

从市场营销的观点来看,**产品(Product)是向市场提供的,供人们留意、获取、使用或消费,以满足其某种欲望和需要的一切东西**。成为产品的可能性有很多,比如我们经常见到的有形物品、服务等产品,再如我们不常与产品概念联系起来的人员、地点、组织和观念等。因此,打印机、外卖、足球赛、内蒙古大草原区等在一定条件下都可以被视为产品。

从消费者的角度出发来理解产品是非常有益的,这个已经得到普遍认同的视角带给了我们一个新的认识:对于消费者来说,他们想购买或者所关心的不是所谓的产品,而是某种利益。

每一个消费者都试图通过消费获取最大的利益,这些利益可能来自产品的价值、服务的价值、形象的价值等。当这些利益相加大于产品的价格时,消费者的满足感就会显而易见,而企业则可以通过令消费者满意的消费过程,获得高于成本的满意的收入。

产品分析的三个层面

根据以往的经验,我们可以将产品提供给消费者的利益点划分为三个层次:核心产品层次、有形产品层次和附加产品层次。

1. 核心产品层次

这一层次体现的是产品最基本的功能和效用。每一个(类)产品实际上都是为了解决消费者生活中的问题或麻烦而生产的,产品和消费者的基本关系因此而建构在“消费者实际上真正希望通过消费行为解决什么基本生活问题”这一层面上,这是产品对于消费者最基本的吸引力所在。

消费者购买某种产品,不仅仅是为了获得产品本身,更主要的是要满足自己的某种需求。比如,购买洗衣机时,消费者最基本的需求是解决在生活中洗衣服的麻烦,让自己从洗衣服的家务劳作中解放出来,所有对针洗衣机的消费都首先建立在这对关系的基础上。比如,消费者在购买手机时,起码是为了满足其通话便利的需要;消费者购买高压锅是为了烹饪便利。因此,企业在制定产品的开发和营销策略时,首先要考虑产品的实质,明确产品能够为消费者带来什么基本功效和益处。

2. 有形产品层次

产品的功能和效用通过一定的具体形式反映出来,有形产品层面向人们展示的是产品实质的外在特征,它包括外观形式和内在质量以及促销成分。有形产品至少包含有五个特征:质量水平、特点、式样、品牌名称以及包装。

产品的有形层次使产品与产品之间形成了差异,同时也给消费者的进一步选择提供了机会。在消费水平不高或产品供给不足的情况下,消费者购买产品时主要考虑的是功能和效用,对产品的其他要求居次要地位。随着消费观念的提高和买方市场的出现,消费者的要求越来越高,选择余地也越来越大。例如,对于洗衣机这种产品,几乎每个消费者在购买过程中都会对其功能、质量和样式进行选择,而生产洗衣机的企业也会尽量使自己的产品在这些方面具备一定的优势。

假如消费者可能完全不了解一些新产品、新品类的核心利益点,这时信息沟通的侧重点就应该是产品的核心利益点;如果大多数消费者早已经接受了某些产品、品类在生活中的位置,那么信息沟通的侧重点就势必要转移,比如强调企业产品本身的优势特点,以便引导消费者的选择。

3. 附加产品层次

由于产品也可以提供附加服务和附加利益,使得消费者有机会通过获取这些额外利益而选择某产品,由此形成了附加价值这一层面。附加价值层面指消费者在购买和使用商品时可以获得的各种附加利益的总和,包括售前的咨询服务、售中的交易条件(如赊购)、提供分期付款或各种担保等利益以及售后的送货、维修服务等利益。比如,某些洗衣机的厂家除了提供功能超前、外观设计极具特色的产品外,还提供快速修理、保修、送货安装、热线服务电话等服务,甚至还建立了微博、俱乐部以及会员关系,随时提供各种相关帮助。这些利益点通常对消费者具有很大的吸引力。

很多行业的技术壁垒并不是很高,因而产品的同质化趋势往往难以避免,特别是当一个品类或行业的市场发展接近成熟期的时候,不同企业间基于竞争压力,会在产品功能开发、质量水平、外观设计、包装等方面尽量缩短与其他产品之间的差距但这很容易导致企业最终在对消费者进行诉求时却难以发现自身独有的优势,此时,拓展产品附加价值层次的价值点便成了一种诉求策略。

当以上这三个层次(见图3－1)被产品的生产企业整合起来,全面满足消费者在消费过程中的需求时,这家企业出售的就不只是某一个普通产品了,而成了消费者关于某个需要的一个"整体消费系统",即某个产品的消费者在使用该产品时试图完成的完整任务和全部方法。由此,消费者在消费过程中的利益可以得到全面的认知和开发,产品之间也可以通过创造与增加产品附加价值的机会来展开有效的竞争和营销传播。

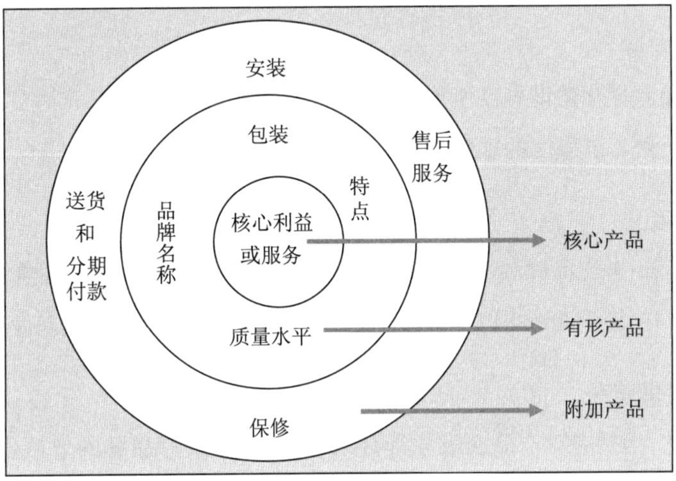

资料来源:科特勒. 营销管理:分析、计划和控制[M]. 上海:上海人民出版社,1990.

图3－1　产品分析的三个层面

第二节　差异化的本质

对于广告策划人员来说,差异化的任务是尽力发现产品在市场中的独特优势。产品的差异化不但能给产品提供最好的市场防御能力,也能制造最好的市场进攻机会,更能在一定程度上拓展市场潜力。

产品差异化的重要价值

产品的"核心""有形"以及"附加"三个层次是进行产品分析的出发点。对产品这三个层次的开发,即是对产品充分吸引消费者的产品优点与素质的挖掘。如果消费者认为产品的某些特征与众不同并富有价值,他们就愿意为购买这些差异而付出更多的代价,并且有可能反复购买,进而形成忠诚度。这一点对建立与消费者的沟通内容来说非常关键,而这些沟通内容恰恰是消费者决定最终购买此产品而非彼产品的最重要原因之一。

广告策划人员经常参与(或与企业一道去完成)的一部分主要工作,就是去挖掘或创造产品的独特差异点与附加价值。对客户而言,差异化可以创造较大的和稳定的利润空间。据此,产品差异化方法在广告活动中具有重要的地位与作用。

1.获得消费者忠诚

长期的产品差异化建设可以使消费者确认产品的优势地位,培养消费者对品牌的信任。这是赢得消费者忠诚度的重要基础。

2.获取高认知度

差异化的认知内容、品牌和符号使消费者不易将本产品与其他产品混淆,正是这种差异点和独特性的存在,使消费者得以辨认和记忆产品,并在众多同类产品之间做出特定选择。

3.区隔市场、缓解竞争

由于差异化,消费者对产品或服务具有某种偏好,形成对品牌的忠诚度,并因此降低对价格的敏感度。产品的差异点可以为产品在竞争中制造隔离带,避免来自竞争者的正面冲击。

4.降低消费者的价格敏感度

由于差异化,消费者对本产品或服务具有某种程度的忠诚,当这种产品的价格发生变化时,消费者对价格并不会太敏感。

5.提高市场准入壁垒

由于差异化提高了消费者的忠诚度,竞争产品必须在市场中投放大笔的营销传播费用才能获得同样具有优势的差异性,或扭转消费者对原有产品或服务的信赖,克服原有产品的独特影响,这无疑会增加竞争对手进入该市场的难度。

为此,广告策划人员要力图创造出产品新的差异点和附加内容,不断突破对产品本身的固有认识。在此过程中,广告策划人员要针对不同的情况,帮助企业完成以下一项或几项工作:

◎ 为企业确认其现有产品在功能、特点等方面的差异点;

◎ 为产品设计创造附加价值的方案;

◎ 重新认识、挖掘既有产品的差异性和附加价值;

◎ 创造品牌的附加价值。

追求差异化的操作方法出自竞争的三种战略理论:总成本领先战略、差异化战略和聚焦化战略,其中的"差异化战略"就是指围绕产品本身开发优点,以提供与众不同的产品和服务,满足消费者的特殊需求,形成竞争优势的战略。

据此,产品差异化操作强调通过差异化(点)将自己的产品与竞争对手的区分开,形成产品和服务的特色,强化产品给消费者留下的印象,摆脱对降低成本的依赖,加大差异化带来的利润空间。这已成为广告运作中最重要的一种操作思路,而寻找差异化则成为广告策划人员在制定广告战略的过程中应该始终关心的核心问题之一。

捕捉产品差异化

对产品进行差异化设计或捕捉差异点是展开市场营销活动和广告策略研究的基础环节,也是最为重要的工作内容。发掘和赋予产品与众不同的特点和功能甚至形象并进行诉求,就有可能为消费者的消费决策创造理由。

进行产品的差异化分析,首先要从对产品的深刻认识开始,在此基础上再分别一一挖掘产品本身的特色、服务以及品牌形象等方面内容,将产品的研究分析落实在三个步骤上:

第一步,了解产品的基本品质;

第二步,在对比同类竞争产品或服务的基础上找到本产品的差异性特征;

第三步,了解自己的产品如何与消费者的生活相贴合。

差异化分析试图将产品或相关服务差异化,树立起在全行业范围中独具特色的标志。实现差异化战略可以有许多方式,如:一种独特的口味、一系列的特色、性能特点、可靠的服务、备用零件、物超所值、工程设计和性能、名望和特性、产品可靠性、高质量的制造、技术上的独特、技术领导地位、全系列的服务、完整系列的产品、居于同类产品线之高端的形象和声誉、名牌形象、商业网络及其他独特性。

在捕捉产品差异化时要注意,成功的产品差异化在于用竞争对手无法模仿或抗衡的方式为消费者创造独有的价值。只要对消费者有价值,差异化就可以持续下去,而容易被复制的差异化则无法保持长久的竞争优势。

一般说来,如果差异化的基础是新产品革新、技术的卓越性、产品质量的可靠性以及系统的客户服务等内容,那么差异化所带来的价值就能持续更长的时间。消费者普遍重视此类属性的差异化价值,而且竞争对手一般也较难复制这些差异点。

差异化策略的缺陷

在为客户进行产品分析时，判断产品差异化的风险程度也是最终进行策略决策判断必不可少的环节，因为产品差异化操作的缺陷也有可能给广告活动带来很多阻碍，例如：

◎ 没有正确分析产品必须采取的差异化策略的突破点，致使广告费被浪费；

◎ 形成产品差异化的成本过高，结果使大多数消费者难以承受产品的价格；

◎ 竞争对手推出相似的产品，削弱了本产品差异化的特色，使原有消费者直接转向竞争对手一边；

◎ 竞争对手推出更有差异化优势的产品，使得产品的原有消费者转向了竞争对手的市场；

◎ 消费者可能根本不需要某些产品的差异化特点；

◎ 差异化与攫取市场份额有时是矛盾的，为了形成产品的差异化，企业有时必须放弃争取较大市场份额的目标；

◎ 竞争对手之间的相互模仿会使差异趋同，形成产品和品牌的同质化趋势，消费者通过广告难以感受到产品个性化给他们带来的愉悦，差异化沟通策略的优势慢慢消失；

◎ 产品差异点的诉求信息纷纷出现，增加了消费者做出购物决策时需处理的信息量，最终使得品牌形象广告或单一差异点诉求广告的说服力降低；

◎ 消费决策过程中，有很多消费者倾向于对产品的性价比进行评估，其信息卷入行为趋向于高卷入状态，从而导致消费者对差异化产品的诱惑产生免疫力，转而选择物美价廉的产品。

第三节 发现差异点与诉求

将消费者需要与产品的利益、特征联系起来，是广告、促销、销售等营销活动展开的核心工作。以下我们将讲解描述产品的一些基本方法，并在此基础上寻找产品差异化的可能性。

每种产品都有一些基本的属性，比如食物的味道、服装的款式、汽车的性能，等等。不论这些属性在广告中是否能作为重点来加以诉求，广告策划人员在广告策划过程中都必须关注一个产品的若干要点，如产品的用料、产品的加工情况、产品的用法、产品的竞争、产品的包装、外形设计、产品价格、销售地点等，进而对产品进行分析，从主观与客观两种角度分析产品的差异点。其中,客观性的分析可以通过公认的标准加以衡量;而主观性的分析则有赖于发现消费者对自己体会的认识,两者之间并不排斥。

客观分析

产品的差异化有产品尺度和服务支持尺度之分。因此,可以从产品和服务支持两个基本尺度入手,寻找不同程度的差异化可能。例如,针对一辆汽车,产品尺度指它的色彩、车型、尺寸、性能、仪表盘及车内配置等;而服务支持尺度则可能包括试车、使用说明书、交货速度、售后服务以及维修服务网点等。餐厅的产品尺度包括服务水准、饭菜、酒水质量等;而服务支持尺度则包括消费者在订餐、泊车以及使用菜单、信用卡等方面所感受到的便利度。广告既可以选择和凸显其中的某些差异,也可以为这两方面同质化程度都很高的产品创造出某些形象感知方面的差异。

在以上两个尺度之下还可以进一步细分:

首先,产品差异化的尺度可以再分为两类:一类是实质性的,体现产品对消费者的具体用途,如产品的用料、质量、加工特点、技术优势、包装、外形设计、价格等等;另一类是品位性的,即产品如何体现消费者的层次和生活方式。比如,一双软羊皮鞋既舒服又漂亮,但是一双暇步士牌的软羊皮鞋则在体现高档的同时流露出时髦的休闲气息。

其次,服务支持的差异化可以分为专业化和人情化两类:专业化体现的是对产品性能和使用的了解度、服务效率,如服务管理、维修质量等;人情化体现的则是与消费者一对一的沟通能力,如客服电话的应对、销售终端的产品介绍等。

一般来说,消费者的购买决策越理智,广告对产品本身客观性质的描述就越重要。

主观分析

不管什么样的产品、服务项目和零售店铺,它们都会有自己的象征意义。这一象征的确切含义会根据它的物理特征——包括尺寸、花式、式样、外形等——与消费者的需要、嗜好、价格的关系而变化。例如,咖啡可以有多种意义,它可以象征温暖、兴趣、安逸、豪华、亲切,也可以象征殷勤、社交、合群、松弛、成熟以及对成家的兴趣。据此,广告策划人员就可以发现某咖啡产品的品牌形象,为其创造品牌附加价值。

在进行主观分析时要关注以下两点。

1. 测定产品主观质量的方法

对不少广告主与广告公司来说,创作、描绘出具有差异的品牌形象是进入产品主观分析过程最直接、最简易的方法,其途径就是直接或间接地对消费者进行研究,通过消费者的态度和观念捕捉适合产品的主观形象。

在展开消费者观念研究的时候,需要关注以下三个主要问题:

(1)哪些品质使产品具有特色

这一问题反映了能使消费者把被调查研究的产品与其他产品区分开来的产品特点,并反映出他们区分时所持有的联想、感觉与态度。

(2)这些品质之中,哪些对消费者的购买最具有劝服力

这一问题可以给调查人员带来明确的观点:哪些品质直接或间接地满足了消费者的需要或欲望,并最终于说服他们实施购买行为。这个观点将成为产品打动消费者的重要劝服点。

(3)哪些品质能够最完美地组合成和谐的整体

这一问题可以告诉调查者,哪些相互作用的不同品质能够共同营造一个主题,去说服、打动消费者。

2. 品牌形象的价值

品牌是消费者对产品的感受的总和,品牌是一种名称、术语、标记、符号或图案,或是它们的相互组合,其作用是帮助消费者识别某销售者的产品或服务,并使之与竞争对手的产品和服务形成区别。其具体层面主要体现为色彩、销售文件、媒体环境、质地、直接行销、员工制服、重量、促销、运送车外貌、通路、广告、电话礼仪、价格、字体、投诉处理、竞争者、音乐、招牌等;抽象层面则主要体现为使用者如何接近品牌、使用时的日常经验、想法与态度、需求与欲求等。

专家发现,消费者往往是购买品牌而非产品本身。产品的品牌是一笔巨大的财富,与销售之间往往有着密切的关系。通常,通过将品牌概念附加到消费者的认识中,可以使消费者在遇到某品牌时按照品牌形象的号召和暗示来决定自己的消费行为,例如,作为一款革命性电动车,特斯拉刚推出时的市场稀缺现象,曾使它一度成为科技公司CEO或经济条件优越的科技发烧友彰显身份的象征。

品牌形象建设的价值包括以下几点:

◎ 品牌的优越性在于它能以更清晰的角色、更经常的频率、更持久的影响力参与消费者的生活消费。当消费者选购或使用了某一产品时,必然会把自己的质量观念转移到品牌身上,这样品牌就构成了消费者评价的实际客体,无形之中增加了一种附加价值;

◎ 品牌形象的差异描述强化了产品独特的品牌附加价值,而赋予品牌形象的独特符号能够强化消费者对产品的辨识、记忆与选择;

◎ 品牌联想能够影响消费者的购买心理、态度和购买动机,因而能够提升消费者的感知价值;

◎ 为产品赋予由广告带来的“附加价值”,感性而贴切的品牌形象广告本质上能成为产品的利益点,并由此赋予产品一定的附加价值;

◎ 对于广告策划人员来说,品牌的根本在于产品本身的质量,但是,在质量相同的情况下,品牌形象和品牌附加值的建设、广告推广、促销组合就会成为形成消费者的产品认识、诱导其消费的重要筹码。

差异化建立在消费者的感知上。我们所寻求的差异化特征必须接受消费者的考验,并为消费者所认同。消费者感知的差别既可以是有形的,也可以是无形的,依靠形象或风格因素等来完成。所以广告既可以强调这个产品的性能特征,也可以为品牌创造一个不同的形象,关键在于必须让消费者感知到品牌之间的差别。

广告可以从外部给消费者的知觉以刺激、影响,把品牌已在消费者心目中的位置推向更理想的位置,而这一切都要依靠广告讯息的刺激,依靠我们为品牌创造附加价值的思路。如果消费者没有感知到某个品牌的特殊和迷人之处,那么他就没有道理从同类品牌中挑选出这一个品牌,或者为这一个“更好”的品牌付出更高的价钱。品牌意识已成为企业在竞争激烈的环境下迎接市场挑战的一个重要法宝。

洞察沟通的机会点

洞察沟通的机会点,即寻找产品特征与消费者生活需要的契合点的过程。

在我们了解了产品的状况,也就是从产品分析的环节进行考察,从产品的角度出发寻找到了一些差异化的线索并明确了一定的市场方向后,接下来就应该去观察消费者接受产品的热情或可能性。

为了使我们的判断与消费者的想法相吻合,我们必须观察消费者的日常活动,看看产品或品牌如何融入他们的生活。为了做到这一点,我们要改变自己观察事物的方法,跳出传统的分析思路,注重每一个消费者,向纵深和综合的方向揭示消费者个人的情况。

调查人员可以经常在零售商店、超市等地点观察消费者选购商品的实际状态,如消费者在店内的购物路线、对商品陈列的注目情况、对促销活动的反应以及比较货品时的举止等。

还有一种更直接的了解消费者个人情况的方法,即在消费者家里花上一些时间记录他们的行动。宝洁就是实地现场调查的先驱,调查人员平时就在消费者家里观察研究他们的日常消费行为,宝洁的液体清洁剂无滴淌喷嘴就是这么发明的:一名实地调查人员注意到,清洁剂在倒出后会有液体顺着瓶口流淌下来,因而就想到了发明这种喷嘴。

我们也可以通过家庭录像来观察消费者。在这项研究中,公司可以让一些被访者对每天的日常生活进行录像,公司进行录像分析,然后用这一研究的结果去指导新产品或新电视广告的设计。

在观察中,我们还应该关注来自文化方面的差异。例如,宝洁公司首次进入日本市场的奇尔是一种在冷、温、热水中洗涤效果同样好的洗涤剂,但这一功能并不吸引日本人,原来多数日本人只在冷水中洗涤,因此产品并没有收到理想的市场效果。随后宝洁进行了调整:请日本人介入品牌管理,雇了一家日本广告机构,运用体现消费者群体特征的小组、现场实地研究、购物者拦截调查、概念测试及产品测试等方法,收集了有关日本人生活习性的信息。之后奇尔以浓缩型、柠檬芳香味及紧凑包装的洗涤剂形式再度进入日本市场,这种气味清新、节省空间的包装马上吸引了日本消费者。宝洁终于在日本市场获得了一席之地。

对消费者的观察往往会给关在办公室中的策划人员以震动和启迪:“哦,原来是这样的!”另外,产品测试也是当今在广告公司中比较流行的调研手法。

基于卖点的表现策略

广告表现的一个主要问题就是确定传播的具体内容。在一个具体的商品信息中,从挖掘诉求点的分析开始,到筛选出商品概念,然后以此为基点确定表现概念,是明确信息表达内容的三个步骤,这三个步骤的关系是递进的。

1.卖点的提炼

卖点(Selling Point)是商品自身所具有的能打动消费者的机能、特征和设计等富有魅力之处,主要体现为产品服务的特质、品质、性格中可以为使用者带来方便和满足感的东西。

对于一个品类的产品或者一个品牌的产品来说,该产品的优点或特点可能会有很多,但并不是每个优点都非常有市场价值。所以,在挖掘产品卖点的时候,要在罗列了产品的诸多优点和特点之后进一步研究,从中捕捉到对产品来说真正有市场价值的优点或特点,并将其作为广告的诉求点提出来。提炼出的诉求要点一般不宜过多,且内容应该集中围绕着产品的主要优势。

诉求重点有时也会被看做“品牌的价值主张”。在广告中,有关品牌价值主张的信息应该作为核心信息加以诉求,其后的诉求策略则应该将品牌的价值主张具体化,让消费者明确、清晰地识别并记住品牌的利益点与个性。

为了生动地传达品牌的价值主张,就必须细腻地体察和创造性地思考广告产品和诉求对象。广告大师韦伯·杨、R.雷斯、李奥·贝纳等在他们的学说中都一致认为要仔细研究产品,从中找出产品的个性、独特利益以及“与生俱来的戏剧性”。唐·舒尔兹也在《整合行销传播》一书中提到了阿司匹林的案例:所有的阿司匹林都有相同的成分,但策划者应该探求成分以外的信息,寻找能够影响产品认知的惊奇点,比如,从产品的制造、发明、效果、包装、保存、服用方法、产地、生产监督、公司等方面发现其隐含的事实,而且这些事实能够影响消费者的认知,并且能够消除消费者心中“每种阿司匹林都一样”的想法。

在实际操作中,首先可以用列清单的方法,把产品本身所具有的功能和特点——不用辨别其价值——一一罗列在纸上,这一过程的完成需要团队的合作,因此,要尽量开拓思路去发现产品的每一个卖点。其次,将那些最应该作为产品诉求点的特点提炼出来。最后,在产品的所有卖点中,依据不同的价值判断,选取有用的一组卖点,以体现产品某种价值取向的内容作为产品的诉求点。选取过程可依据两点来进行判断:

◎ 选取产品中对消费者有价值的独特之处或优于同类产品之处;

◎ 依据同类产品的市场机会点进行判断和取舍。

上述分析的好处在于,我们可以在卖点分析中着重解决如下几个问题:

◎ 检验广告产品(或服务)与同一类产品的共同属性;

◎ 从各个角度调查和列举其机能和特性;

◎ 与竞争产品进行比较,注意其共有的优势和特征;

◎ 体会产品设计中的新思路和新技术;

◎ 确定产品所在的生命周期阶段;

◎ 将其特性与人们生活中发生的效用相联系。

2. 商品概念的确立

随着时代的进步,尤其是进入 20 世纪 70 年代以后,随着自动化时代、信息时代的到来,社会生产接近饱和,社会趋于成熟,企业间的技术差距缩小,各企业产品的同质化程度已相当高。在这个时候,单纯宣传产品的“卖点”已经很难刺激消费者,如果不考虑商品概念,就难以制作出有效的广告。于是,了解商品特质、发掘商品潜在价值的“概念”便成为 20 世纪 70 年代广告界的关键词。

商品概念指为制造畅销品而想出的与消费者联系起来的好主意,在制造新产品时,必须要有如何将产品卖出去的主意,这就是商品概念。这个概念的关键是要摆脱销售重点所在的视角——产品的视角,转向消费者的视角——商品的视角。

在诉求重点的基础上,产品有了引人注目的特点,但这不等于消费者就会为之而动心。为了使产品与消费者建立起良好的联系,所提炼的产品诉求点就要转换成消费者的角度,以消费者的角度来看待这个诉求点,描述其对消费者的作用和价值。由此,对信息的表述就得到了一次提升——表述已经从产品的角度转换到了消费者的立场,与消费者建立起了紧密的联系。

广告策划人员也可以仔细观察产品是如何融入消费者生活的,从中找到诉求的突破点。例如,RIO 作为一款年轻人的鸡尾酒,代表了年轻人时尚、个性的饮酒方式。RIO 在推出了微醺系列产品之后,很好地将年轻人独饮的场景与心情、产品口味关联在一起,恰如其分地展现出了少女暗恋的美妙滋味:小甜蜜、小心酸、小委屈、小心机以及真的只有“一点点”的小小的醋意……就好像喝到微醺,带着几分醉意的清醒,带着几丝酸酸的甜意。

3.表现概念的确立

表现概念解决“如何说”这个问题,从上一步商品概念所制定的要点出发,通过转变思路,从陈述“商品的用处”转移到消费者的购买机会上。表现概念侧重于“如何具体表达会更好”这一角度,在考虑多种因素后,结合消费者的购买机会,然后再精彩、凝练地提出来。换句话说,表现概念要解决的问题是:考虑和选择一个合适的场合(信息场景),然后用充满魅力的方式把信息表达出来。

表现概念在广告策划过程中是一个相当重要的中心环节,因为它是基于理性分析的市场分析、战略研究与基于创造性思维的创意、制作的连接点。一般在广告公司中,这两部分工作人员的思维方式、着眼点和感觉都存在着明显的差别,这两部分的工作也基本由各自的专家掌握着生杀大权,而对这两部分人员而言,最有效的衔接点和沟通点就在这里。因此,当研究人员完成了“该说什么”的过程后,他们应该更加紧密地同创作人员配合,制定详尽的表现概念,把此后创意的基调详尽、有效地确定下来,以防在后续的创作过程中出现脱节或失控的现象。

在一个广告策划案中,我们能够看到由科学实证向艺术表现转换的过程,这是由前期的调查分析等科学实证阶段过渡到广告作品的艺术表现阶段,是二者间的一个飞跃转换过程,这个过程使一个具体的商品信息演变为一条商品广告的广告口号:

◎ 用销售重点将商品的优势点分解扩散,并确定诉求的重点;

◎ 从消费者的角度出发,将销售重点的分析结果提炼为“商品理念”;

◎ 在商品理念与目标市场的关系中,用比较精练的言语压缩、归纳出表现理念。

其具体意义如图 3－2 所示:

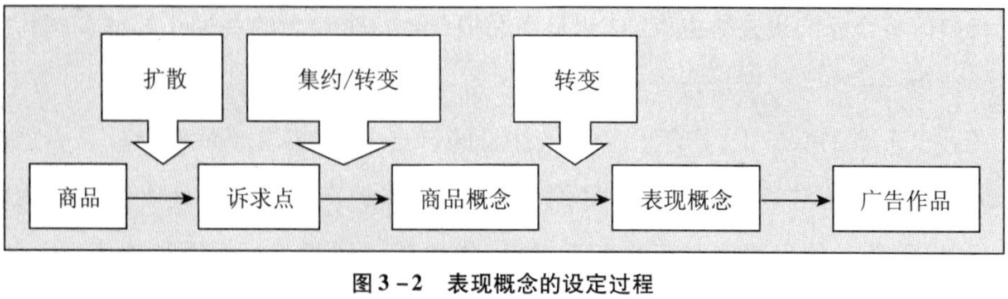

图 3－2 表现概念的设定过程

释放信息的加减法

大众媒体时代,市场营销者试图"证明"——在恰当的时间摇恰到好处的几次商业之铃,这样他们就可以仅凭品牌来指挥受众的欲望与行为。这种营销传播实践曾经非常成功:在广告媒体选择资源有限且社会群体较固定时,人们接触信息的替代方式受到限制,广告可以明显地影响受众的消费行为,使他们购买那些广告发布得最多最醒目的产品和服务。

但是今天,消费者的信息接触方式与渠道使他们拥有了更多接触与处置信息的能力。大众媒体推送的由广告策划人员精心设计的信息被置于一旁,消费者基于自己的知识与好奇而主动查找的信息则构成了说服他们的主要力量,但是这些信息大多来源于广告策划人员的策略之外。

大众媒体时代所强调的单一诉求观念,在数字媒体时代的作用并不像原来那样单纯和有效了。在数字媒体时代,广告策略必须为消费者提供各种入口信息,例如,液态奶品牌要为消费者提供的不仅仅是品牌形象、产品基本功能与价值,还应该包括企业对牛奶的生产管理背景、产品包装和防腐剂使用说明、企业管理者形象、产品功能的具体技术说明,等等,这些信息将通过信息节点的链接,为消费者提供认知与决策的依据。

在大众媒体时代,广告策略往往在媒体上提供单一、有力的声音,强化消费者的理解、记忆及判断,我们可以将之称为信息释放的减法原则;但是在数字媒体时代,广告策略则应该为消费者提供全面的、多角度的、有说服力的系统知识,我们可以将之称为信息释放的加法原则。信息释放的减法原则与加法原则将依据广告讯息的效果产生方式,共同为消费者的购买决策打造有效的信息沟通平台。

第四节 产品分析与策略原则

企业市场策略的落脚点之一是产品。通过理解产品间的关系,了解产品的生命周期理论、产品组合理论等,我们可以发现产品在市场中生存所必须关注的问题,从而制定出相应的市场策略和广告策略。

另外,从对产品的了解出发,通过探究产品的差异化问题,我们可以明确产品的优势所在,找出应该从哪个角度进行信息诉求,从而说服消费者购买产品。

为此,广告策略的制定一定要围绕产品这一环节展开,这部分内容是我们必须关注的问题。

产品分类方法

价格、风格和便利性,产品这些与生俱来的固有特质会使消费者在消费某种产品时表现出特定的心理模式和行为模式。这一点提醒我们,在进行广告策划活动时,不要忽视由产品本身的特质所引发的特定消费模式。

1.实用的分类方法

根据产品的特征,比如根据产品的耐用性和有形性,可以明确地把产品分为两大类:有形的产品和无形的服务。

(1)有形的产品

"有形"的概念告诉我们,企业所提供的产品有外形、体积、重量等因素,真实存在,消费者可以在产品外形的诸多方面进行比较和挑选。有形的产品又以其与生俱来的特征以及消费的根本特性分为两大类:耐用品和非耐用品(见表3-1)。

表3-1 耐用品与非耐用品的差异

非耐用品	耐用品
消费时,一般具有一种或一些用途	消费时通常具有许多用途
啤酒、肥皂、盐、洗发水、饼干……	家用电器、服装、汽车……
特点:消费快,购买频率高	特点:使用寿命较长,可多次使用,购买频率低,消费者的购买行为和决策较慎重
营销策略:使消费者能在许多地方购买到这类产品,售价中包含的边际利润要低,要大力做广告,以吸引消费者进行尝试,并促其形成偏好	营销策略:较多采用人员推销和服务的形式,利润空间较大,需要销售者提供较多的担保条件

消费者购买耐用消费品的消费习惯不同于购买非耐用品的习惯。耐用消费品由于使用寿命长、价格相对较高,消费者的购买行为表现得较为理性,其购买习惯表现如下:

◎ 购买时选择性大,购买决策相对复杂;

◎ 仔细比较各种品牌的性价比,对产品品质、功效、售后服务质量,包括企业的声誉都有较高要求;

◎ 不一定就近购买,而是到规模较大、产品较集中的商场购买,而且经常货比三家。

(2)无形的服务

服务是一方能够为另一方提供的任何一项活动、利益或满足,这类商品包括维修、教学、医疗等。服务是无形的、不可分的、易变且具有时间性的。因此,服务往往对质量控制、供应商信誉、适用性的要求更高。它的产生既可以与实际产品有关,也可以无关。

在考虑服务类产品的营销和广告策略时,我们首先必须了解这类产品的特征:

①无形性

在购买服务前,它们看不见、摸不着、听不见,购买者必须信任服务的提供者才会付诸购买行为。所以,广告运作应该在加强消费者的信心方面加大力度。

②不可分性

服务与其来源是不可分的,不管这种来源是人还是机器。音乐会即这样,只有演奏者、乐器、场地、时间等条件都具备了,服务才能实现。所以,服务经常会受到时间和空间、数量的限制。为了克服这种限制,可以培训更多的服务提供者,或提高群体服务能力。

③易变性

服务的质量是非常易变的,取决于谁提供服务,什么时间、什么地点提供服务。为了改善这一点,可以通过培训提高服务人员的素质,以提供更多标准化的服务;或通过建立消费者调查、投诉制度,从消费者的反馈中找到问题并加以改进。

④时间性

服务不能储存。当需求比较稳定时,服务的时间性不成问题,但是一旦需求有所波动,就要提醒服务提供者事先做好准备工作,比如预定制度、折扣制度、消费者自助服务制度等。

服务种类繁多,这要看服务到底是以人为基础还是以机器设备为基础。提供服务时消费者需要到场吗?消费者的消费动机是什么?服务提供者有无盈利的目的?

服务性机构不仅包括酒店、餐馆、洗衣店等传统机构,还包括航空公司、银行、保险公司、电信等大型国际性集团。在美国,服务业占了其国民生产总值的74%。目前,服务业作为国民经济的一部分,正在经历革命性的变化。就服务类产品的市场规模来说,其在广告服务行业中的地位也是很重要的。

2.基于消费模式差异的分类法

根据消费者的购买习惯,可以将消费品主要分为如下几类:方便品(Convenience Goods)、选购品(Shopping Goods)、特殊品(Specialty Goods)、非渴求品(Unsought Goods)、快速消费品(Fast Moving Consumer Goods,FMCG)和奢侈品(Luxury),它们的特点各不相同。

(1)方便品

方便品指消费者经常购买或随时购买,购买时几乎不做深度比较和分析的商品。方便品可以划分为日用品、冲动品和急救品三种类型。日用品是消费者经常购买的产品,比如牙膏、一般护肤品、洗衣粉等;冲动品是消费者没有经过计划或寻找就会购买的产品,这些产品到处都能见到,比如口香糖、电池等,往往被放在收银台附近;救急品是消费者在需求十分紧迫时购买的产品,比如下雨时购买的雨伞、降温时购买的厚衣物等。

(2)选购品

选购品指消费者在选购时要对其品牌、适用性、质量、价格和式样等基本方面做针对性比较的产品,包括服装、家具等产品。

选购品包括同质品和异质品两类。在消费者的眼中,同质品的质量、特点均相似,所以有必要在价格方面进行选购;在购买异质品时,消费者往往会在产品的特色方面进行比较和选购。

(3)特殊品

特殊品指具有独特特征或品牌标记的产品,对于这些产品,有相当多的消费者愿意为这些特殊性而付出高价。比如珠宝、摄影器材、高级音响、高档男装等。在购买特殊品时,消费者一般不需要过多地进行商品或品牌间的比较,消费者往往肯为了产品的某一项特殊性而不惜排除其他选择,也不惜远道去购买它。

(4)非渴求商品

非渴求商品指消费者很少听说过,或者即使听说过一般也不会主动去购买的产品。比如人寿保险、墓地等商品。非渴求商品的特性决定了其推销员和广告必须做出大量的营销努力,才可能使得消费者产生购买的欲望。

(5)快速消费品

快速消费品(业内通常简称“快消品”)所涉及的行业包括包装食品、个人卫生用品、烟草、酒类和饮料等,快速消费品通常满足的是消费者一些基本的生活需求。这些产品之所以被称为“快速”消费品,是因为它们是日常用品,依靠消费者的高频次和重复使用与消耗,通过规模化的市场销量来获得利润和实现价值。快速消费品的另一种新称谓为大众包装消费品(PMCG,Packaged Mass Consumption Goods),这一称谓更加注重包装、品牌化以及大众化对这个类别的影响。

快速消费品不仅是一类产品的总称,也是一种营销和沟通方法的总和。这个行业的进入门槛相对较低,所以会有无数的竞争者不断涌入,因而快速消费品行业有“三个月规律”之说:如果一个新上市产品在三个月内无法取得量的突破,就很可能难以在市场中立足。相对于耐用消费品,相对于地产或健康护理产品,快速消费品是一个独特的、相对完整和富有特征的领域,它的营销、通路、广告和公关都呈现出不同的特色。

快速消费品的消费者通常有很多的产品和品牌可供选择,因此很难对产品形成忠诚。此时,广告创意对快速消费品获取市场销售便显得格外重要,哪怕通过好的创意博得消费者一时的青睐也好。在快速消费品领域,市场不断演变,消费者细分日益深入和复杂,针对各种细分受众及其需求的新产品、新概念层出不穷。因此产品必须在包装、售点、广告、活动以及公关软文等细节上下足功夫。快速消费品往往缺乏真正意义上的产品变化,它不像电子产品那样可以不断开发新技术、新功能。但是,快速消费品仍会不断为市场推出新意,如变换新包装、投放新广告、实行新促销、展开新活动等。追求形式和主张上的新意是快速消费品的一大特征。

快速消费品中,同类产品之间的区别很小,因而极易导致产品/品牌的同质化和老化问题。因此,产品/品牌同质化和老化问题便成为快速消费品必须面对的严峻问题。

如何辨认消费者的需求(定位)?如何更好地满足消费者的需求(产品概念)?如何让消费者方便地购买(通路)?如何更好地让消费者注意并喜爱(品牌偏好)?以及如何与竞争品牌形成差异化(品牌形象)?如何解决这些问题便成了快速消费品市场运作的主导思路。

(6)奢侈品

奢侈品(Luxury)指超出人们生存与发展需要,具有独特、稀缺、珍奇等特点的消费品,属于非生活必需品。奢侈品的形象往往与成功的品牌、过硬的质量、优秀的设计理念乃至历史积淀、文化传承联系在一起,昂贵的价格只是其最后的因素,奢侈品更多地代表了一种高品质的生活方式。

对于奢侈品营销来说,品牌和产品的价值定位非常重要。因此,营销的每一个环节都要求富有技巧:既能够保持高贵的姿态,又要有不顾一切接近消费者的精神。其常见的价值定位方式有以下几种:

①原产地概念

正如贵族讲究血统,奢侈品也显示原产地概念的重要性。法国香水、意大利皮具、瑞士手表等原产地意味着正宗和传统,这正是消费者心里所需要的。

②制造工艺概念

奢侈品的制造工艺往往是繁复的,这正是奢侈品的魅力所在。超过行业平均水平数倍的制作时间、大量的手工制作、考究的材料等,这些元素是打造奢侈品价值的基础。

③艺术概念

消费者对产品最高的评价就是将其与艺术感受相提并论。品牌和产品本身所承载的艺术元素与细节可以提升产品和品牌的形象,从而帮助造就奢侈品永恒的价值。

④限量概念

通过限量生产来制造稀缺感,限量版奢侈品的可望而不可即之感可以为奢侈品高昂的定价提供有力的支撑。

⑤文化概念

奢侈品品牌更加强调其文化内涵,以使之能够适用于不同国家、民族和社会。文化内涵是奢侈品价值中重要的组成部分,短期的广告行为很难塑造出奢侈品品牌的文化内涵。

3. 影响消费模式的产品特质

消费者会以不同的方式采购各种不同的产品,这些购买形态常与产品本身所固有的以下几种特质有关:

◎ 产品所处的不同生命周期阶段;

◎ 产品购买的难度及所需的信息量;

◎ 产品是否为新产品及是否有创新;

◎ 错误消费某类产品时后果的严重性;

◎ 产品品质是否已确立、是否可靠;

◎ 产品的单位体积和重量;

◎ 产品保质时间的长度;

◎ 产品价格的高低;

◎ 产品/服务的差异化程度;

◎ 行业/品类的品牌同质化程度;

◎ 产品的用途及需求强度;

◎ 新产品推出的速度。

产品品类与功能的关联

对于消费者来说,能满足其某一种需要的产品不止一类。事实上,由于当今市场产品种类、数量极其丰富,不同产品之间的相互关系因为产品品类的不断开发而变得越来越复杂。因此,产品与产品之间的关系就变得越来越值得探讨。

针对消费者同一需求,如非完全不相关,产品之间的关系有如下三种类型:

(1)相近品类

品类相近的产品在功能上有部分相互替代的能力,比如液态奶饮品与果汁饮料、碳酸饮料、瓶装水等,它们在解渴的功能上有相似的作用,所以从消费者需求的角度而言,它们在很多时候是可以互相替代的,它们之间的市场也是互相覆盖的。只有从不同品类产品独特的功能诉求的角度去看,消费者才会注意到它们之间的差异。

这告诉我们,对产品功能的了解,就是对消费者产品需求的判断,这需要我们下功夫去认真考虑,不一定局限在某类产品非常独特的角度,如可以不只把果汁饮料的特征圈定在补充各种维生素的功能方面,而可以在多个层面详细地剖析果汁饮料产品的功用。

(2)替代品

如果一种产品在功能和使用上可以完全替代原有产品,我们就可以把这种产品称为原有产品的替代品。比如,在电脑出现后,它便在功能上取代了打字机,打字机这种产品的市场在很大程度上甚至可以说已经完全被电脑替代了。

除了有完全替代品外,还有不完全替代品。比如,电视机出现后,电影的市场被部分地替代;互联网出现后,报纸、杂志的一部分阅读就转移到了网络上。

有时,替代品的概念是相当宽泛的。如前文所述,同为饮料,对于解渴这一功能,瓶装水和果汁饮料、茶饮料、液态奶之间就存在着互相替代的关系。尤其在食品行业,这种广义的互相替代的现象到处可见。可以说,在行业与行业、品类与品类之间的这种产品替代关系,有时就是企业竞争市场份额、制定广告策略时必须留意的机会点。

(3)互补品

互补品的存在说明消费者要同时消费两种或两种以上商品才能满足自己的需求,例如汽车与汽油、电脑和软件、录像机与录像带、茶叶和茶具。

开发互补品是一种常见的营销思维方式。这种策略通过发现产品之间的互补性,设法把市场做大,而不是与竞争者争夺现有的市场。因此,企业应思考如何通过开发新的互补性来扩大市场,或如何使现有的互补性容纳更大的市场。例如,上世纪 60 年代初,柯达公司意欲开辟胶卷市场,但他们并没有急于动手,因为他们深知要使新开发的胶卷在市场上获得立竿见影的效果并非易事,于是他们采用了开发互补品的办法,在 1963 年开发了大众化相机,并宣布其他厂家可以仿制,一时出现了自动相机热。相机数量的暴增,给胶卷带来了广阔的市场,柯达公司趁机迅速推出胶卷,一时销路遍及全球,“柯达”从此声名鹊起,实现了其创造胶卷市场的目标。

产品生命周期策略

如同行业生命周期分析,产品生命周期分析也一样重要。**在市场营销学中,产品生命周期指产品从进入市场开始直到最终退出市场所经历的全部时间,它分为四个阶段:导入期、成长期、成熟期和衰退期。**产品在生命周期中的位置会影响到其所采用的广告形式。

产品生命周期分析的要点,是根据产品在市场中的态势判定产品现时所处的生命周期阶段,并根据产品的生命周期制定与其相适应的广告策略。

在生命周期的不同阶段,产品的市场占有率和通过销售产品而获得的利润会有所变化,因而企业的营销策略,包括广告策略也应该随着产品生命周期的变化而及时调整。我们可以通过表 3 - 2 直观地把握产品生命周期、营销策略以及广告策略变化的基本规律。

表 3 - 2 产品生命周期、营销及广告策略变化基本规律

生命周期	市场特点	营销策略	广告策略
导入期	产品刚上市,消费者对产品还不了解,只有少数追求新奇的消费者可能购买,销售量较低,急需开拓市场。由于导入市场的费用较高,企业在这一阶段基本无利可图。	为了扩展销路,需投入大量的促销费用,主要用于对新产品的推出和促销战役。营销要承担向潜在消费者介绍产品、保证营销渠道畅通的任务。企业可以采取快速进攻策略、缓慢进攻策略、迅速渗透策略、缓慢渗透策略。新产品也许只有一两方面的变化,为了保持新产品在竞争中的领先优势,需要持续不断地研究与开发。	开拓性广告策略:广告以提高产品的知名度,使产品成功进入市场为目的。 快速进攻策略:高价格、高促销费,迅速扩大销售,占有市场。 缓慢进攻策略:高价格、低促销费。 快速渗透策略:低价格、低促销费,推出产品。适用于市场容量大但消费者对价格敏感的产品。 缓慢渗透策略:低价格、低促销费,推出新产品。适用于容量大、消费者熟悉产品但对价格敏感的市场。
成长期	产品在取得上市的成功后进入成长期。此时消费者已经知道产品,大量新消费者开始购买,产品迅速被市场接受,市场逐步扩大,利润增加。产品具备大量生产的条件,成本相对下降,销售额与利润迅速增长。	其他厂家开始纷纷进入这个市场,原有厂家凭借自己的优势,可以稍稍减少广告费支出,但促销投入很高。企业可以通过改进产品质量、赋予产品新的特性、改进款式、增加侧翼产品、进入新的细分市场、进入新的配销渠道、适当降低价格等营销策略,保证市场占有率的提高。战略重点通常为"差异化",需进一步改进产品,使之在质量和技术性能上有别于竞争产品。	宣传重心从介绍产品转向建立产品形象,树立产品名牌,以使产品形象深入消费者心中。 劝服性广告策略:广告以劝说更多的消费者购买本产品、提高本产品的市场占有率为目的。 抓住时机采取降价策略。

续表

生命周期	市场特点	营销策略	广告策略
成熟期	潜在消费者已很少,销售额增长缓慢,直至转而下降。为保持已有消费者,营销费用有所增加,利润稳定或下降。许多消费者已使用过早期型号,也从中体会到需要改进的地方,并准备为更新的型号出更高的价格。另外一些人在追求更低价格的产品,导致产品盈利能力开始下降。	企业以保持市场占有率为目的,应该争取新的消费者,进入新的细分市场,争夺竞争者的消费者,促使消费者增加购买数量,重新定位,提高购买频率,为产品增加新的和更广泛的用途,提高产品的质量、可靠性、安全性,改进产品特性和款式,扩大产品使用功能,改进市场营销组合等,以延长产品的成熟期。	竞争加剧,产品售价降低,利润下降,为了保持市场份额,企业相对增加广告费的投入,差异化和多样化同时展开。 提醒性广告策略:由于产品已经拥有比较稳定的消费者群体,而且消费者的消费习惯已经基本稳定,所以广告应该以提醒消费者持续购买为目的。
衰退期	市场占有率下降,产品的销售额下降,利润降低。	企业应该尽快发现显现衰退现象的产品,并增加投资以取得竞争优势,或转移投资以开发新产品。也可以撤回营销支持,让基本产品以其自然状态销售给最忠实的消费者,为放弃本产品做准备。	维持策略:一切依旧,企业可以通过广告尽量维持现有的市场占有率,直至产品退出市场为止。 集中策略:用资金、促销手段集中在最有利的细分市场上。 收缩策略:大幅度降低促销水平,减少费用,使产品尽快衰落,同时通过一部分忠实消费者得到利润。 放弃策略:撤退,广告重点转向其他更有潜力的产品。 改变包装策略:增加产品的新奇感。

但值得注意的是,由于“生命周期”的概念被广泛地应用在从行业到品牌的一条很长的线上,从而可能会出现以下问题:

第一,在分析产品的生命周期问题时,“产品”的定义范围有大有小,可以分为三种:产品品类、产品形式和产品品牌。**产品品类指具有相同功能及用途的所有产品;产品形式指同一种类产品中辅助功能、用途或实物有差别的不同产品;产品品牌指企业生产与销售的特定产品**。依据三种不同的产品角度分析生命周期,会得到不同的结果,以海尔牌(产品品牌)双门(形式)冰箱(品类为冰箱)为例:

◎ 产品品类:生命周期比产品形式、产品品牌长,其成熟期甚至会无限延续;

◎ 产品形式:表现为上述典型的生命周期过程;

◎ 产品品牌:一般是不规则的,受市场环境及企业市场营销策略、品牌知名度的影响,知名度越高,其生命周期就长,反之亦然。

第二,在实际情况中,产品生命周期曲线的形状通常表现得丰富多彩,并完全展示其本身的特性。我们可以通过观察,识别出许多种不同曲线所代表的产品特征(见图3-3):

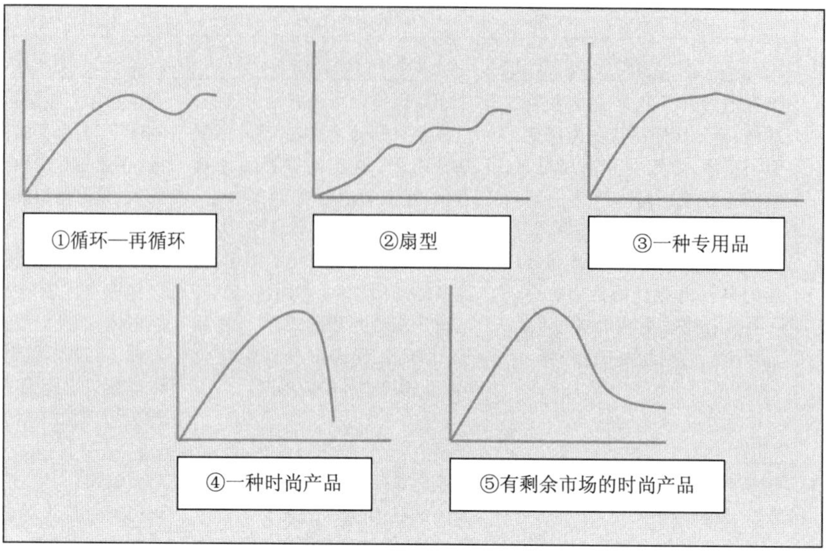

资料来源:科特勒. 营销管理:分析、计划和控制[M]. 上海:上海人民出版社,1990.

图 3-3　产品生命周期曲线

◎ 循环-再循环型:这是由于企业采取不同的市场营销努力而出现的现象;

◎ 扇形:表示一种产品由于发现了新的特性,找到了新的用途,或发现了新的市场,而延长了产品生命周期;

◎ 专用品:进入市场之后会保持长久的市场生命力;

◎ 时尚产品:从导入期到衰退期的转折点可能在几个月内即完成,然后产品迅速退出市场;

◎ 有剩余市场的时尚产品:进入市场和进入成熟期的速度很快,但是其退出市场并不彻底,会持久保持一定的市场规模。

由于不存在统一的、可预测的产品生命周期,所以不存在标准的市场演变模式。不过,对市场的描述过程却是相同的。通过分析,我们可以预测出市场和竞争者的发展状况,从而制定出利用这些变化因素的市场战略和广告战略。

产品组合策略

如果将单独的产品放在企业的产品组合中进行综合考虑,我们便可以了解产品在企业产品队伍中承担的角色和功能,了解产品所能获得的营销支持,从而使广告战略与企业的营销思路相吻合。

很多企业都不止生产一个产品或品牌,如果某一企业生产很多产品或品牌,那么某产品或品牌在企业中的地位和价值便会影响到该企业对其市场策略和广告投入的原则。因此,研究产品组合概念对了解企业的广告投放原则会很有帮助。

产品组合也称产品花色品种配备,是销售者出售给消费者的一组产品,它包括所有产品线和产品品目。

产品线指密切相关的一组产品,这组产品的每一种就称为产品的品目。这些产品以类似的方式发挥功能,会售给同类消费群或通过同一类渠道销售出去。

为此,不同的企业会拥有不同的产品范畴策略:

第一种,单一产品策略,即一个企业只生产一个品类的产品。

第二种,多产品策略,即企业在市场上同时推出两种以上的产品。这种策略的优点在于,如果其中的任何一种产品运作遇到困难,企业便可以依赖另外的产品销售来平衡其生存风险。特别是如果企业的目的在于追求销售成长和整体市场的占有率,那么采用多产品策略更容易达成其目标。

第三种,系统化产品策略,即企业同时推出销售目的相同且互补的产品。这类企业的产品销售的目的在于满足消费者,因此,企业必须先了解消费者的真正需要。系统化产品策略的最大好处在于可以使目标消费者完全依赖于一家公司,并促使该公司独占性地控制某市场,使其他竞争厂商难以进入。

练　习

一、请解释以下概念

产品生命周期　产品组合　整体消费系统　销售重点(产品卖点)

商品概念　表现概念　产品线　附加价值

二、请简答以下问题

1. 对产品进行分析的三个层面是什么?
2. 产品差异性的重要价值在哪里?
3. 消费者需要的分类有哪些?
4. 什么是产品生命周期理论?
5. 什么是产品组合分析?
6. 差别化问题的本质是什么?
7. 实行产品差别化能产生什么利益?
8. 如何寻找产品和服务的差别化?
9. 如何进行产品的主客观分析?

10. 对产品展开分析的内容是什么?

11. 产品差别化策略的弱点是什么?

12. 整体广告策划是如何由科学实证向艺术表现转换的?

三、实践活动

1. 请列举啤酒、书籍、服装、手机等产品消费模式的产品特质。

2. 请描述碳酸饮料行业、方便面行业、手机行业的产品差别化类型。

3. 请收集品牌广告案例,分析其广告表现概念,并说明其背后的诉求点是什么;思考针对这样的诉求点,还有哪些与消费者高效沟通的方式。

补充阅读

1. 里斯等. 定位:争夺用户心智的战争(经典重译版)[M]. 邓德隆,等译. 北京:机械工业出版社,2017.

2. 科特勒等. 要素品牌战略:B2B2C 的差异化竞争之道[M]. 李戎,译. 上海:复旦大学出版社,2010.

3. 高桥宣行. 差异化营销发想法[M]. 李慧君,译. 北京:电子工业出版社,2015.

4. 科特勒等. 营销管理(第 15 版)[M]. 何佳讯,等译. 上海:格致出版社,2016.

5. 奥格威. 奥格威谈广告[M]. 曾晶,译. 北京:机械工业出版社,2013.

6. 金等. 蓝海战略(扩展版)[M]. 吉宓,译. 北京:商务印书馆,2016.

7. 昂德希尔. 顾客为什么会购买(第 3 版)[M]. 缪青青,等译. 北京:中信出版社,2016.

8. 安德森. 长尾理论:为什么商业的未来是小众市场[M]. 乔江涛,译. 北京:中信出版社,2015.

9. 吴晓波. 大败局Ⅰ[M]. 杭州:浙江大学出版社,2013.

10. 吴晓波. 大败局Ⅱ[M]. 杭州:浙江大学出版社,2013.

11. 小米生态链谷仓学院. 小米生态链战地笔记[M]. 北京:中信出版社,2017.

第四章
广告策略的设定:消费者分析

本章学习目标

☑ 正确认识消费者概念,辨别消费者群体和个体在广告活动中的作用。

☑ 正确理解消费者的需求、欲望,学习利用信息影响消费者的欲望。

☑ 正确理解消费行为模式的种类。

☑ 掌握各个阶段广告介入的策略。

☑ 认识消费者的消费习惯。

☑ 掌握捕捉消费者的基本方法,全面把握市场细分、定位的实施方法。

☑ 了解如何掌握消费者接触媒体的偏好和习惯。

每个人都是自己生活的主体,但同时也是商品消费活动的主体,因而可以被称为"消费者"。"消费者"这一概念由于在营销活动中具有重要作用而受到企业、营销人员极大的重视。市场分析主要研究供需关系中"供"的一方;而消费者分析主要研究供需关系中"需"的一方:知道产品将要销售给谁,了解他们的需求和购买行为习惯,知道消费者接触媒体的习惯和偏好,等等。

交换的完成得益于消费者需求与产品价值点之间的契合,而广告的操作过程则要与消费者保持有效的信息沟通。因此,在产品的差异化分析、产品附加价值开发之外,完成对消费者的分析,捕捉有效的消费者群体,更加全面和深入地了解消费者并与之保持正确的沟通,是市场保持良好运转的重要前提。

消费者分析在广告策划活动中的位置非常重要。在广告策划的工作环节中,消费者研究主要可以解决三方面的问题:

◎ 捕捉消费者或潜在消费者;

◎ 了解消费者的意愿、需求等消费者决策特点;

◎ 了解产品的消费者或使用者接触媒体的习惯、信息类型偏好,以便创造适当的信息接触机会,用适当的方式传递广告讯息,达到广告的目标。

第一节 认识消费者

在划分消费者群体的过程中,我们可以从多种不同的观念角度来理解消费者行为。比如,我们可以将消费者刻画成理性的、比较有计划的决策者,他们希望从自己购买的产品中得到最大的好处;也可以把消费者视为社会文化的生物,他们所处的各种文化、社会和社区背景都会明显地影响到他们对产品的选择和对广告的理解、反应。消费者身上同时兼具有心理的、社会的、人文的、历史的和经济的因素。这些认识角度能说明消费者复杂的心理和行为,并为广告策划活动提供宝贵的思路。

随着数据库技术、网络技术以及空间定位等技术手段的日新月异,保留每个消费者的独特特征和需要,寻找、了解、传递信息,与消费者保持有效沟通,让他们接触销售的技术条件业已具备,对营销与广告新方法的探索已经拉开帷幕且方兴未艾。

消费者研究的理论基础

研究消费者在购物决策过程的理论观点有很多,但能为广告策划者提供最常用视角的是其中三个层面的理论:信息卷入理论、品牌认知理论和态度理论。

1. 卷入理论

在广告策略设定的过程中,消费者的卷入(Involvement)行为特征与品牌认知、广告诉求、媒介选择、广告效果、消费者购买行为等一系列概念的相互关联度与关联方式,是影响策略的重要因素,它们之间有着密不可分的关系。

卷入问题可以分为产品、广告与购买决策卷入三个角度。在这一分类中,产品卷入指从消费者需要和产品价值的角度着手,研究购买的重要性和产品的可替代性等问题。广告卷入指消费者与广告讯息的关联情况等,也研究消费者对广告讯息的关注状态以及广告讯息与消费者解决问题的关联等问题。购买决策卷入关注消费者在购买决策过程中的行为方式:消费者在面对自己的需要或潜在需要时,在了解产品的过程中要花费多少注意力、时间与精力才能完成一个购物过程。此研究角度以消费者完成购买的行为为核心来审视卷入问题。

卷入理论告诉我们,不同的消费者,在面对不同的产品品类的时候,其信息卷入行为方式是不同的。原因有很多,除了个人的个性及爱好所显示出来的行为差异外,主要是以下几个因素对不同消费者的意义不同,进而使消费者在完成购买决策的过程中,出现了不同的信息卷入行为:

◎ 重要性:产品对个人的意义和重要性;

◎ 愉悦性:产品的情感诉求和提供愉快、喜爱的能力;

◎ 象征性:产品表现个性或身份地位的能力;

◎ 误购风险:购买产品所需负担的经济风险和功能风险;

◎ 误购可能性:消费者主观认为会产生的误购几率。

消费者的信息卷入行为分为高卷入行为和低卷入行为,表现出明显的行为特征差异(见表4-1):

表4-1　消费者卷入行为构成分析

行为构成	高卷入过程	低卷入过程
资讯收集	积极主动收集与产品或品牌有关的信息	接触推送的产品或品牌信息
认知反应	抗拒那些和原来认知不同的信息	消极接受那些和自身经验有差异的信息
资讯处理	决策过程复杂且伴随着购买前方案评估	决策过程中容易冲动购物
态度改变	不太容易也不常发生	经常改变态度
品牌偏好	往往存在品牌偏好,忠诚度较高	可能重复购买产品,但忠诚度不高
认知失调	容易产生购后认知失调	不易发生认知失调
口碑影响	外控倾向者较易受人影响	较不注意他人行为
广告反应	易受广告吸引,信息的内容比频次重要	信息重复频次对态度影响较大

资料来源:Robertson et al.,(1984),Consumer Behavior,Illinois:Scott,Foresman and Company,p.279.

2.品牌认知理论

品牌认知是广告活动中的一个重要概念。现代心理学研究认为,人是凭借片段的信息来辨认物体和认识事物的,这就是所谓的主观认知。品牌作为产品的标志,可以用来表征和创造同类产品之间的差异,消费者正是凭借着对品牌所产生的某种感觉或体验来选择或识别产品的,这就是品牌认知。反映在营销上的一种普遍现象,就是消费者经常习惯于购买他们所熟悉的品牌产品,因而消费者对品牌的认知会直接影响品牌的价值。品牌认知是品牌价值形成的底线,形成品牌认知的过程即品牌信息的加工过程。

品牌认知具体表现为消费者在想到某一类别的产品时,便在脑海中想起或辨别出某一品牌。例如,人们想买牛奶时,就会联想起蒙牛、伊利、光明等品牌。品牌被想起的难易程度,说明了品牌价值的大小。

品牌认知度分为以下四个层次:

第一层次,在无任何提示的情况下想到某一产品类别时就立即想起的品牌,这种品牌在消费者心目中的印象最深、影响力最大。

第二层次,在无提示的情况下可以想起的品牌,它存在于人们的记忆中,只不过不是记忆中的第一个。消费者在面对众多品牌选择时,往往会考虑脑海中所能想到的品牌,而不会去选择毫无印象的品牌。

第三层次,经过提示后,消费者表示知道该品牌,但并不十分了解。

第四层次,无认知度,即便经过提示后,消费者仍表示对该品牌无任何印象。

当今市场中,产品严重同质化,企业只有积极挖掘消费者的需求,采取品牌营销战略,将本企业的品牌产品与其他企业的产品区别开来,并通过多样化的传播媒介予以推广,才能形成良好的品牌认知。

3. 态度理论

态度是个体对外界事物的一种较为持久而又一致的内在心理和行为倾向,态度的特点在于它是一种倾向而非行为,是一种持久状态而非暂时状态。因此,态度既不同于行动,也不同于情绪。相对来说,态度比较持久,而情绪相对短暂。态度的构成要素兼具认知、情感和行动三种成分,且三者彼此关联。

消费者的正常心理需要使构成态度的三个因素保持一致。因此,激发态度中任何一个表现要素发生改变,都会引发另外两个要素的相应反应,以保持这三个要素协调一致。

如果态度中有两种认知不一致,就会造成认知失调;如果失调的认知成分多于协调的认知成分,就会引起更大的失调。当人们在两个或两个以上的选择中做决定时,这种决策几乎都会引起认知失调,我们称之为"决策后的认知失调"。为了减少决策后的认知失调,人们在决策后往往倾向于提高对所选事物的喜爱度而减少对非选择事物的喜爱度,倾向于认为自己选中的方案更具有吸引力,没有被选择的方案更缺乏吸引力。因此,个体的切身体验会切实加强态度与行为的一致关系。

态度通常发生在一定的情境中,在这个情境中,态度的存在状态可以用以下几个维度来描述:

◎ 方向:态度指向,个体对态度对象是肯定指向还是否定指向,包括:是与否、赞同与反对、接纳与拒绝、喜欢与厌恶;

◎ 强度:态度方向的强度;

◎ 深度:个体对态度对象的卷入程度;

◎ 向心度:某种态度在其整个态度价值体系中的核心程度;

◎ 外显度:某种态度在其行为方式和行为上的外露程度。

广告讯息与产品体验对消费者的影响,离不开消费者的态度与态度变化的大背景。例如,围绕着消费者的态度,我们可以去尝试发现数码单反相机的“发烧友”是什么态度结构、王凯的狂热粉丝是什么态度结构。了解这些情况,对制定广告诉求和沟通策略无疑具有重要的作用。

每个消费者都有与众不同的地方,但是以往的广告运作不太关注个体间的差异,而是力求发现消费者之间更多的相同喜好,只有在“求同”“求量”的市场操作思路被激烈的市场竞争逼得无路可走的时候,企业才会转而针对每一个消费者的喜好提供产品定制服务。因此,即便在数字媒体已获得极大发展的今天,企业也只是适当地直接利用个体之间的差异,同时以群体的思路去捕捉更大规模的市场。

消费主体

1. 个人

提到消费者个人,人们便会十分自然地从人口统计的一些基本属性上去考虑:年龄、性别、籍贯或居住地、教育、职业、收入,等等。在法律意义上,消费者(Consumer)指出于个人目的而购买或使用商品或接受服务的社会成员。生活中,每个人都有可能扮演消费者的角色,消费者的角色人与人各异,不同的人,在生活中的产品需求、决策、购买及使用体会各不相同。所以,在理论上,广告策划人员非常有必要从每个消费者的角度出发去判断营销传播的信息管控策略,尽管这种操作需要一定的技术、资金及人力的支持。

从认知心理学的角度出发,广告策划人员所面对的消费者购买决策过程,将是一个黑箱或者灰箱,甚至连消费者自己也很难判断、分析清楚自己的决策过程。有神经营销学的观点表明,消费者对广告讯息的反应90%来自潜意识层面。尽管如此,我们还是相信消费者在购买决策过程中,必然拥有合理的理性资料收集方法与充分的判断能力。

在将消费者作为个体进行分析时,应该注意到其他一些个人因素可能会对其购买行为造成的影响,比如:消费者的个性、自我意识以及生活方式等。

随着新媒体技术的发展,广告主直接基于消费者行为,利用企业或网络平台的数据库所进行自助化、智能化、规模化、面向消费者个人的精准广告投放操作已变得越来越有效率。在识别消费行为的过程中,对消费者的生活方式、消费行为特征、价值观等进行分析,仍然是非常重要的一环。

(1)消费者的个性

个性是一个人身上表现出的经常的、稳定的、实质性的心理特征,个性差别将导致购买行为的差别。

(2) 消费者的自我意识

自我意识有时也被称为自我形象，指消费者在自己心目中把自己看成怎样的一个人、有怎样一种形象，或者希望别人把自己看成什么样的人。在实际生活中，消费者会由于期望保持或美化“自我形象”而在看到自认为与自己形象相符的商品时付诸购买行为。

(3) 消费者的生活方式

消费者的生活方式指一个人在生活方面所表现出的兴趣、观念以及参加的活动，生活方式由下面几个因素构成：

◎ 工作和休闲的方式；

◎ 趣味和偏好；

◎ 意见，主要指对社会争议的见解和自我评价。

比如，李奥·贝纳广告公司曾经对啤酒的消费者做过调查，结果表明，经常喝啤酒的人一般偏爱冒险，凭直觉行事，喜好体育，不拘传统，且有英雄崇拜倾向。由此可见，生活方式能较为综合地反映消费者的社会阶层、性格和心理因素，因而受到广告策划人员的重视。

消费者的生活方式与需求目标有关。消费者以自己的生活方式为基础去确立生活目标和各种欲望，只有迎合其欲望、满足其需求的商品才会进入消费者的生活。因此，企业不但要生产能满足消费者欲望的商品，还要通过易于融入消费者生活方式的广告来传达商品信息。

2. 家庭

家庭是由彼此关系密切的成员构成的一种初级群体，是人们最主要、最核心参与的群体，是社会组织中的一个基本单位，也是消费者最基本的相关群体，对消费者的购买行为影响甚大。因此，家庭是广告策划人员在分析消费者和诉求对象时不可忽视的一个要素。

一个人在一生中一般要经历两个家庭：血亲家庭和夫妻家庭。前者是父母家庭，由具有血缘关系的亲戚组成；后者是男女双方以婚姻关系组成的家庭。在现代社会，随着家庭的小型化和越来越多的子女成年后独立生活，血亲家庭已经不再是家庭类型的主流，取而代之的是夫妻家庭。消费者在做出购买决策时，必然要受这两个家庭的影响。

在夫妻家庭中，主要的类型是核心家庭，即由已婚夫妻及其子女组成的家庭。

(1) 家庭构成对消费者购买行为的影响

广告主会关注家庭类型之间的重大差异或总体差异，因为不同的家庭具有不同的需要，自然会购买不同的东西，接触不同的媒介。

社会上存在着大量的单亲家庭和二婚甚至三婚的家庭，“家庭”已经成了一个含义非常宽泛的概念。除了“传统”的基本家庭和单亲家庭以外,目前还有大家庭(家庭中包括祖父母、表兄弟姐妹以及其他人)和所谓的另类家庭,例如,带或不带孩子的单亲及未婚母亲家庭、同性恋家庭等。

随着代表性家庭结构的变化,前面所说的血亲家庭数量减少,家庭规模变小,核心家庭的社会地位越来越突出。这些变化自然而然地带来了消费行为和媒介接触行为的变化。

比如,家庭规模越来越小的发展趋势对消费结构产生了重大的影响:人们对食品的要求从“量”转变为“质”,结果导致了罐头、方便食品和快餐食品的盛行。家庭人口的多少,不仅会影响耐用消费品的购买频率、品种、规格,也会引起家用设备、医疗、娱乐、教育等方面支出在家庭总支出中所占比重的明显上升。

广告策划人员还应该关心家庭中最小那个孩子的年龄以及家庭规模和家庭收入等因素。当父母双方或单亲外出工作时,购买过程中的家庭角色常常会发生改变。比如,十几岁的孩子也许会担负起提议者和购买者的任务,而父母仅仅发挥影响者的作用。另外,家中最小的那个孩子能够使广告主了解这个家庭在需求和义务——即玩具、大学教育、储蓄投资、服装、假期等方面各处于什么位置。当最小的孩子离开家庭时,这个家庭的消费模式也将发生巨大的变化。

(2)家庭文化素养与社会地位的影响

家庭的消费模式受社会、群体和个人的文化环境、素养等因素影响,可以形成不同的类型。比如,有些家庭有很强的家庭观念,重道德、伦理,强调家庭和睦;有些家庭有较强的进取心,望子成龙;而有些家庭则以提高生活水平为目标,是所谓的以消费为中心的家庭。

一个家庭的社会地位和家庭主要成员的职业,对家庭的消费方式也有很大的影响。比如,农民家庭、工人家庭、知识分子家庭、干部家庭,其购买方式和消费方式会有很大的不同。

(3)家庭对购买决策的影响

家庭的消费行为也是广告主非常关心的因素,因此,广告策划人员不仅要发现不同类型的家庭有什么需求,还要发现一个家庭如何进行决策。

消费者购买产品和服务时,有时会受到家庭其他成员的影响,而每个家庭成员在决策过程中都可以扮演多种角色。为此,辨别家庭成员在决策过程中的角色,是利用广告讯息影响其决策的前提条件。消费者在购买决策过程中一般扮演着下面几种角色:

◎ 发起者:发起购买决策过程的人,如确认需要一台新洗衣机的母亲;

◎ 信息提供者:负责收集有关决策信息的个人,例如,知道在专业杂志的哪个地方找到产品信息,或知道如何从销售商那里收集产品信息的那个人;

◎ 影响者:对选择过程中采用什么标准施加影响的人,家庭中的所有成员都有可能成为影响者,每个人可能都会有自己的意见和想法;

◎ 决策制定者:实际制定决策的人(们);
◎ 购买者:执行购买决策的人。

决策者通常是广告客户最为关心的角色。人们在购买某一产品时,既可以一人独立做主,也可以有配偶和子女的参与,或全家人共同决策。在血亲家庭中,家长大多是购买的主要决策者;而在核心家庭中,夫妇则是主要的购买决策者。在血亲家庭中,接触什么样的媒介、如何接触、接触的程度如何,多半由家长决定;而在核心家庭中,家庭成员在媒介接触上拥有更多的自主权。

虽然购买活动往往由某一个家庭成员决定,但许多购买决策实际上并不是由某一个固定的家庭成员决定的,而是通过消费者研究人员发现的所谓的"胡乱应付"方式进行的。这些"决策"只是做了出来,但没人敢肯定到底是谁做的,甚至连什么时候决定的都不清楚。在很多时候,孩子虽然不一定是购买者,但他们却可以在很多产品种类上发挥提议者、影响者和使用者的重要作用,如麦片、服装、度假目的地、快餐厅,甚至电脑。

就我国目前的情况来看,决策过程中最主要的决定因素还是产品种类。例如,购买洗衣机、电视机、冰箱等大件商品时,往往丈夫决策权更大;在购买日用品、服装、床上用品时,则妻子的决策权更大;而在购买家具和外出旅游时,则往往是夫妻双方共同做出决定。

(4)家庭生命周期对消费行为的影响

市场营销和广告运作都很重视"家庭生命周期"分析。

家庭生命周期指以家长为代表的一个家庭的生活全过程。每一个核心家庭都会经历从建立到家长死亡的若干阶段,如单身阶段、新婚夫妻、满巢期、空巢期、鳏寡期。在核心家庭中,家庭所处的生命周期阶段往往是随着时间的推移而发生变化的。多数情况下,在婚姻初期,家庭由夫妇二人构成。然后是家庭的满巢期,即子女从出生到独立生活之前,家庭成员包括父母和子女。其后是空巢期,子女独立生活,建立自己的核心家庭,家庭又恢复到只有夫妇二人的状态。最后,夫妇中的一人可能去世,家庭成员只剩一个人。当最后一个家庭成员也去世之后,家庭随之消亡。

在家庭生命周期的不同阶段,因为家庭成员的年龄、婚姻状况、子女状况不同,消费者家庭对商品的兴趣、需求和购买情况也会有明显的不同,消费行为会发生明显的变化。因此广告策划人员必须把握消费群体的这些特性,才能有针对性地传播和诉求广告讯息。

家庭所处生命周期的阶段不同,导致消费者的行为呈现出不同的主流特性,比如:

◎ 单身阶段:成员处于单身阶段,此时的消费者一般比较年轻,几乎没有经济负担,消费观念紧跟潮流,注重娱乐产品和基本生活必需品的消费;
◎ 新婚夫妻:成员为年轻夫妇,没有孩子,家庭的经济状况相对较好,需求量比较大,购买力比较强,耐用消费品的购买量高于处在家庭生命周期其他阶段的消费者,

对家具、电器等需求旺盛;

◎ 满巢期Ⅰ:家庭成员为年轻夫妻,有幼年子女,最小的孩子在6岁以下,处在这一阶段的消费者往往要购买住房和大量的生活必需品,常常感到购买力不足,对新产品感兴趣,并且倾向于购买做广告的产品;

◎ 满巢期Ⅱ:家庭成员中夫妇年龄较大,子女年龄也稍大,最小的孩子在6岁以上,处在这一阶段的消费者一般经济状况较好,但消费慎重,已经形成比较稳定的购买习惯,极少受广告的影响,倾向于购买大规格包装的产品,在儿童保健、玩具和智力教育用品方面投入较大;

◎ 满巢期Ⅲ:夫妇已经上了年纪,但是尚有未成年子女需要抚养,处在这一阶段的消费者经济状况尚可,消费习惯稳定,可能购买富余的耐用消费品;

◎ 空巢期Ⅰ:家庭成员中夫妇已至老年,子女已经成年并独立生活,但是家长还在工作,处在这一阶段的消费者经济状况最好,可能购买娱乐品和奢侈品,对新产品不感兴趣,很少受广告的影响,对运动、情趣和保健补益药品有兴趣;

◎ 空巢期Ⅱ:子女独立生活,家长退休,处在这一阶段的消费者收入大幅度减少,消费更趋谨慎,倾向于购买有益健康的产品;

◎ 鳏寡就业期:老年单身独居,尚有收入,但经济状况不好,消费量减少,集中于生活必需品的消费,对运动、情趣和保健补益药品的兴趣更浓;

◎ 鳏寡退休期:收入很少,消费量很小,主要需求为医疗产品。

对很多行业的产品来说,家庭的需求和使用是非常常见的考虑因素,因此我们也很容易在媒体上接触到以家庭环境为诉求背景的信息。如果以影响家庭的消费决策为沟通目标,则在制定广告媒体策略时可以选择多种媒体渠道,比如电视、广播等大众媒体以及社区媒体(活动),还可以借助多种形式的家庭活动平台等。

3.群体

每个消费者都拥有自己独特的性格、生活背景和经验,因而每一个人的每一次消费经历和心理都存在一定的特征和必然性。然而,由于消费者庞大的数量以及千差万别的特征,我们过去在处理消费者信息、控制消费者接受信息时面临着难以克服的困难,因为在一定的技术条件下,靠辨认每一个消费者的市场行为特征并完成有针对性的传播是不可能的。因此,我们对消费者的理解只能停留在对“群体特征”进行分类处理的层面上,这也就是我们通常所说的“消费者群体”的处理方式。

“群体”概念的成立,必须以牺牲个体角度和个体特征的绝大多数细节为代价,以达到“群体”特征趋同的要求。为了辨别出各个消费者群体,我们必须放弃消费者个体的视角,消费者不再是生活中活生生的个体,转而变为由各种标签所描述的概念,并最终成为一种符号。

(1)参照群体

参照群体(Reference Group)指消费者个人在做出自己的消费决策时用作参照系的其他人群。这个群体既可以是密切和经常发生关系的,如家庭、朋友、邻居和同事;也可以是较为正式而疏离的,如专业协会、俱乐部成员等。

参照群大致可以分为两类:一是消费者所归属的成员群体(Membership Group),二是消费者所倾慕和向往的榜样群体(Aspirational Group)。消费者希望自己能与榜样群体的成员相像,因此,榜样群体可以成为消费者的行为标准。职业运动员、电影明星以及成功人士等都可以成为榜样。

广告策划人员要尽量识别目标消费者的参考群体,因为参照人群会以各种方式影响消费者的消费行为,主要表现在三个方面:

◎ 展示一种生活方式,使个人受到新的行为和生活方式的影响;

◎ 影响个人的态度和自我概念,因为人们通常希望自己能迎合群体;

◎ 与大家共同分享某些消费形式的象征意义,群体内会产生某种趋于一致的压力,它会影响个人对实际产品和品牌的选择。

消费者之所以选择某个品牌,也许完全是因为他认为使用这些产品可以提高自己与参照群体的相似度,或向他人表明自己属于某个特定的参照人群,或作为送给这个参照人群中另一位成员的礼物,以此来寻求亲密感。

参照群体的影响力还因产品类别和产品所处生命周期的阶段不同而有所不同。例如,消费者对汽车和手机的产品和品牌选择都会受到参照群体的强烈影响,对衣着等的选择主要在品牌上受影响,对啤酒等的选择则主要在产品上受影响。产品在处于引入期时,参照群体的影响力较大;在成长期,产品和品牌选择均受参照群体的强烈影响;在成熟期,品牌选择受参照群体的影响较大;而在衰落期,参照群体的影响则很小。

(2)社会群体

在一个社会中,由于文化和社会的原因,我们可以发现因价值观有明显差异而形成的群体。最常用来辨认这种群体的视角有两个:一是世代群体视角,二是地位群体视角。这些群体并没有明确的群体组织,只是群体中人们的生活背景有某种相似,如具有相似的社会认同、相似的社会记忆、相似的喜好、相似的经历等,为此,他们很容易成为广告主捕捉和利用的群体。

消费者世代群体研究即把出生在同一时代的消费者作为一个整体,研究这个整体的消费行为模式以及这一行为模式在时代的更迭中是否会发生变化、发生什么变化。消费者世代群体包括我们常说的七〇后、八〇后、九〇后、X 世代、e 世代等。各代消费者在消费价值观上会有很大的不同,代际研究便可以了解不同代际消费者在同一时期的消费差异。

消费者地位群体研究具有相同生活方式和相同地位的人之间的共同体,地位群体形成的基础是生活方式,对某一生活方式的认同是群体凝聚内部成员和排斥外部成员的根据。常见的消费者地位群体包括白领、大学生群体、月光族、打工族、宅人、新富阶层等。对地位群体进行研究,可以让广告策划人员了解不同地位群体的生活方式与消费特点。

第二节 STP 营销方法

随着广告策划方法的变迁,STP 营销方法已成为广告策划人员实际应用中的一个重要工具,而市场细分(Marketing Segmentation)理论则是 STP 营销方法的核心。

市场细分

市场细分概念由美国营销学家温德尔·史密斯首先提出,后经美国营销学家菲利普·科特勒进一步发展和完善,最终形成了成熟的 STP 理论,即市场细分(Segmentation)、目标市场选择(Targeting)和市场定位(Positioning)。

STP 理论要求企业在一定的市场细分的基础上确定自己的目标市场,最后把产品或服务定位在目标市场中的确定位置上。**所谓"市场细分",就是根据消费者需求的不同特征,将市场划分为若干有意义的消费者群体的过程。**不同的细分市场之间,需求差别比较明显;而在每一个细分市场内部,需求差别就比较细微,基本倾向一致。

在广告运作环境中,STP 营销理论占据着非常重要的地位,是战略营销的核心内容。它可以帮助广告策划人员找到消费者和目标受众,了解他们的需求心理,并依据定位理论创造适当的机会,以合适的方式传达广告讯息,达到广告目的。

1. 市场细分方法

市场细分没有统一的标准,不同商品、不同环境需要用不同的标准或细分变量(地理变量、人口变量、心理变量、行为变量),这样才能科学合理地细分市场。

对市场分割得越细,对市场的了解就越准确,但同时每个细分市场上的消费者数量就越少。因此,细分市场的关键在于决定将市场细分到何种程度。另外还要考虑目标细分市场是否易于接近,媒体是否可以有效地影响到该目标群体,能不能制定出相应的方案,有没有充足的资金针对这个群体展开广告活动,有没有足够的铺货能力使产品迅速覆盖所有预定的地区。

市场细分的难度在于必须选取能够体现消费者分组需要的标准/指标,有效地解析这个市场,将市场细分开来。这些指标包括:地理细分、人口统计细分、消费心态和生活形态细分、消费过程细分等。这些标准可以单独使用,但更多的情况下是综合运用这些分析指标。

(1)地理细分

处于不同地理位置的消费者对于同一产品往往表现出不同的爱好和要求,对价格、分销渠道、广告宣传表现出不同的反应。企业必须根据不同地区的不同需求来制订营销方案。因此,地理因素成为常见的市场细分标准。

地理标准包括国家和地区、地域(如华中、华南、华北、华东、西南、西北)、省、市、县、城市和乡村乃至街道,不同地理气候差别也可以作为指标,如温度、湿度、季节变化等。对于某些产品来说,如羽绒服和空调,天气和地域会使各个地区的消费形成巨大的差异。城市规模、经济发展程度(基础设施、非农业人口数量等)、饮食习惯、娱乐偏好、休闲活动以及生活方式的其他方面,也都表现出随地理区域的变化而变化的现象。选择和应用这些标准,可以划分出不同的市场层面。

许多企业常常区分本地市场和外省市场、南方市场和北方市场,并在经营中采取不同的方式去适应它们,这就是地理细分。但是,地理标准相对来说是静态因素,不易划分得详细而有效。

将地理特征与其他指标结合,就可以形成地理细分的综合系统。例如,美国广告主已经把家庭住址信息与美国人口普查局的人口统计数据合并起来,形成了一种名为"地理人口统计细分"(Geo-demographic Segmentation)的市场细分形式。

(2)人口统计细分

之所以根据人口统计资料,如年龄、性别、婚姻状况、家庭规模、收入水平、职业、教育程度、民族构成、宗教信仰等因素细分市场,是因为消费者对商品的爱好、需求和购买特点与消费者的人口指标关系密切。据此标准,广告策划人员可以有效地区分出不同的购买群体。同时,上述变量较之其他变量也更容易定量,比较容易获取相关的数据。

在应用人口统计标准细分市场时,通常最为关注下述因素:

①年龄

人在不同年龄会不断改变自己购买的产品和服务。以食品为例,人们在小的时候要吃婴儿食品,到老年则要吃低糖、低脂食品;人们对衣着、家具、娱乐的爱好也会随年龄的变化而变化。除了生理年龄,心理年龄的影响也同样值得重视,同一年龄层的人可以有不同的心理年龄以及完全不同的生活形态。

按照我国的习惯,年龄大致可分为学龄前(6 岁以下)、小学生(6 - 12 岁)、大中学生

(13 - 24 岁),青年(35 岁以下)、中年(35 - 60 岁)和老年(60 岁以上)几个阶段。经营服装、食品、书刊的企业往往要以年龄来细分市场。

在未来的岁月里,有一个人口群体将受到广告主的日益关注:银发族。银发族指富有的老年人群体。老龄化进程使中国、美国、日本和西欧一些国家的老龄细分市场增长突出。不过,和其他任何年龄组一样,老龄消费群也是一个成分多样化的群体。有人认为应该将老龄消费群划分成 50 - 64 岁组、65 - 74 岁组、75 - 84 岁以及 85 岁以上组,以此来反映他们各自在需求方面的重大差异。

②性别

性别细分在服装、美容、杂志等领域很早就被广泛使用了。有观点认为,以男性为主的消费主义正在转向以女性为中心的消费主义。以前广告之所以关注男性,是因为家庭的消费权掌握在他们手中,而现在,职业女性的购买能力日益强大,这使我们不得不更加关注女性的真正需要和发展趋势。

不少产品市场是根据消费者的性别来划分的,如服装、鞋帽、化妆品、自行车、饮料等都可以明显地细分出男、女市场。

③收入

经济收入往往对消费有着决定性的影响。收入细分在住房、旅游、服装、化妆品等行业非常实用。消费者的经济状况可以从四个方面入手来描述:可支配收入、储蓄与资产、信用和借贷能力以及对消费和储蓄的态度。

上述人文因素通常要综合起来才能有效地细分市场。比如,家具公司在按人口标准细分市场时,发现与家具销售关系最密切的人口因素还包括户主年龄、家庭人口和收入水平三项。将这三个变量具体分成若干等级,可得出若干个差别明显的细分市场。公司可以据此估算每个细分市场的户数、日常购买额以及其他厂家的竞争强度,将这些数据结合起来,便可以预测自己可能从每个细分市场上获得多少利益。

④教育程度与职业

教育在社会地位的分配上起着重要的作用。在市场交换条件下,消费者所拥有的可用来获取社会地位和权力的教育、知识、技能和信息越多,其拥有的文化资本就越多。

(3)消费心理与生活方式细分

心理变量是细分市场和描述目标市场的重要因素,属于消费者特征的范畴。

在心理变量的具体分析中,我们经常会用到“生活形态”这个概念。**所谓“生活形态”,指一个人整体的生活方式,包括态度、信念、意见、期望、畏惧、动机、活动甚至偏见等特质,它也反映一个人对时间、经历以及金钱支配方式的态度。**

心理状态会直接影响消费者的购买趋向,特别是在比较富裕的社会中。消费者购买商品的目的已经不限于满足自己的基本生活需要,因而心理因素对购买行为的影响就显得更为突出,因而在人口因素相同的群体之间,也可以分出不同的购买趋向。在心理细分中,广告策划人员可以以社会阶层、生活方式以及个性等变量作为划分消费者群的基础。

①社会阶层

社会阶层(Social Class)历来就是一个相当难以把握的概念,收入、教育和职业是显示社会阶层特征的三个重要变量。同属于一个社会阶层的人往往具有相似的生活方式、观点和理念;最为关键的是,他们往往具有相似的消费方式。社会阶层的标志包括穿什么、住在哪里、如何讲话等。高层消费者常以名贵、稀有、古迹为目标,中、低层消费者则较看重社会品质、性价比相宜的产品。

在消费社会里,消费会以多种方式表明一个人所属的社会阶层的消费品位和偏好。例如,网球和象棋比羽毛球和跳棋更像上层社会的附属品牌;而喝葡萄酒而非啤酒也是一种社会标志。

②生活方式

生活方式(Lifestyle)也叫生活形态,它涉及消费者如何生活、工作与休闲。一个人在生活方面所表现出的兴趣、观念以及参加的活动都可以用来描述他的生活形态。当消费者在人口统计及生活形态方面的特征相近时,他们的行为方式,如购物、动机、媒介消费习惯等也会相应地比较接近。在消费者沟通方面,生活形态扮演着举足轻重的角色。通过描述某一消费族群中特有或没有的生活形态,便可以为其量身定做沟通的信息。

借助生活方式细分法(Lifestyle Segmentation)了解目标细分生活方式的细节,有助于广告策划人员制作出真实可靠的广告讯息。生活方式细分可以按广告主的具体要求进行设计,比如重点突出与某一类产品相关的问题,也可以使细分具有普遍的适用性,使之适用于多种不同的产品或服务种类。

细分消费者生活形态的架构有很多,但基本的架构主要有两种:

架构一,按活动(工作和余暇如何度过)、趣味、偏好、意见(社会争议的见解、自我评价)等指标来划分。

架构二,按资源(包括的成分不仅限于年龄、收入和教育程度)和自我定位来划分。

③个性

消费者个性是一个人身上表现出的经常的、稳定的、实质性的心理特征,个性差别将导致购买行为的不同,因而个性也可以作为分析消费者的有效变量。

依据个性细分市场,企业可以建立其产品的品牌个性(也称品牌印象和观念),以吸引有相应个性的消费者。如20世纪50年代末,福特和通用就按不同的个性进行促销,福特锁定了“独立、易冲动、男子气概、机敏易变和自信”的消费群体;通用则锁定了“保守、节俭、关心特权、缺乏男子气概、中庸”的消费群体。

④价值观

由于消费者的核心价值观对其行为有着长久而稳定的影响,因此,广告主必须了解消费者的核心价值观。对人的基本价值观展开诉求便有可能影响其购买行为;相反,违背消费者的基本价值观,就会走向失败。在你努力拓展自己、走向世界的时候,这就成了一个特别重要的问题,因为在你所熟悉的文化中习以为常的价值观,在地球的另一端也许根本就行不通。解决世界各地价值观难题的一个途径就是市场细分,这样便可以识别出跨国界的价值细分市场。

(4)消费行为细分

消费过程细分以购买者对产品的认知、态度、使用或反应为基础来划分消费群。不少经营人员认为行为变量是创建细分市场的最佳起点,因此广告策划人员可以利用已有的资料,充分调动自己的生活经验,在消费过程细分中寻找可能的消费者区隔。掌握了消费过程中的关键环节之后,广告策划人员便可以沿着这个脉络找到广告战略的切入点。

①重度使用者细分

细分市场最常用的一种方法,就是根据消费者对产品的使用模式和喜爱程度对市场进行细分。除此之外,市场也可以按照产品使用的频率,细分为轻度使用者、中度使用者和重度使用者三类。重度使用者的人数通常只占总市场人数的一小部分,但是他们在消费总量中所占的比重却很大。

如果能从市场中捕捉到重度消费者,对营销人员来说便算是一大成功。因为重度消费者的人数虽然较少,但其消费量却很大,且特征较为统一。因此,针对这部分群体投放媒体广告可以节省不少费用,同时还会获取高额的市场回报。

②信赖者类型细分

除此之外,还可以根据需要,分析产品使用者的以往使用模式与品牌偏好,从中找出四种基本的细分市场类型:非使用者、品牌忠诚型消费者、品牌变换型消费者和新生消费者。每一种细分都意味着广告主面临的独特机会。

第一类,非使用者(Nonusers),相对于其他三组消费者,这一组消费者提供的机会最少。

第二类,品牌忠诚型用户(Brand-loyal Users),他们是一笔巨大的资产,但如果他们是某个竞争对手的忠诚用户,则难以将他们争取过来。

第三类,品牌变换者(Switchers),他们常常购买正在减价出售的品牌或提供折扣赠券或其他价格刺激的品牌,争取他们的代价非常高昂,还不一定能留住他们。

第四类,新生消费者(Emergent Consumers),他们的品牌偏好还没有完全形成,如果用适合他们年龄或社会背景的信息去影响他们,最终有望建立起品牌忠诚,并给企业带来良好的回报。比如,信用卡的广告主会积极招揽大学生,因为他们的经济实力虽然在短期内还比较有限,但从长远来看,他们却是消费潜力巨大的一个群体。

③利益类型细分

利益细分(Benefit Segmentation)指按不同的消费者希望从同一类产品中获得的不同整体利益来划分目标细分。例如,不同的人希望从汽车上得到不同的利益,有些消费者只想要经济可靠的交通工具,有些想要速度和刺激,还有一些想要豪华、舒适和面子。再比如护肤品市场,有的消费者重视护肤品的紧致功能,有的重视护肤品的美白功能,还有的追求护肤品的香型或价格是否低廉。这些不同的利益追求心理形成了不同的购买群体。广告主根据这一标准划分市场,就可以使自己的产品突出某一特性或生产出不同类型的产品,以较强的针对性满足不同消费者的利益追求,从而获得更大的市场份额。

④购买时机类型细分

购买时机类型细分就是按购买时机细分市场。如旅客乘坐飞机是由商业、旅游、探亲等有关时机引起的,航空公司可以据此细分市场,确定以哪一类乘客为主要服务对象;家具的购买时机常常会由于新宅落成、喜庆和新家庭诞生、旧家具淘汰等而引起;化妆品的消费则通常与气候等时机有关。广告主可以据此划分市场,以扩大自己在消费者中的影响。

2. 对消费群质量的评估

市场细分揭示了广告主所面临的市场机会,现在,广告主必须评估各种细分市场,决定为哪些细分市场提供服务。

如果一个广告主已经明确划分出了几个细分市场,那么为了选择目标,他必须评估各个细分市场的潜力和价值。评估的标准主要有以下几点:

(1)消费群体人口数量

如果细分市场过小,即便它的特征很明显,但是由于规模过小,不能支撑广告主的营业额和利润,因而不值得去开发。

(2)消费支出能力

细分群体的经济能力非常重要。广告策划人员必须考察他们的实际可支配收入和支出能力,过于节俭和经济能力差的群体很难受到诱导而进行消费。如果非要开发这个市场,产品的利润率就必须定得比较低,如此才能适应这个市场,但这又会使广告主因群体的经济能力过低而放弃该细分群体。

(3)消费者地理分布密度

如果某一细分群体的地理分布比较广泛,而且分布的密度比较低,那么在铺货或广告投入上就会消耗大笔的资金,其投入产出比自然不会理想。

(4)群体特征误差

消费者个体之间通常都存在着一定的差异,因而,群体细分要采用求同存异的思路,体现群体对市场有价值的共性而有意忽略成员之间的差别。但是,如果过于忽视消费者个体之间的差异,就可能导致细分群体的价值降低;而如果过于关注个体之间的差异,则又只能获得小规模的消费者群体。为此,我们应该努力平衡"群体规模"和"群体特征"之间的关系,按照市场的实际条件进行最终的细分判断。

(5)产品需求的强度和稳定性

细分群体中的消费者对产品是不是有很强的需求欲望?是不是有比较大的需求量?是不是有比较稳定的需求状态?这些因素是判断一个群体价值的重要标准。

(6)品牌忠诚度

这个细分群体是不是品牌忠诚者?他们是不是在同类产品中已经有了对之忠诚的品牌?这些判断可以告诉我们开发市场的难度和必要的投入,因而也是细分群体价值的一种说明。

以上这些分析可以帮助我们评估每个细分市场的价值,因而有助于我们决定选择哪些细分市场作为开发对象。

目标市场的选择

所谓"选择目标市场",就是企业在细分市场的基础上,通过判断哪个细分市场最有潜力,然后决定最终要进入哪些细分市场。如前文所述,在选择目标市场时,有三种市场覆盖方案可用:

1.无差异营销

无差异营销指不考虑细分市场之间的差别而向整个市场提供一种产品或服务,这种方式可以降低企业的市场成本,但是却无法针对特定的消费者需求而量体裁衣。这种方式其实就是标准化生产和大批量生产在营销方面的化身。

2.差异化营销

差异化营销指企业同时经营几个细分市场,并为每个细分市场分别制定独立的营销策略,企业生产多种产品去适应多个细分市场,满足各种群体的不同需求。差异化营销创造的总销售额一般比无差异营销大,但是它的成本也会相应增加,为此,企业大多会利用较少的品牌吸引范围较大的消费者群,为每一个品牌寻找较大的市场容量。

3.集中营销

集中营销指企业力求能在一个或几个子市场中占有较大的市场份额,而不是在一个大市场中只得到一个小的份额。此方法比较适合于资源有限的企业,但是风险比较大。

在企业确立了细分市场并决定进行市场开发后,就必须着手把精力放在针对特定群体消费者而展开的定位工作上了。

定位

在广告运作中,产品的定位策略决策是一个关键环节。产品定位是否合理,直接关系到广告运动(活动)的最终效果;而产品定位的内容,则决定着广告的诉求重点。因此,我们有必要将产品定位策略作为广告策划的一个重要原理,并对它进行全面的阐述。

1.对定位的理解

关于"定位",还没有一个明确的、统一的定义,但是试图对"定位"进行定义的人们都在不同程度上提出了"定位"所包含的一些基本要素:

◎ 定位是为了使产品获得更大的竞争优势;

◎ 定位所要展现的是本产品与竞争产品的不同之处;

◎ 定位确定的是产品在消费者心目中与众不同的位置;

◎ 定位应该包含产品是什么、给谁用等基本内容;

◎ 产品的定位不一定是同类产品所没有的,应该是竞争产品所没有说、没有注意,但对消费者却有巨大吸引力的因素;

◎ 定位的基础是对本产品与竞争产品的深入分析和对消费者需求的准确判断。

我们可以从三个层面理解定位的概念:首先,它是一种使产品更具竞争力的营销策略和广告策略;其次,它是对产品进行定位的一个动态过程;再次,它是对产品进行定位的动态过程的静态结果,即直接向消费者传达产品采取哪种定位的信息。

基于以上三种理解,我们对定位给予如下定义:**定位指在对本产品和竞争产品进行深入分析、对消费者的需求进行准确判断的基础上,确定产品与众不同的优势及与此相联系的、在消费者心目中的独特地位,并将它们传达给目标消费者的动态过程。**

2.定位对产品的作用

由此,我们可以概括出定位对产品的三个作用:

首先,它赋予产品以竞争对手所不具备的优势。

这种优势并不是包含在产品实体中的质量、性能、用途上的优势,而是一种观念上的优势,是一种关于产品的特定形象、特定用途、特定市场、特定消费者、特定风格的观念,这种观念上的优势可以使产品突破“同质化”所带来的竞争困境,从而获得在更高层次上取胜的机会。

其次,它为产品赢得特定且稳定的消费者。

对于消费者来说,选择质量和用途相同的不同品牌的产品并没有什么本质上的不同,但是如果一个产品宣称是专门为他们设计、专门满足他们的生理和心理需求的,他们无疑会倾向于选择这个产品。因此,与众不同的定位能够帮助产品更有针对性地指向目标消费者,从而使产品在被大量同质化产品包围的消费者中争取到稳定的消费群体的青睐。

最后,它可以为产品在消费者心目中建立与众不同的位置。

消费者总会对那些与众不同的产品产生深刻的印象,并会选择有特点的产品。因此,如果产品通过定位策略获得了不同于竞争产品的特点,那么它就可以在消费者心目中获得与众不同的地位。如同人们总是记住第一而忽略第二一样,消费者对它的印象也会比其他产品深刻得多,相应地,产品被消费者选择的机会也会比同类产品多得多。

3. 定位的目的

定位策略是广告策划活动的一个核心策略,它可以帮助产品在消费者心目中确立与众不同的地位,并在同类产品中获得更大的竞争优势。

之所以要采用定位策略,是要解决产品与消费者之间的沟通问题。通过研究定位,广告活动要通过以下几种途径解决问题:

目的之一:提高形象。

在一个集合体中,产品品牌的力量由品牌特性(消费者所感受的特性)与消费者理想商品形象之间的距离来决定。也就是说,产品形象越接近消费者的商品理想形象,就越具有市场竞争力。因此,提高品质的核心就是使产品的形象更接近商品理想形象。

然而,在已经形成印象的市场中,要想通过改进产品品质来迎合消费者并非易事。因为消费者对商品的感觉已然形成。因此,与其在市场形成时改进形象,不如在产品未进入市场时改进形象,这样更容易找到理想的市场位置。

目的之二:重新定位。

由于战略失误而导致原品牌在市场上的定位出现错误,或对应的消费者出现错误,或商品推销出现错误,结果使商品无法有效地展示其特性,这时就必须通过重新定位产品来解决产品滞销的问题。

目的之三:带来感觉上的变化。

通过定位,可以使消费者的感觉发生变化——从旧有的感觉转向广告策划人员设定的新的感觉。

事实证明,不仅企业、产品和服务需要先确定自己的位置,而后才能确定后续的“定位策略”,广告策划人员也要以定位为出发点。在定位策略的实施过程中,企业既可以考虑采用一般性定位策略,也可以针对竞争地位采用适当的定位策略。

4.定位的基本方法

定位战略可以按照以下思路来制定:

◎ 描绘消费者的心理感觉图,包括知觉、爱好等,商品的属性、消费者希望得到的利益等都可以纳入其中;

◎ 在感觉图上,采用聚类分析手法,根据消费者不同的偏好加以聚合,在市场上形成几个消费者群体;

◎ 在感觉图上,将各个品牌(依据消费者的评价)配置上去,这时在各个市场上,各种品牌与各个消费群之间的关系及其与竞争品牌的关系也就一目了然了;

◎ 完成上述三部分分析之后,做出战略决策:是需要扭转商品的品质形象,进行质量改良?还是发现了自家品牌在空间配置上的错误,需要重新定位?或者让消费者的感受朝着有利于自己的方向变化?

具体而言,定位的基本方法主要分为两大类:一般性定位策略与不同地位企业的定位策略。

(1)一般性定位策略

一般性定位策略往往是找到一个切入点进行定位,以求在消费者心目中留下一个特定的形象和位置,大致有几种方法:

①按产品的差异定位

找到产品与其他产品的差异,然后向消费者传达这些差异,使消费者对产品、产品特性、产品形象产生固定的联想,使其他产品无法攻击。如高露洁牙膏的定位“双氟加钙配方”和高露洁牙刷的定位“独有钻石形刷头”都突出了本产品与其他产品之间的差异。

②按使用者定位

强调产品专门为某一群体的消费者设计,以突出产品的专属特性。如力士香皂一贯坚持“国际著名影星的香皂”的定位,就突出了专门的使用群体。虽然字面上针对的是影星,实际上目标消费群体却是所有希望像国际著名影星那样迷人的女性。

③按使用形态和使用时机定位

突出消费者使用产品的特定环境和条件,如专门在夏天饮用的啤酒、专门为朋友聚会生产的休闲食品等。如人头马干邑的“人头马一开 好事自然来”就突出了人头马在“好事发生”“好运将来”时人们的愉悦之情。

④按产品种类定位

突出产品所属的种类及其特性,最为突出的就是七喜的“非可乐”定位。

⑤按竞争者定位

直接突出产品作为某个产品的竞争者的地位,如美国艾维斯(AVIS)出租汽车的“老二”定位就明确地将自己作为了“老大”的竞争者。

⑥相关定位

如果产品在特性上实在没有什么可突出的优势,还可以运用联想为产品确定一个相关的优势。

⑦按商品特性带给顾客的利益定位

在定位中突出产品所带给消费者的利益,如沃尔沃轿车的“安全”定位,就是对汽车带给消费者的“安全”进行明确的、长期的、反复的承诺。

⑧按价格与品质定位

如果产品以价格为定位的出发点,可以采取“高价格定位”和“低价格定位”两种方法:高价格可以令人联想到高品质,而低价格则容易使人认为更实惠。如果产品以品质为定位的出发点,一般采用“高品质定位”;价格和品质相结合,又可以衍生出“优质优价定位”和“优质低价定位”。

⑨按提供的服务定位

如果企业的产品在质量上和竞争产品没有明显的差别,但可以提供更好的售前和售后服务,则企业可以采取“优质服务”的定位。

⑩按生产技术和工艺定位

如果企业在生产技术和工艺上具有优势,则可以在定位中重点突出这些优势,采取“先进技术”的定位。

⑪按产品的历史定位

一般说来,对于传统产品,消费者总是认为老牌产品品质更好,因此,如果产品是首创的、第一家生产的、历史最为悠久的,不妨在定位中将这些优点彰显出来。

⑫按弥补市场空缺定位

如果产品填补了市场的某项空白,那么“弥补市场空缺”就是最有说服力的定位素材,还可以帮助企业长期占有这个定位。

⑬按文化象征定位

一种产品总会包括特定的文化内涵,因此,突出这种文化也是一种有效的定位策略。如IBM网络产品突出“四海一家的解决之道”,就是将IBM网络产品定位于“跨越文化障碍”。

⑭按消费者的需求心理定位

消费者总是出于某种需求心理而选择某种产品,因此迎合他们的心理进行定位也是一种有效的定位方法,如百事可乐的“年轻一代的选择”定位就迎合了年轻一代追求个性、自由发展的心理。

(2)不同地位企业的定位策略

①市场领导者的定位策略

市场领导者通常已经占据了领导者的地位,已经拥有占绝对优势地位的品牌,但是之后又怎样呢?他们不可能总是重复自己“第一”的地位而没有任何创新。领导者要想保持现有的定位,就必须不断地加强最初的产品概念。可口可乐就长期保持了其“唯一真正的可乐”的概念。

除此之外,他们还应该关注同行业的每一个创新与发现,尽量比其他企业更早地采用创新概念,以防止其他企业提早采用,使自己陷于被动状态。

企业在市场上的竞争力源自产品的力量,因此放弃已经具有优势地位的产品就等于放弃自己已具有优势的定位。

大多数领导者都生产多个品牌来压制竞争品牌,而多品牌的力量则来自各个品牌定位的单一性。宝洁公司采取的就是多品牌策略,而每一个品牌几乎都是同类产品的头号品牌。

②市场跟进者的定位策略

对于市场跟进者来说,最有利的定位已经被市场领导者所占据,因此较难找到有效的定位。通常,他们可以采取以下策略:

◎ 在消费者心目中加强和提高现有的定位,“比附定位策略”是提高定位的一种有效手段,艾维斯出租车“老二”定位和七喜的“非可乐”定位都是典型的比附性定位;
◎ 寻找为消费者所重视但尚未被占领的定位,如价格、新技术等;
◎ 退出竞争性定位,重新寻找新的定位。如果跟进者发现同领导者正面竞争的定位难以奏效,不妨放弃它们,寻找更为有利的定位;
◎ 高级俱乐部策略,如果跟进者发现自己没有成为领导者的机会,那么可以通过某种集合将自己与领导者联系在一起,如称自己是“几家最大的公司之一”等,而在这些公司中,自然包括市场的领导者,与领导者站在一起的定位会使自己的定位得到明显的提升。

③市场挑战者的定位策略

挑战者定位策略被称为“为对手重新定位”。即后起的产品为了在竞争中取胜,寻找对手在定位上的弱点,然后以事实向消费者传达这些弱点,促使消费者怀疑竞争对手的定位,转而认同自己的产品比竞争对手的更优越,逼迫对手放弃原有的定位。

市场挑战者定位策略主要有以下几个特点:

◎ 强制性:重新定位中关于对手“非某定位”的定位,是挑战者强加给对手的,同时也常常是对手定位中的致命弱点,这些弱点往往是对手不愿意承认、故意忽视,或虽然意识到但尚未及时弥补的;

◎ 突然性:挑战者抓住这些弱点,往往突然发起攻击,使对手措手不及,而自己则凭借与对手的对比快速获得成功;

◎ 否定竞争对手带给消费者的利益:挑战者抓住竞争对手未曾在广告中传达的缺陷并加以突出,将它们作为自己广告的诉求重点,使消费者意识到问题的严重性,从而对竞争对手的信任发生动摇,转而信任挑战者。

5.定位的检核

产品定位完成之后,应该经过两个步骤加以检核:首先是在向消费者和市场传达定位概念之前进行检核;然后在定位实际确定之后,根据实际效果对定位的正确性进行检核。如果在定位确定之前发现定位不合理,就应该及时进行调整;如果在定位确定之后发现问题,则应该重新制定定位决策,对产品进行再定位。

(1)定位确定前的检核要素

在确定定位前,策划人员应该检查以下几个要素:

◎ 消费者的实际需求是什么?产品的定位是否能够得到消费者的认同?

◎ 竞争对手的定位是什么?本产品的定位与竞争对手的定位是否雷同?是否有优越之处?

◎ 产品定位与企业形象是否相符?

◎ 如果遇到竞争对手的攻击,企业是否有足够的耐力坚守这个定位?是否有足够的财力确定并捍卫这个定位?

◎ 定位的优越性能否通过产品本身体现出来?

◎ 定位在操作上是否有困难?是否可以找到配合定位策略的广告表现策略?

◎ 定位是否过高或过低?

◎ 定位的观念是否单一、明确?

◎ 企业的营销系统是否能够适合产品的定位策略?

(2)定位确定后的检核要素

定位确定后,策划人员应该检核以下几个要素:

◎ 消费者对产品的态度发生了有益的还是有害的变化?

◎ 定位后产品的销售量是提高了还是降低了?

◎ 消费者有没有明显的不满?

◎ 产品的市场占有率是提高还是降低了?

◎ 在表明定位方面是否有困难?

◎ 是否花费了过多的财力?

◎ 是否发现市场上的同类产品中早就有了相同的定位?

6. 定位的几个误区

企业在进行产品定位时,定位的高低应该恰如其分,定位的概念应该尽量单一、明确,要避免出现以下失误:

(1)定位过低

一些企业为了迅速提高市场占有率、吸引更多的消费者,采取了过低的定位。这种定位虽然暂时可以收到一些实效,但却限制了企业的长久发展和产品改进。如果长期采取过低的定位,消费者就会认为该企业只能生产非常一般化的产品,到时企业再想推出更高级的产品便很难获得消费者的信任。

(2)定位过高

将自己的产品定位为高档产品是许多企业的愿望,但要避免定位过高而使企业无力达到或限制了市场占有率的扩大,进而使定位较低的产品被消费者忽视。

(3)定位混乱

有些企业在进行产品定位时没有统一的概念,定位的内涵过多,传达给消费者的讯息比较混乱,难以使消费者对产品形成统一的印象。

第三节　消费者与产品的衔接

需求与欲望

任何社会都会面临三个基本的问题:生产什么?如何生产?为谁生产?由于物质资源和时间的稀缺性,很多时候人们在消费生活中都会感觉到不满足。

除了获得足够的食物、住房和衣服之外,人们还有很多需要是难以确定的,比如对于甲来说的必需品对于乙而言可能就不是必需的。因此,每个消费者首先必须决定自己需要什么。在社会生产效率较低的时候,商品供不应求,人们为获得这些物品不得不付出更多的努力。然而,随着社会生产效率的不断提升,随着供大于求现象的出现,供方不得不开始充分考虑消费者消费“欲求”的多元化。

人类的需求是多种多样的。美国心理学家马斯洛在其1943年发表的《动机与人》中提出了“人类需要层次论”,将“需求”划分为五个层次。根据该理论,人们只能在低层次的需求得到满足后,才能上升到高一层次的需求,这五个层次分别为:

◎ 生理需求:维持基本生理活动的需求;

◎ 安全需求:生理和心理上的安全感;

◎ 归属感:人们作为社会的一员,有对友谊、爱情的追求,有得到别人关怀的期望(社交欲),也有希望成为社会某群成员的归属欲;

◎ 尊重需求:自尊或受人尊重的需求;

◎ 自我实现的需求:要求充分发挥个人才能,获得成就,实现对理想、事业、哲学观念的追求。

从需求到欲望,再到厂家创造欲望,这三个阶段是我们面对消费者市场时所必须解决的从低到高的三个层面的问题。

明确地区别“需要”(Needs)与“需求”(Wants)之间的差别是非常重要的。人在饥饿的时候会需求饮食,但西方人希望获得的是面包,而东方人可能最希望得到米饭,他们的“需要”都是最基本的,但他们在满足饥饿这个“需求”的时候,需求的具体内容不同。这种差异化渴望是人类本性中的另一个内在要素,人类的许多发展和进步都与这种差异化要求有关——采用新的方法去满足基本的需要;与之对应的就是“需求”的概念。

事实上,这个差异化渴望的完成过程是可以自我持续的,这就启发广告人认识到了营销中的这样一句格言:消费行为改变消费者。每当新奇的阅历扩展消费者的期望时,就为厂家开发能更好地满足消费者需要的产品创造了机遇。

对消费者而言,价格、风格、质量、功能、方便性等产品与生俱来的固有特质,无疑是他们判断自己是否选择某一产品的价值点。是否物有所值会促使消费者选购一个产品,同时放弃很多同类的其他产品,但这仅仅是产品与消费者关系中的一个层面而已。在更深层次的关系中我们可以发现,消费者也许根本就不需要某一类产品,他完全可以选择用其他近似的产品类别来解决自己生活中的问题或麻烦。揭示消费者与产品之间需要与被需要的真实关系,是产品分析工作的重要起点。

如何将消费者的生活需求、期待获取的利益点与产品的消费特征紧密相连?这涉及消费者“需求”的话题,有几个指标可以加强我们对这一问题的理解。

1. 需求的要素

需求的要素指消费者所要求的产品价格和性能的整体,即消费者认为一个产品所必须包含的特征,“需求”可分为几个类别:

(1)基本需求

基本需求指消费者认为产品所应满足的内容,如消费者希望吸尘器可以清洁地面。

(2)关联需求

关联需求指消费者很容易提出的需要,往往是现有产品至少应该满足或假定它可以满足的某一个需求,如消费者希望吸尘器有清洗地毯的功能。

(3)振奋需求

振奋需求指那些可以使消费者感到兴奋或惊异的需求,通常是现有产品未满足且顾客也难于想象和描述的需求,如消费者可能对吸尘器的消毒功能感到惊异和兴奋。

关联需要和振奋需要通常建立在基本需要已获得满足的基础上。产品的任何独特特征,如流线造型、车载卫星定位等,都必须在产品的基本功能毫无问题时才可能为产品增色。

2.需求的强度

需求的强度指消费者对任何既定需求要素的相对需要程度,这一点也可以称为重要性。例如,某型号轿车也许外形线条优美,但没有配备优质的安全气囊,而后者显然对消费者来说更为重要。寻找消费者强烈需要的产品要素对广告策划工作来说是非常重要的一个环节。

3.需求的稳定性

需求的稳定性指被需要的要素随时间变化而改变的程度,这决定了所设计的产品特征的寿命长短。产品是按季节差别设计还是按满足长期需要来设计?不同的设计方案会在产品的广告战略上体现出明显的差异。

4.需求的分布密度

需求的分布密度指需求要素在整个人口中得到认可的比例。广告主可以在开发含有某种需求要素的产品特征时,据此评估市场是否对其有足够的需求,而广告策划人员则可以据此规划广告讯息的传播方式。

消费者购买行为

市场营销学家把消费者的购买行为概括为六个"W",从而形成了消费者购买行为分析的基本框架:

第一,市场需要什么?——What

这部分内容有关产品。它分析消费者希望购买什么、为什么需要甲产品而不需要乙产品,研究企业应该如何为市场提供适销对路的产品去满足需求。

第二,为何购买? ——Why

这是有关购买目的的内容。不管是生理的、自然的、经济的因素,还是社会的、心理的因素等共同作用,只要了解了消费者的购买目的,就可以制定相应的市场策略。

第三,购买者是谁? ——Who

这是有关购买主体的内容。购买者是个人、家庭还是集团? 购买的产品供谁使用? 谁是购买的决策者、执行者和影响者? 根据分析,广告主可以组织相应的产品、渠道、定价和促销组合与之相适应。

第四,如何购买? ——How

这涉及购买主体的作业模式。在消费者市场,分析不同类型消费者的购买特点,如经济型购买者对性能和价格的追求;冲动型购买者对情趣和外观的喜好;手头拮据的购买者要求分期付款;工作繁忙的购买者倾向于购买便捷和送货上门等。分析购买者对购买方式的不同要求,有利于企业有针对性地提供不同的营销服务。

第五,何时购买? ——When

这涉及购买时机的问题。比如,分析自然季节和传统节假日对市场购买的影响程度等。分析购买者对特定商品的购买时间要求,可以帮助决策者把握时机、适时推出产品。

第六,何处购买? ——Where

这涉及购买场合的问题。分析消费者对不同商品购买地点的要求。比如,对消费品中的方便品,消费者通常要求就近购买;选购品则要求在商业区(地区中心或商业中心)购买,以便挑选对比;特殊商品往往要直接到企业或专业店购买。

购买者是消费的主体,在对其进行分析时必须回答谁是购买者这个问题。在消费者市场上,购买者可能是个人,也可能是家庭中的一员,他们是消费品购买的基本单位。因此,对个人、群体和家庭进行分析,是消费者分析的重要内容,对消费主体的研究有助于我们发现其他五个“W”的答案。

1. 消费者购买行为模式

消费者购买行为指个人从那些能满足自己预期需求的产品和服务中得到一系列好处的过程。按照这种基本观点,我们可以把个体当作一个有目的的、按部就班做事的决策者。消费者行为学者将购买过程的“阶段模式”概念化,描述出消费过程的以下五个基本环节,如图 4－1 所示:

图 4－1　消费者购买行为模式

(1)需求与动机

人们的各种行为都出自一定的动机,而动机则来自人们本身存在的各种需求(Need),人们的需求或动机决定了人们行动的目标。但需求并不等于动机,消费者首先要意识到自己有某方面的需求,才能形成购买动机。比如,当人们的饥饿、口渴等正常需求上升到一定程度时,充饥解渴的动机就会成为一种驱动力。

在较高层次上,购买动机的形成还有一个心理过程,这就是认识、理解和学习的过程。饥饿、口渴和寒冷等生理刺激可以使人本能地做出反应,意识到吃、喝和穿的需求,这个心理过程比较简单。但在较高层次就比较复杂了。比如,对食品的营养、味道、品种乃至包装、品牌、商标的选择就不只是本能的条件反射所能决定的了,而需要对特定需求和特定商品有一个知觉和学习的过程。

动机(Motivation)指促使人们付诸购买行为的潜在驱动力。这些驱动力来自我们想满足自身需求和欲望的目的。动机几乎无法直接观察到。我们看见一个人逛街,会认为他是想购物,其实不一定。除了购物之外,他还可能因为其他原因而逛街,比如想合群、无聊或发泄。

人们通常为了满足某种需求而被驱动,这种需求也许是有意的,也许是无意的;可能是物质的,也有可能是心理的。动机调查观察的目的就是深入了解消费者意外行为的潜在原因。人们为什么不再光顾甲转而到乙去购物?(动机)也许就是因为后者离家更近、商品的选择余地更大或(多半)参考人群都去那里购物。所有这些因素都可能使购物者改变购物行为,即便甲的价格更低。

我们每个人都有需求和欲望,但我们往往意识不到它们的存在。在 iPad 出现之前,人们根本没有意识到自己需要它。但是,一旦消费者意识到自己的需要与某类产品相关,他的心理就开始发生变化了。他首先权衡自己的需求,或者认可它并采取行动;或者不理睬它。一旦他认可这种需求,就会将满足这个需求当作自己的目标,从而产生达到某一特定结果的意图(动机);如果他否定这个需求,他就会打消采取行动的念头,不会设定什么目标,更不会产生购买的动机。

因此,广告策划人员必须研究消费者和消费行为,以便从中找到能够引起他们某种需要和兴趣的诉求点,发现他们会产生怎样的需求和愿望,这些需求和愿望可以由哪种环境或刺激引发,如何设置这些环境和刺激,从而引导消费者趋向于特定的产品。

需求与动机是多重的、复杂的,同样类型的产品对于不同的消费者而言会引发不同的经验。有的可能是由于闻到了食品诱人的味道,有的可能是见到别人便利地使用,有的则可能是由于促销人员的心理暗示,等等。营销人员应该充分收集消费者信息,对一些常见的刺激因素进行筛选和判别,从而识别出对某些品类最有效的几个因素。这对拟订相关的广告诉求策略大有帮助。

(2)信息搜集

消费者的需求一旦被唤起,他便可能去寻找更多的信息,但也可能不会。即便某个消费者已经意识到自己的某种需求,他也不一定清楚究竟哪种方法才是满足那个需求的最佳方法。如果消费者的动力很强,而且可供他满足需求的产品就在附近,那么这个消费者可能当时就会购买该产品。但有时需求不可能当场就得到满足,那么他的需要就会保留在记忆中,在这种情况下,一旦需求得到确认,他就会通过内在的或外在的搜索,为自己的决策积极搜集信息。我们可以把信息搜集的状态分为两大类:适度搜集和积极搜集。

消费者的信息来源大致可以分为四种:

◎ 个人经验:侧重于个人的亲身经历和体验,如亲自到商店、柜台观察、接触,从对同类商品的使用、操作中体验和认识商品;

◎ 他人经验:通过个人和社会关系征询意见,从相关群体、参考团体了解他们的看法、观点(评价、看法、满意程度);

◎ 商业场所:从广告、橱窗陈列、展销会、推销员等方面接收有关商品性能、特点、牌号信誉、服务方式、价格档次等信息;

◎ 公众:通过传媒的新闻报道了解有关信息。

消费者收集信息的第一选择是调集自己的个人经验和现有知识。如果消费者对待定的产品已有大量的经验,那么,他就比较容易对这个产品产生好感,并由此决定自己的选择。在消费者挖掘记忆中的信息时,他很可能受以往接触广告的经验的影响。因此,在消费者实际使用某个品牌之前或之后影响他对这个品牌的态度,或让他知道这个品牌的名称,是广告的关键职能。

有时,消费者从个人经验中找不到足以做出决策的信息,此时他们便开始进行外部搜索,包括利用搜索引擎或逛零售商店进行比较,从朋友圈或亲戚那里收集他们对目标产品的经验,或者从各类媒体上寻找专业的产品评论。如果消费者正处于主动收集信息的状态,他便可能接受任何经由媒介发布的详细的、信息含量大的广告。

在这个搜索和权衡的过程中,广告主有大量的机会去影响消费者的最终决策。通常,信息搜集的结果是:消费者会由此熟悉市场上这类产品的一些情况,特别是品牌和特点。

消费者的信息收集活动往往以品牌为单位进行。因此,我们应该特别注意消费者收集信息时会涉及的品牌组——全部品牌组、熟知品牌组、考虑品牌组和选择品牌组等,设法使自己的品牌进入消费者的熟知品牌组、考虑品牌组和选择品牌组。如果我们在消费者收集信息时还不能完成这个任务,那么这个品牌基本上就失去销售机会了。

(3)选择评估

消费者不仅是在为收集信息而收集信息,他还必须推动这个过程,目的就是要使自己的决策给自己带来某种好处。消费者一边寻找信息,一边对多种选择进行筛选,这就是决策过程中的选择评估环节,是广告主必须注意的另一个重要环节。

消费者既可以按考虑组来进行选择评估,也可以按评估标准进行选择评估。考虑组(Consideration Set)指某一特定产品种类中进入消费者视线的那一组品牌。

广告的一个重要职能就是让消费者知道这个品牌的存在并保持这种状态,以使这个品牌有机会进入消费者的考虑组。

随着搜索-评估过程的展开,消费者根据自己备选的那批品牌的共同特点或属性逐一对这些品牌进行评估。这些产品属性或性能的特征就叫做评估标准(Evaluation Criteria)。虽然各类产品的评估标准不同,但都包含了一些共同的因素,如价格、质地、保修条件、颜色、气味或脂肪含量等,这些因素一般都会涉及消费者关心的一些重要产品指标和特征,主要包括以下几点:

◎ 产品的功能、特色:消费者除了注意产品的质量外,同时还会注重产品功能的大小,把能满足自己需要的功能与购买和使用的成本进行比较;

◎ 品牌、商标:消费者会将各种品牌产品的质量、声誉、信誉进行分析比较,一般会对名牌产品、获奖商标给予更高的评价;

◎ 价值观和产品的实际利益:对于满足较低层次需求的产品,消费者会更重视价廉物美;而对于层次较高的产品,消费者则更重视其象征性价值;

◎ 价格和优惠:价格是评估的重要内容之一,消费者在评估和计算实际支付时,如果能得到营销单位的优惠及其他方便,就会得到一种心理满足并给予该项产品较高的评价;

◎ 其他值得注意的产品特征:有些特征会有意无意地参与消费者的选择过程,被消费者判断为产品的优势或劣势,这些特征属于关键特征;有些特征则不会进入消费者的选择过程,虽然企业也曾为此特征付出过努力和资源。

值得关注的一个问题是,有些并不重要的产品特征反而会成为某些消费者评估、决策的关键因素。对于这些要素,营销人员的推销技巧就显得尤为关键。广告主要尽可能全面了解消费者在做出购买决策时使用的评估标准,同时还必须了解消费者在将自己的品牌与考虑组中的其他品牌进行比较时如何看待自己的品牌。了解消费者的评估标准无疑可以为广告战役提供一个有利的开端。

(4)购买行为

分析购买者的购买行为,就要回答“怎样购买”(How)的问题。有些理论将消费者的

购买行为分成四类(见图4－2):

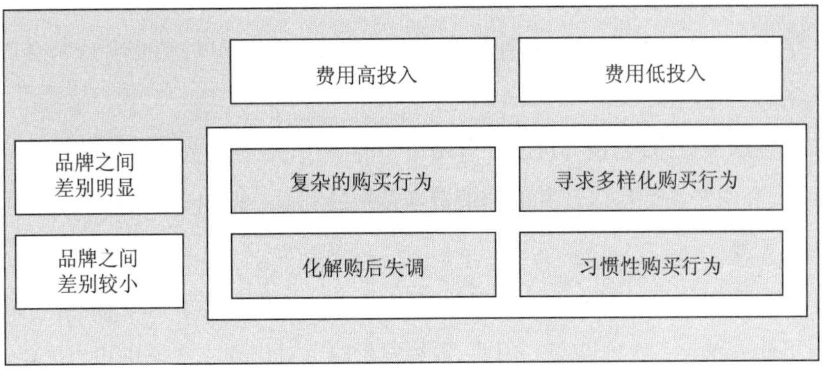

图4－2　消费者购买行为的四种模式

①习惯性购买

对于价格低廉而又经常购买的商品,消费者的购买行为最简单。这类商品各品牌间的差别极小,消费者对此也非常熟悉,不需特意花费时间进行选择,一般随买随取就行了,例如油、盐之类的物品。

这类产品的营销者可以用价格优惠和促销等方式鼓励消费者试用、购买和继续购买其产品。由于消费者对这些商品品牌不很在意,多半只是被动地接受信息。因此,广告主在做广告时务必要注意视觉符号和形象,可以采用短时间内迅速提升产品形象的做法,利用电视广告给消费者留下深刻的印象。另外,广告主还可以给产品加上某种特色、色彩或气氛,以吸引消费者的注意力。

②寻求多样化的购买

有些产品品牌之间有明显差别,但消费者并不愿在上面多花时间,而是不断地变化所购产品的品牌。比如,在购买糕点之类的商品时,消费者往往不会花费过多的时间来选择和评估,而是在下次买时换一种花样。他这样做不是因为对产品不满意,而是为了寻求多样化。因此,广告主在广告运作上可以适当采用售点广告(POP)与促销活动(SP)相结合的形式,鼓励消费者变化新口味、寻找新感觉。

③化解不协调的购买

有些备选品牌之间的区别不大,而消费者又不经常购买。对这类产品,消费者一般会先转几家商店看看并进行一番比较,而后迅速做出购买决策并付诸行动。这是因为各种品牌之间没有十分明显的差别,如家用电器等。

购买后,消费者也许会感到心理失调或不够满意,这时他会试图了解更多的产品情况,并寻找种种理由来减轻、化解这种失调感,以证明自己的购买决策是正确的。在这种情况下,广告的作用就非常重要了:广告可以使消费者在购买后坚信自己的决策是正确的。

④复杂的购买

当消费者要购买一件贵重、不常买、有风险而又非常有意义的商品时,就会全身心地投入购买活动。由于这类产品的各种品牌之间有明显区别,所以,消费者通常会经历一个复杂的购买行为过程。

对于这种购买行为,营销人员必须采用适当的办法,帮助消费者了解其产品性能以及相对重要性,介绍产品优势以及其能给消费者带来的利益。此时,如何向消费者传达信息便显得相当重要。

如果把消费者的购买视为决策过程的终结,那就大错特错了。无论哪种产品,消费者将来都有可能一次又一次地购买。因此,售后发生的事对广告主来说也相当重要。

(5)购买后使用与评估

消费者在购买并使用了某种商品后,便会产生某种程度的满意感或不满意感,这将直接影响消费者做出是否继续或反复购买的决策,并影响品牌与消费者之间的关系。因此,购后阶段也非常重要。为此,我们可以通过购买后的强化努力,不断修正和改变消费者的行为,加强消费者与企业或品牌之间的关系,让他成为心满意足的、最终忠诚于自己的消费者。

顾客满意度(Customer Satisfaction)来自消费者购买后的美好经历。在用过一次产品后,消费者便可能感到满意,但更多的时候要经过多次使用才能达到满意的程度。广告可以使消费者对某个品牌的性能产生适当的期望,或帮助那些已经购买了广告宣传产品的消费者对自己的选择感觉良好,从而在促使消费者满意的过程中发挥重要作用。

事实上,消费者都愿意相信自己的购物抉择是正确的,因而他们多半愿意多花一点心思与自己所购买的品牌进行沟通,以此来减轻自己的心理失调;有些消费者在购买之后才会多注意甚至仔细阅读该品牌的广告。因此,购后的后续沟通通常很受消费者的欢迎。

有时,消费者在购买后可能会出现认知失调的现象,这时广告就有助于消除这种认知失调。认知失调(Cognitive Dissonance)指在难度较大的决策后遗留下的担心或遗憾。之所以会发生这种情况,往往是由于消费者从考虑组中淘汰的备选产品也具有某些吸引人的特点,以致他事后开始怀疑自己的决策是否正确。如果广告主的目的是让自己的消费者满意,那么,广告主就必须消除这种失调,让消费者最终认定自己的决策完全正确。

如果广告主能预计到消费者会产生认知失调,就可以给消费者提供某品牌的详细信息,以增强消费者的信心。购买后的巩固活动包括直邮、消费者个人沟通或其他形式。购物后的这段时间意味着广告主有机会去吸引消费者的专心注意,为其提供信息和产品使用建议,进而提高消费者的满意度;这段时间也有助于广告主引导消费者按他们设计的思路考虑下一次购买活动。

在数字媒体环境下,消费者的购买行为模式也发生了重大的变化。在互联网和无线应用的基础上,日本电通公司提出了一种全新的消费行为模型——AISAS模式,即注意(Attention)、兴趣(Interest)、搜索(Search)、行动(Action)、分享(Share),以此取代了传统上对消费行为模式的描述。其中,消费者搜索和分享的信息方式对广告策划提出了新的挑战。

2.购买者决策:低度关注与高度关注

购买者的购买过程或复杂或简单,在很大程度上与购买者的卷入度高低相关联。一般认为,消费者的信息卷入度可以用高、低来描述。

对于不同的产品种类,消费者在购买过程中所花费的信息搜索时间是不同的,用"关注度"和"昔日经验"两个概念可以表明作为决策人的消费者的四种基本决策方式。其中,"关注度"指某个特定背景下,消费者在选择某件产品或服务时所体验到的产品对自己的重要性和关联度;"昔日经验"指消费者过去与备选的产品或服务打交道的经验。消费者决策的四种形式如图 4-3 所示:

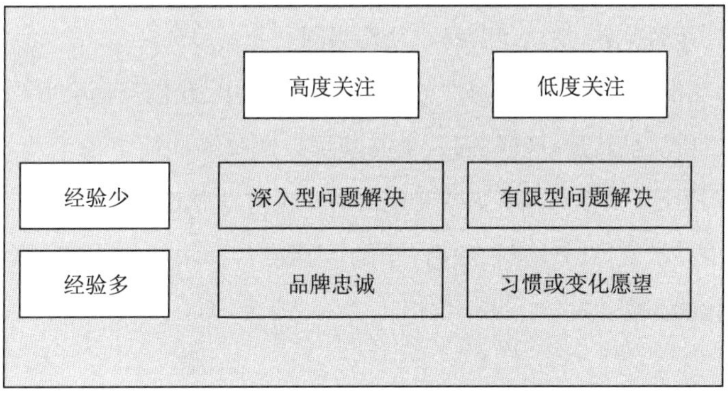

图 4-3　消费者决策的四种模式

(1)深入型问题解决式

如果消费者要购买的商品贵重、不常买、有风险但又非常有意义,他往往就会全身心地投入购买活动。当消费者对特定的消费状态没有经验,却又发现这个状态让自己非常费神时,他往往会采用深入型问题解决方式。这种决策模式比较谨慎,消费者首先要清楚地确认自己的需求,然后进行仔细的内部与外部信息搜索,再后选择评估和购买,最后是较长时间的购买后评估。购买房产或保险的决策过程就属于深入型问题解决方式的一个典型。

(2)有限型问题解决式

有限型问题解决方式是一种更为常见的决策方式。按照这种方式,消费者在决策时无需多少条理。假如消费者遇到一个新问题要解决,那么这个问题也不会太让人费心思,因此,信息搜索仅限于去尝试自己遇到的第一个品牌。聪明的生产厂家当然知道消费者喜欢通过尝试免费赠品来收集信息,因此他们便通过免费样品、便宜的"试用装"或折扣券促使消费者试用自己的品牌。

(3)习惯或变化愿望式

寻求变化指消费者在同类产品的不同品牌间看似随意地变换自己的选择,但这并不等于消费者会随便买一个品牌,他心里可能有两到五个品牌,而这几个品牌满足自己特定消费问题的能力都差不多。从这次购买到下次购买,消费者个人会在这几个品牌之间来回转换,不为其他,只为了寻求变化。

对于价格低廉、经常购买的商品,消费者的购买行为最简单。例如,某消费者找到了一款适合自己的洗发水,有一天,这种洗发水用完了,于是他又去买了这种洗发水。这种循环往复每年都要在消费者身上不知不觉地重复几十遍。养成购买同一个品牌的习惯,可以使生活变得更简单,减少花在"烦人的"购物上的时间。如果消费者在不同的竞争品牌中没有感觉到什么差异,他就很容易重复购买同一个品牌。

然而有时,在本可能形成购买习惯的某些产品种类中,我们反而会看到一个有趣的现象——变化的愿望。虽然重复购买同一个品牌可以解决某些简单的消费问题,但这也可能让人觉得单调乏味。于是,有些消费者便借助变化来摆脱这种单调,他们最有可能在经常购买的产品中寻求变化,软饮料、烈酒、零食、早餐麦片和快餐等这类产品最容易让消费者产生寻求变化的心理。

(4)品牌忠诚式

最后一种决策方式以高度关注和丰富的经验为特点。当消费者重复购买同一个品牌作为满足自己特定需求的选择时,这种行为就表现出品牌忠诚(Brand Loyalty)的倾向。此时,我们必须区分品牌忠诚和简单习惯。品牌忠诚的基础是对某个品牌具有高度好感,并在每次购物时都有意识地在同类商品中寻找这个品牌;相反,习惯性购买只是对消费过程的简化,其出发点并不是坚定的信念,通过广告和促销的巧妙结合就可以改变消费者的习惯。

品牌附加的情感利益可以促使消费者形成品牌忠诚。我们划为高度关注的那一类消费决策涉及强烈的情感利益,而情感利益正是形成品牌忠诚的重要因素。在市场上品牌如此众多的情况下,仅仅依靠功能性利益已经越来越难以为某个品牌培养起忠诚了。为了避免品牌雷同,广告主正在更加努力地宣传自己的品牌在情感上可以带给消费者的利益。

第四节　消费者的媒体接触

消费者研究除了要充分理解市场、理解消费者群体外,还要通过了解消费者的媒体沟通习惯,确立和保持与消费者的良好沟通。

通过消费者研究,广告策划人员可以了解消费者的媒体接触习惯,了解目标市场的消费者经常接触什么媒体、什么时间和地点接触媒体、喜好哪种媒体内容。在广告策划的下一个环节——设定广告的媒体策略,这部分数据和资料都将成为制定策略的重要依据。

传统媒介与消费者信息接触

随着广播、电视等电子媒介的诞生和发展,以及信息海量化、多样化传播方式的形成,报纸、杂志、书籍、电影、广播、电视等已成为人们生活中越来越不可或缺的信息传播渠道。然而,在大众媒介与大众传播形态外,还存在着众多其他媒体和传播形态,如口头传播、物品、橱窗、招牌等。伴随着大众传播媒介主流地位的形成,STP 营销(包含市场细分、目标市场与定位三个层次)与媒体应用技术紧密结合,形成了以“信息接触频次指标”为基础的媒介应用思路。在这种情况下,广告策划人员自然应该关心消费者媒介接触行为中的以下几个问题。

1. 接触媒体的具体种类

消费者经常或乐于接触哪些种类的媒体?具体到某一电视频道、某一杂志、某一时段、某一栏目乃至某一节目。

2. 接触媒体的频度

消费者或消费者群体接触某种媒体是不是很频繁?这个问题可以说明利用这种媒体的价值。

3. 接触媒体的时间和地点

在消费者的生活中,接触某种媒体的时间和地点可以使媒体策略制定者知道应该在什么时候发布广告讯息,是否要采用特别的方式发布广告讯息。

4. 接触媒体时的内容偏好

不同的消费者与消费者群体出于生活背景、文化水平和价值观、兴趣爱好等方面的差异,对媒体内容有所偏好,有的消费者(受众)比较喜爱新闻节目或新闻版面,有的喜欢电视连续剧,有的喜欢戏剧戏曲等。消费者研究可以通过调查了解他们的偏好。

大众媒介时代,广告策划活动的基点之一,就是通过锁定目标消费者群体,与目标受众(Target Audience)对接,从而科学合理地进行市场细分和定位。在此基础上,诞生了以消费者策略、产品策略、媒体策略等为核心的一系列作业内容,形成了以覆盖率、收视率、总收视率、千人成本、受众群体价值为核心技术的计价、收费模式,形成了完整的广告业务流程体系。

数字媒体与消费者信息接触

在数字媒体背景下,信息的传播渠道呈现出碎片化特征,受众群体不再像以往那样特性鲜明地出现在大众媒体前供广告客户分群"享用",更多的是规模更小、群体特性更模糊和更"自我"的受众。

今天,知识正处于更加动态的、多元并存的、去中心、非线性传递的状态中。数字媒体的出现,改变了人们学习和体验知识的方式,人们已习惯通过快速的信息扫描来构建和完善自己的知识体系。数字媒体带来的超链接和海量信息,强大的检索、过滤工具以及与他人分享观点的便捷条件等,推动着人们演变成了捕获信息的娴熟猎人,使他们成了信息的快速扫描者和不断变化的使用者。对于已经形成思维新模式的人们来说,安静阅读和线性收看节目的传统媒介接触方式已成为他们既不乐于也难以实施的行为,他们的媒介接触行为已经发生了巨大的变化,主要体现在以下几个方面。

1. 跨媒体信息接触行为

跨媒体传播指信息在不同媒体之间的流传与互动,它至少包含两层含义:一是指信息在不同媒体之间交叉传播与整合;二是指媒体之间的合作、共生、互动与协调。

生活中,受众不一定会专注于某一种信息传播渠道,受众跨媒体信息接触行为研究关注受众的信息接触行为如何在不同的媒体形态之间转换,关注由此而产生的传播效果,然后将得到的研究结果有效地转化为不同的表达形式(视频、图片、文字、声音等)。在受众的媒介接触感受中,最终出现的结果可能是——这个世界上不再有单纯的报纸、广播、电视、互联网或手机,而只有一个东西:传播媒介。因此,在制定跨媒体传播策略的过程中,广告策略制定者非常有必要深入了解受众的跨媒体信息接触行为。

2. 信息卷入接触点与路径

随着"媒介碎片化"现象的出现,媒体的形态、数量和信息供应量激增,受众选择和使用媒体的自由度、个性化空前提高但注意力持续时间缩短,受众的碎片化现象更加突出,加上受众主动搜寻信息。这使得他们不会特别关注某一媒体,而是更多地关注如何搜寻信息。因此,在广告策略制定者在关注如何解决媒体渠道与受众的有效衔接这一问题时,了解受众接触信息时所利用的媒体最小单元以及不同单元间的使用关系,可以帮助决策者更好地确定有效的传播策略。

3.场景化关联

所谓场景化设置,指在营销中,广告策略制定者针对消费者在具体某现实场景中的实际心理状态或需求,对消费者的讯息体验行为进行规划设计和管控,以适当的场景唤醒消费者特定的心理状态或需求。

场景化设置的重点是场景中的互动设计,通过互动让消费者真正进入某个场景中,并给予消费者及时的心理反馈,以便更有效地引导消费者的行为。

场景化营销属于体验式营销的一个细化范畴,在数字媒体技术飞速发展,人们购物方式由传统化向碎片化转变,移动端支付购物越来越普及的条件下,基于场景化的用户需求洞察可以与消费者的需求保持更近的距离,可操控性高。

4.学习能力

每个人的知识中都包括了一项重要的内容,即"知识获取方式",它可以被视为个人的学习能力,代表着个人"获得所需知识的技能"。相关的技能通常包括了解媒体使用方法、知识存在位置的能力,以及评判各媒体平台所容纳知识的价值的能力等。

5.用户自创内容

用户自创内容(UGC,User Generated Content)已经成为一个与数字媒体有关的公共话题,也是互联网、广播电视、新闻机构以及通信业共同面对的一个命题。在知识生产和流通领域,个人或机构可以借助各种平台功能成为信息的发送方,受众制作、上传、浏览、收藏、评论信息内容等互动行为已经参与到了信息媒体的平台搭建中,同时还发挥了协助其他受众选择、接触信息甚至直接表达内容的作用。因此,在消费者的媒介接触行为分析过程中,研究受众的用户自创内容行为、观点表达倾向、内容展示渠道、内容展示时间规律等,是制定有效的媒体策略的重要前提条件之一。

通过研究消费者的媒介接触习惯,广告策划人员可以更加合理地利用媒体,保持广告讯息与消费者之间沟通渠道的畅通,使广告讯息准确地到达消费者(受众),从而有针对性地创造产品的吸引力,给消费者的购物决策提供理由,维持消费者使用产品的满意度,进而使产品或品牌给消费者留下鲜明的印象。

练 习

一、请解释以下概念

需求 动机 考虑组 认知失调 6W 参照群体 关注度 昔日经验 品牌忠诚 家庭生命周期 STP 营销 市场细分 消费者偏好 重度使用者 新生消费者 利益细分 市场细分 生活方式定位

二、请简答以下问题

1. 如何认识消费者?
2. 请描述消费者的行为模式。
3. 请描述消费者的购买行为类别。
4. 如何进行消费者个人分析?
5. 请描述消费者卷入度对其购买决策的影响。
6. 请描述细分市场的方法。
7. 人口统计标准都有哪些?
8. 请说明消费心理与生活方式细分法。
9. 请说明消费过程中的细分方法。
10. 描述消费群体特征的方法都有哪些?
11. 如何对消费群的质量进行评估?
12. 请说明目标市场的三种市场覆盖方案。
13. 定位对产品有什么作用?
14. 定位的基本方法是什么?
15. 定位策略的主要目标有什么?
16. 请描述一般性定位策略。
17. 请描述定位的几个误区。
18. 市场挑战者、跟进者和领导者的定位策略分别是什么?
19. 从哪些方面可以了解消费者的媒介接触习惯?

三、实践活动

1. 请对当地高档化妆品市场进行市场细分,并描述最主要的几个消费群体的特征。
2. 请描述中老年人市场(40 岁以上)补钙保健品的消费者媒介接触习惯。

补充阅读

1. 科特勒等. 市场营销:原理与实践(第 16 版・全球版)[M]. 楼尊,译. 北京:中国人民大学出版社,2015.

2. 奥格威等. 一个广告人的自白(纪念版)[M]. 林桦,译. 北京:中信出版社,2015.

3. 仁科贞文等. 广告心理[M]. 株式会社电通,译. 北京:外语教学与研究出版社,2008.

4. 昂德希尔. 顾客为什么会购买(第 3 版)[M]. 缪青青,等译. 北京:中信出版社,2016.

5. 卢泰宏等. 消费者行为学(中国消费者透视第 2 版)[M]. 北京:中国人民大学出版社,2015.

6. 里斯等. 定位:争夺用户心智的战争[M]. 邓德隆,等译. 北京:机械工业出版社,2017.

7. 吴声. 场景革命:重构人与商业的连接[M]. 北京:机械工业出版社,2015.

8. 林斯特龙. 痛点:挖掘小数据满足用户需求[M]. 陈亚萍,译. 北京:中信出版社,2017.

9. 奥美公司. 奥美的观点[M]. 庄淑芬,等译. 呼和浩特:内蒙古人民出版社,2001.

10. 王泽蕴. 不做无效的营销:奥美数据总监内部培训手册[M]. 北京:中国友谊出版社,2017.

第五章
广告策略的设定:行业分析

本章学习目标

☑ 明确行业研究的意义,掌握行业的定义。

☑ 学习如何识别行业的特征以及行业成功的基本因素。

☑ 掌握拟定广告策略时需注意的行业层面的特征与现象。

☑ 明确驱动行业发生变动的主要因素,学会如何发现这些因素。

第一节　认识行业

行业分析强调生产同类产品的企业间的共性,它们在一起竞争,有着一样的市场背景、竞争模式和生存环境。在强调企业个体之间的竞争问题之前,先要对企业所在行业的共性特征与模式有所了解,这对把握竞争方向、捕捉市场生存优势至关重要。

行业的定义

所谓"行业",一般指按生产同类产品或具有相同工艺过程或提供同类劳动服务来划分的经济活动类别,如饮食行业、服装行业、机械行业等。行业是由一些企业组成的群体,它们的产品具有众多相同的属性,因此它们会为争取同样的买方群体而展开激烈的竞争。

行业经济活动介于宏观经济活动和微观经济活动之间的经济层面,是中观经济分析的主要对象之一。行业分析主要界定行业本身所处的发展阶段及其在经济环境中的地位。不同的行业具有不同的市场特征和运作特征,这为最终界定企业的竞争状态和制定市场策略提供了有效的背景。

一般来说,“行业”与“产业”在概念上差别并不大,可以视为同义词;但从严格的意义上来讲,“行业”一般没有规模的要求,而“产业”作为经济学的专门术语,则有更严格的使用条件,一般要求它代表的产品或劳务必须达到一定的市场规模、生产规模和产出规模。

判断行业归属

要对企业品牌或产品所处的行业进行界定,就是依照其所处的行业来分析和认识其生存环境。不同的产品可以隶属于不同的几个行业,因而对所属行业的明确,首先意味着对竞争对手范围的圈定。

例如,如果是为一个果汁饮品品牌做策划,那么该产品所依存的行业环境可能是果汁行业,也可能是纯果汁行业,还可能是饮料行业,那么有关界定就是判断产品所归属行业的策略过程。有关归属的判断不一定事关“正确”与“错误”,而是要从制定市场策略的需要出发作出合理的策略判断,以使该行业范畴相对于本产品的营销、消费者和竞争目的来说既不过于宽泛也不过于狭窄。

对产品所属行业的判断,通常与产品的定位相关。例如,带有中草药成分的牙膏、饮料产品,对其定位的捕捉,就需要慎重判定其满足消费者需求的价值点,以及其所处不同行业的竞争氛围。

行业分析的共性基点

共性与个性是人们对事物的普遍性与特殊性的认识与反映,个性存在于共性之中。行业分析的本质就在于发掘企业间的共性特征和模式。

行业分析将视野放到那些生产相同或相似产品的若干企业身上,这样分析者便能集中关注企业彼此共存、保有关系的市场环境。对这个层面的市场环境进行研究,是理解企业市场地位和奋斗方式的基点。

与竞争分析相比,行业分析也将为拟定广告策略提供必不可少的帮助,其中主要的帮助就在于,行业分析能让分析者辨明属于某一类产品的共性特点,并发现其对市场和消费者行为的影响。例如,由于学生被服产品的消费特点,其消费高峰期会出现在新生入学报到期间,这个规律将影响到被服行业的促销活动(集中在每年的几个特定时间段)。正是这些影响要素,使一个行业凸显出自己的整体特征,为解读一个特定行业的市场运作模式及其合理性,发现企业之间市场关系存在的合理性以及营销手段存在的合理性提供帮助。

对行业中显示出的共性进行研究,还能够帮助分析者在充分理解企业和产品生存背景的情况下,在行业模式合理的条件下,在市场共性中发现个性优势,在策略上突破行业惯熟的套路,寻求市场策略的突破点,进而发现竞争的突破点。

第二节 行业分析的要点

行业运行的共性、运转的模式特征大都随着某一行业的市场构建和发展而逐渐形成。本着"存在即合理"的原则,其在模式上展示出来的现有状态大多有其必然性和合理性,当然,也不排除有改善和改造的可能性,其改革的目的大多是为了获得超越竞争者的优势地位。

在广告策划的过程中,为了制定出有效的广告策略,策划人员必须熟悉客户所处的行业环境。广告策划人员只有在熟悉和掌握已有的行业运作模式之后,才有可能进一步提出改进意见,并从中寻找到优势策略。

一般而言,行业运作模式的形成主要取决于三个层面的因素:产品的特质、消费者的消费特征以及销售渠道的模式。

行业运作模式的形成分为两种情况:第一种是由于产品的特点和消费者的心理特点,导致消费者最终形成了一定的消费模式;第二种是出于行业的控制者(行业中市场份额最大者)对行业消费群体的规划,其主要目的是为了获取较大的利润空间。

在进行行业分析时,重要的是把握行业的共同特征,即掌握行业多方面的运作模式。相关的行业理论,如经济周期问题、行业周期性分析、行业竞争力度等,则会从侧面影响广告策略的制定。

经济的周期性分析

行业的发展会受经济周期的影响。研究发现,各行业在发展过程中往往呈现出明显的、可测的增长或衰退的趋势,这些变化与国民经济的总体周期变动有关,但不同的行业,其关系的密切程度又不一样。据此我们可以将行业分为三类:

1.增长型行业

增长型行业的运动状态与经济活动总水平的周期及其振幅无关,因为它们主要依靠技术进步、新产品推出及更优质的服务,因而会长期呈现出增长的趋势。在过去的几十年中,计算机和手机行业便表现出了这种形态。

2. 周期型行业

周期型行业的运动状态与经济周期直接相关。当经济处于上升阶段,消费者对这些行业相关产品的需求量上升,这些行业随之扩张;反之,则相应衰落。这类行业有服装行业、耐用品行业等。

对于周期型行业,在一个成熟的市场,当经济陷入不景气或衰退状态时,消费者对产品的需求会受到严重影响;当经济开始好转时,消费者需求也开始波动。这时,有助于企业适应商业周期变化趋势的战略对市场的成败就具有非常重要的作用。

对于那些耐用品,如电视机、汽车、住房等来说,当经济陷入不景气或衰退状态时,重新购置需求可能被推迟——消费者之所以重新购买,主要是因为该商品已经不能再使用,因此才会产生重新购置的需求。在经济衰退时,这种需求则可能被推迟;而在那些产品不断变换的市场,例如服装、玩具等行业,在经济开始复苏之前,消费者则可能临时终止购买行为。

3. 防守型行业

之所以会出现防守型行业的运动状态,是因为消费者对这类产品的需求量相对稳定,不会受经济周期的影响,如食品业及公用事业等。

行业的周期性分析

以往,我们习惯把生命周期的概念同“产品”的概念联系在一起,往往去分析“产品的生命周期”。在某些时候,对某产品和品牌而言,这样的分析是有意义的。从行业的角度来看,对行业展开生命周期分析同样也具有价值。比如,在我们认识了“茶饮料”行业所处的生命周期阶段之后,我们在理解这个行业中某单一产品的市场行为时也就有了依据。

任何一个行业或行业内部的某一市场,都存在着生存发展的阶段性问题,这个阶段可以描述为:导入期、成长期、成熟期和衰退期。行业所处生命周期阶段的变化,会导致行业某方面的结构与市场模式出现阶段性变化,而每一个阶段对于市场或广告战略来说都具有特定的含义(见图5-1)。

企业的市场策略和广告策略会根据行业生命周期的发展而变化。在导入阶段,企业可以努力吸引消费者对其产品的注意力;进入增长阶段,潜在的竞争者被吸引进入该产品市场,使市场的竞争加剧;当这种产品满足了市场上所有的消费者时,行业的销售额增长率开始下降,市场开始进入成熟阶段,此时,尽管增长有所减缓,但新的竞争者可能还在进入该市场,为了争夺市场份额,行业内的企业必须展开更为激烈的竞争;最后,市场达到饱和甚至过剩状态,销售进入衰退阶段。

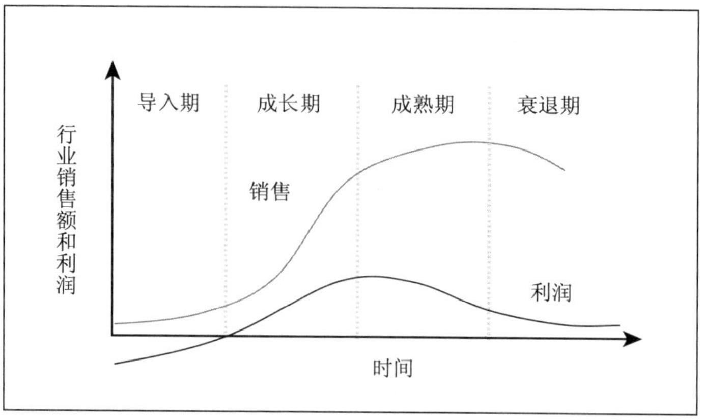

图 5－1　产品生命周期与销售之间的关系

按照传统的观点,在行业生命周期的各个阶段,市场策略会相应地有所变化,具体表现如表 5－1 所示:

表 5－1　产品生命周期与市场策略

要 素	引入期	成长期	成熟期	衰退期
销售	低	迅速增长	缓慢增长	下降
利润	负	迅速增加	下降	下降
现金流	负	适中	高	适中
营销目标	大胆进入	最大化市场份额	提高利润	榨取产品
目标消费者	追求创新者	早期使用者	大众	落伍者
竞争者	甚少,先进入者	数量增加	许多	减少
广告	产品性能	品牌形象	价格与服务	价格
产品	基本的	延伸与提高	差别化、多样化	合理的范围
价格	高	稍低	低	稳定
促销	高	高	减少	低
广告形式	引起关注	品牌性能	忠诚	选择性
焦点	创新	营销	效率	费用降低

注:本表中对市场特征、广告特征的一些说明,同样也适用于对产品或某细分市场所做的生命周期分析。
资料来源:摘编自贝克. 市场营销百科[M]. 李垣,等译,沈阳:辽宁教育出版社,1998.

行业生命周期的四个阶段只是对总体状况进行了描述,而行业的实际生命周期,由于受技术进步、政府政策、产业组织创新及社会习惯的改变等诸多因素的影响,会复杂得多。比如,通过对行业生命周期的研究,我们发现除标准生命周期的示意图型外,还有多种不同形状的曲线可以描述不同行业的生命周期发展趋势。

行业内的竞争状态

由于一个行业内的企业通常会生产相同或非常相似的产品,并角逐同一个市场,因此企业之间往往会形成不同程度的竞争关系。所以,在进行行业分析时,我们应该重视如何从竞争的角度来审视这个行业的共性问题。

1. 竞争对手

即使在同一行业内,仍然可以进一步按照产品的功能及其对消费者价值点的不同,发现不同的品类。我们必须了解,针对消费者的某一需求,行业中不同产品的解决方案都是怎样的?它们各有什么优势?在诸多的解决方案之间并不一定都存在直接的竞争关系,但在寻找竞争对手时,解决方案的相似性却是一个最重要的决策因素。

在一个行业中,制定具有需求潜力、独有的、难以模仿的解决方案,是获取市场的重要方法;而面对行业中诸多成熟的解决方案,找到有价值的突破口与差异化方向,则是回避激烈竞争的主要手段,也是我们进行行业分析的重要目标。

2. 竞争力度

在不同的行业中,由于竞争者数量、产品差异以及消费者消费特征等不同,行业内的竞争激烈程度也有所差异。如果一个行业出现下面这些情况,就可能导致非常激烈的竞争:

◎ 市场成长非常缓慢,且在这个行业中只有一家公司想获得主导地位,因此该公司必须从竞争对手那里抢夺市场份额;

◎ 行业内竞争者的规模大致相同,或者某一竞争者计划打垮竞争对手;

◎ 行业生产的固定成本或存货成本非常高,此时,企业为了达到基本的销售量,会尽量争取较大的市场份额,甚至不惜采用降价促销的方式,钢铁、汽车、电脑等行业就属于这种情况;

◎ 行业的产能趋于过剩,此时,企业可能通过降低价格销售产品(降价销售),从而加剧市场竞争;

◎ 行业的产品和服务差别较小,高度同质化,此时,竞争基本上围绕着价格展开,很难保证消费者的忠诚度;

◎ 企业由于某原因很难退出,或退出成本太高,此时,行业内可能因为过剩的产能而导致激烈的竞争。

面对激烈的竞争,企业的市场行为必须做出相应的调整,广告活动也应该相应地在考虑竞争激烈程度和竞争手段的基础上有所调整。

3. 竞争的角逐

在一个行业中,竞争可以表现出不同的状态,例如,在地理区域这个层面上,我们可以看到一线城市与二三线城市、东部地区与中部、西部地区等的竞争模式;在技术领先这个层面上,我们可以看到企业对产品差异化开发的关注、对品牌建设的重视;在经营策略这个层面上,我们可以看到粗放经营与精耕细作的竞争模式;在对消费者的挖掘这个层面上,我们可以看到企业对市场份额的争夺,看到企业不断在提高潜在消费者对行业的认知。

跨行业的竞争与合作状态

对于消费者的某种需求来说,有时不同的行业产品也能使他在一定程度上获得满足。例如,某消费者外出时感到口渴,此时他可以选择茶饮料、碳酸饮料、液态奶、瓶装水等产品,其中任意一款产品都可以满足他的需求;但在另外一种情况下,他必须在购买了一种产品后再购买另外一种产品,才能满足自己的需求,例如,他在购买了茶叶后,必须配以茶壶、茶杯及水壶,才能最后喝到茶水。

这时我们发现,产品为消费者需求所提供的解决方案是多种多样的,因此我们必须注意不同行业或品类的产品之间可能存在功能彼此完全替代、不完全替代或互补的情况,这无疑为行业间的市场竞争与合作带来了新的视角与解决方案。

因此,对跨行业跨品类的竞争状态进行研究,有助于我们从狭小的市场视域中解放出来,从产品满足消费者需求与问题解决方案的角度重新审视产品被消费者接受的可能性,以及劝服消费者接受的说服力与产品优势在哪里。例如,我们可以从行业或品类的层面,重新审视茶饮料诸品牌所面对的竞争对手,它们可能来自液态奶行业、瓶装水行业甚至碳酸饮料行业。这为寻求市场突破提供了全新的机会。

跨行业跨品类的合作方式也多种多样,例如捆绑销售、买赠促销(服务)、品牌联盟、品牌搭车,等等。跨行为品类的合作从提供消费者需求的产品解决方案的角度优化了产品价值,顺应了消费者的购买决策过程,为消费者的购买活动提供了宝贵的便利条件。

提炼行业成功的基本因素

在复杂的竞争格局中,竞争的层面是多样的,竞争的要素也是众多的,它们交织在一起,便表现出多种可能性。此时,在众多因素中确定哪个要素是起决定性作用的关键竞争要素就显得十分重要了。在资金、人力、时间都极其宝贵的今天,如何把有限的资源集中在企业获得成功的关键要素上,在很大程度上决定了企业是否能获得竞争优势。

在对总体环境进行战略分析时,大量的研究问题可能会给策划人员造成困难。策划人员可以通过识别行业内成功的关键要素来简化行业分析,然后再利用这些关键要素对那些特别重要的问题进行集中讨论。

环境变化越频繁,能生存下来的竞争者数量就越少。不同的产业、不同的发展阶段,各竞争因素凸显的程度不同。关键的竞争变量越少,竞争者的数量也就越少,如果关键因素只有一个,那么最多只有两三个竞争者能够生存下来。

不同行业的竞争关键点可以出现在从原材料到售后服务等不同的因素上,例如电梯行业。没有人有耐心在发生故障的电梯里等几个小时,因此,一旦有企业决定进入这个行业,就自然有义务建立和维持耗资巨大的服务网络,可以说,这是进入该市场的一种固定费用。因此服务成本就成了电梯公司利润率的关键。我们可以用同样的角度来研究化妆品行业、食品行业等,从中发掘这些行业成功的基本因素。对于很多行业来说,营销传播、品牌建设的方式与技巧也会成为其成功的基本因素。

决定竞争的诸因素可以发生变化。最常见的例子是,随着市场的逐步成熟,成本以及价格因素往往会变得十分重要。另外,技术革新也可以加重竞争的变异性,成功的关键要素对于行业中的所有重要组织都具有普遍意义,没有哪个企业可以例外。

第三节　行业特征与广告策略

行业、产品特质与消费者行为特征

同一行业内产品的用途、价位、风格等与生俱来的固有特质,往往使消费者在消费这种产品时具备特定的心理模式和行为模式。这个问题提示我们,行业特征、产品特质将会与消费者的购买心理和购买决策、行为模式紧密相关,因而也就与针对消费者所制定的广告策略紧密相关。

产品的价位将影响到消费者在购物决策过程中的卷入程度,产品的保质期或消耗速度决定着消费者的重购间隔时间,而产品的需求特点则决定着消费者购买时的情景。例如,一部分家电的售出是因为旧家电坏损,在这种情况下,人们往往会在较短的时间内完成新家电的采购,卷入并不十分充分,与耐用品常见的高卷入状况并不十分相符。类似的原因有很多种,这里不再多做列举,但是这些产品特质都将最终影响到如何制定这个行业广告策略。

识别行业特征的要素

每个行业在自身逐渐形成的过程中,都会出现某些特定的条件,如产品与生俱来的特质、原材料供应状况、消费者态度以及经销渠道实力等。这些条件往往会影响某一行业的环境特征和竞争模式。我们可以通过行业分析了解某一行业的上述特征,然后从中提炼出该行业成功的主要因素,从而为制定市场策略和广告策略提供思路,并确保其方向正确。

不同行业之间的差异是现实存在的,在概括某一行业的核心特征时,我们可以从以下几个方面进行观察和分析。

1. 整个行业当前的平均利润率

所谓平均利润率,指整个行业的总产出与总投入之比。我们可以通过比较分析,判断行业的盈利水平是处于平均水平之上还是之下:如果某行业的利润率高于平均利润率,则该行业会快速吸引外来资金,从而有可能导致行业竞争加剧,此时必须注意企业的市场培育速度;如果行业的平均利润率呈下降趋势,则处于该行业中的企业就可能要考虑市场开发的投入力度,要采取某些市场措施保护企业的利润空间。

2. 行业的市场规模

针对现有市场,行业的市场规模即为同行业的产品销量总和,这是可以通过收集、整理已有的市场数据计算或推算出来的。

针对潜在市场,潜在市场规模即为已经具有购买欲望但仍未付诸行为的消费者数量的规模,该数据可以通过调查潜在消费者而推算出来。

针对未来市场,未来市场规模即期望通过市场开拓所能获得的市场规模。这个市场是有待塑造成形的市场,它虽然有较大的期望和预估成分在内,但这些数据可以在广告策划书中起到较好的振奋和激励作用。

3. 行业的进入和退出壁垒

企业在进入和退出一个行业时均会遇到一定的壁垒,这种壁垒有时也被形象地称作“门槛”。“门槛”有高有低,它会告诉我们进入和退出这一行业的难度是大是小。如果该行业的进入门槛较高,即资金需求量、技术开放度、原材料条件、政策条件、地域限制、产品差异化程度等方面的条件限制较大,行业外资金便难以进入,行业的市场便能得到保护,竞争压力变化不大。由此,企业的市场策略和广告策略趋向于稳定,策略突破的压力不大。

如果某行业的退出门槛高,当一个行业的利润水平低于平均值,但企业为了退出又必须付出较大代价时,则企业退出的可能性很小。因此我们可以看到,虽然有时某一行业的利润水平已经很低，竞争压力也很大，但企业却很少退出。在这种行业中，竞争通常处于白热化状态。

4. 竞争厂商的数量及其相对规模

如果竞争厂商的数量多，则行业中的竞争压力就比较大；反之，如果一个行业中的厂商数量极为有限，比如才三四家，那么厂商彼此的举动便会比较慎重，竞争相对不那么激烈。

对这部分内容的说明，可以具体参考第六章“竞争分析”。

5. 市场占有率结构与产能(容量占有率)结构

对行业内的市场占有率结构及容量占有率结构进行分析，可以把握市场潜在的竞争压力，得出主导市场行为的主要力量与结构的分析结果。

6. 产品工艺变化、新产品推出及技术变革的速度

产品工艺的变化、新产品的推出和技术变革是企业推出产品的三个不同出发点。工艺进步侧重于以产品工艺方面的不断进步为出发点，逐渐推出在工艺、设计方面有小改进的或升级换代的产品；推出新产品重在以产品的新面貌示人，以克服产品老化的印象，或以众多的产品品目争夺市场份额；技术变革则是行业比较大的技术动向，指产品核心技术或构成产品成本的主要技术的变化，技术变革通常会带来行业格局和产品格局的全面变化。

7. 市场增长速度与经济周期性变动及行业生命周期

行业的发展具有阶段性，不同的阶段，其市场的增长速度是不同的。认识这一点对企业的发展至关重要。如果行业处于快速上升期，那么企业的市场拓展方式便会大大不同于行业发展的停顿期。

行业的增长会受到经济周期性变动和行业所处生命周期不同阶段的影响，如果广告策划人员能对行业增长状况做出正确的判断，便可以使企业具有一定的前瞻能力。

8. 配销通路结构

行业的分销渠道模式是制定广告策略的重要依据。利用分销渠道传播广告讯息，针对分销渠道设计广告活动等，都是广告策划人经常要完成的工作。

9. 竞争角逐的地域范围

行业中的竞争模式是必须了解的，这决定了企业如何判断和选择自己的竞争对手。有的行业竞争范围并不规范，侧重于地方性、区域性，其主要竞争对手是当地的企业；而有的行业则在全国甚至全球范围内展开竞争。为此，企业应该在确定主要竞争对手之前，首先根据行业的实际情况，明确自己将在哪个范围内展开竞争。

10. 产品和服务的差别化特征

竞争对手的产品和服务是偏向于强差别化、弱差别化,还是偏向于无差别化? 对这方面进行研究,可以让广告策划人员发现这个行业的竞争着力点。对于产品相对无差别的行业来说,价格竞争是其主要手段;对其他产品来说,努力开发产品和服务的差别点,则是拓展市场的主要手段。

11. 行业的主要成功因素

之所以要分析行业中主要的成功因素,是为了了解在各个行业中,竞争者必须掌握哪些最关键的经营因素。这将使市场策略和广告策略制定者了解自己的决策将围绕什么核心问题而展开,了解如果想在现有市场竞争条件下寻求突破,突破口在哪里。比如,化妆品行业的主要成功因素为品牌、功能等。

12. 行业的文化价值观

任何一个组织都具有特定的组织文化。企业文化就是一个组织内为该组织全体成员所共同认同与分享的价值观,有了它,企业的主要成功因素才能立足生根。在不同行业,企业所关注的文化价值观会各有偏重。

13. 消费者数量的相对规模

行业中产品的价格、技术含量、满足何种需求等因素,都会影响此类产品的消费者群体规模。有些行业消费者数量并不多,但是足以维持这个行业中企业的生存,但是这类行业,其企业、产品与消费者的沟通方式与那些拥有众多消费者的行业有明显的区别。

14. 与行业特征及消费者卷入行为有关的产品特征

一般认为,很多产品与生俱来的使用特征会导致一定的行业特征。比如,产品的保质期、重量、体积以及产品的主要销售季节等,它们会导致产品经营、销售上的不同特征。这些行业特征与产品特征的紧密联系,间接源于消费者的需求与购买行为特征。

某些行业的产品购买对消费者来说具有相当的难度,如果消费者很少接触某类产品,或者因为这类产品市场技术指标发生变化,或者因为这些产品价位较高,或者误用某类产品后果比较严重,这些都将使这个行业的消费决策卷入程度更高。

15. 行业发展中面临的危机

在行业市场获得良好发展的同时,我们总能看到由于产品、市场环境或社会环境等条件,行业仍然面临着一些不易解决的问题。有些行业危机是大家普遍认识到的,但也有一些危机是隐藏的。如碳酸饮料行业和西式快餐行业的食品健康问题,还游戏机行业等的行业替代问题。这些业已存在的行业危机不但是很多产品和品牌推动市场发展的主要障碍,也是整个行业难以再次突破市场规模瓶颈的主要原因。

对这些问题的碰触既是重要的,但同时又有很大的难度。特别是目前,在中国市场中普遍存在产品信任危机,这一危机的存在使得广告策略不得不有针对性地调整沟通方法与策略。但是,真正有效的解决方案在实际案例中却少之又少。

行业特征对制定广告策略的影响

不同行业的广告惯用模式存在着一定的差异,这些差异的产生大多源于企业所处行业的环境特征、竞争模式、品牌分布与地位、产品特质不同,源于消费者习惯不同等因素。由于广告活动中千变万化的创意与方案均以广告策略为依据,所以我们可以看到,丰富多彩的广告创意与方案在不同行业中的应用是有所侧重的。

行业特征对广告策略制定的影响,大多体现在下面若干个方面:

◎ 行业特征可以凸显产品推广规则、产品差异化推进节奏及诉求点;

◎ 对行业内强大的竞争对手,可以针对性地捕捉其在地域、信息推广以及公关等方面的弱点;

◎ 针对行业内强大的竞争对手,可以针对性地捕捉其在定位上的差异;

◎ 行业竞争强度的发展趋势,决定了市场开发的速度与广告投放的强度;

◎ 行业间市场的共通性,决定了企业的竞争对手可以是相近行业中的企业;

◎ 行业内分销渠道的模式,决定了企业的广告受众中经销商和零售商的重要地位;

◎ 行业竞争者数量的多寡,决定了企业的市场行为和广告行为的保守程度;

◎ 行业中产品种类和数量的丰富程度,一定程度上能影响消费者的议价能力,以此可以决定向消费者渗透信息的力度和角度;

◎ 行业的后向整合程度,决定了广告有效利用自有专卖店这一传播渠道的重要意义;

◎ 行业所处的生命周期状态,决定了企业的市场目的和策略。

同行业广告策略模式研究

在很多行业中,广告投放量、媒体选择模式、品牌形象、主要广告形式、促销原则、诉求方式的选择等,在行业的发展中逐渐形成了趋于一致的状态。这些渐趋一致状态的存在自有其合理性,它来源于行业发展中企业所必须面对的共性基本面。例如,近几年在一些行业中普遍存在一个营销传播难题,那就是消费者的不信任,消费者拒绝媒体广告的传播,反感广告讯息的说服。

因此,我们必须了解和认识同行业内形成的相近的广告策略模式。同行业的广告策略模式可以向我们提示基于过去和现在的企业市场营销传播行为,其中既有不断老调重弹的策略、方法,也有随时出现的广告策略创新。对于这些问题,我们更为关心的应该是那些适合行业状况和市场状态的策略与方法,这些策略和方法通常会在首次执行后获得重复操作的机会,并给企业带来良好的市场回报。

事实上,很多行业的广告策略模式在企业间都被竞相模仿,结果反而削弱了广告的效果,如近年来受人青睐的一些广告推广方法:社交网站灌水、网络视频病毒营销、明星代言、事件营销以及频繁而激烈的终端拦截,等等。

练　习

一、请解释以下概念

行业　行业生命周期

二、请简答以下问题

1. 辨别行业特征都有哪些指标?
2. 如何分析经济的周期性?
3. 请对行业的周期性问题进行描述。
4. 请描述行业生命周期各阶段市场策略的变化。
5. 请分析行业内影响竞争力度变化的要素。
6. 请描述行业特征对制定广告策略的影响。

三、实践活动

1. 请思考"脉动"饮料、"旺旺"牛奶可以归于哪些行业?
2. 请调研并分析果汁饮料行业、彩妆行业,并分别为它们找出两个成功的基本因素。

补充阅读

1. 林奇. 公司战略[M]. 杨世伟,等译. 北京:经济管理出版社,2011.
2. 凯勒. 战略品牌管理[M]. 吴水龙,译. 北京:中国人民大学出版社,2014.
3. 马文彦. 数字经济 2.0[M]. 北京:民主与建设出版社,2017.
4. 克拉克. 星巴克:关于咖啡、商业和文化的传奇[M]. 米拉,译. 北京:中信出版社,2014.

5. 三浦展. 第四消费时代[M]. 马奈,译. 北京:东方出版社,2014.
6. 彭德格拉斯特. 可口可乐传:一部浩荡的品牌发展史诗[M]. 高增,译. 上海:文汇出版社,2017.
7. 吴晓波. 激荡十年,水大鱼大:中国企业 2008 - 2018[M]. 北京:中信出版社,2017.
8. 吴晓波. 腾讯传 1998 - 2016:中国互联网公司进化论[M]. 杭州:浙江大学出版社,2016.

第六章
广告策略的设定:竞争分析

本章学习目标

☑ 认识行业研究的意义,掌握竞争的定义。

☑ 掌握五种竞争力模型的含义。

☑ 了解竞争优势问题。

☑ 掌握竞争地位理论,学会针对不同的行业状况进行分析说明。

☑ 了解市场竞争形态是如何形成的,学会针对不同的行业状况进行分析说明。

☑ 了解影响竞争强度的因素,学会针对不同的行业状况进行分析说明。

☑ 掌握捕捉竞争对手的方法。

☑ 掌握监测竞争对手行为的方法,学会针对现象描述其广告和市场策略。

☑ 了解如何通过理解和掌握竞争对手的策略来制定针对性的广告策略。

第一节　市场竞争的环境

所谓"竞争",其基本核心是什么呢? 来自经济学领域的解释为:竞争一般是私人占有条件下的诸个人之间,在私有利益基础上所发生的敌对冲突、斗争,是多数自立的私人生产者相互之间的交互作用;而《现代汉语词典》对此解释得更加简洁:竞争是"为了利益而跟人争胜。例如贸易竞争"。

在广告策划工作中,之所以要分析竞争问题,就在于广告活动不仅意味着建立产品和消费者之间接受与被接受的关系,还意味着它必须在营销的平台上,根据彼此自身的条件与资源,从相对于竞争对手的优势角度,决定企业的市场反应策略并确立其与消费者的沟通内容与方式。

我们所服务的品牌或产品通常归属于某个行业的市场范围,其行业性结构对于企业决定竞争规则和战略具有重要的影响。市场分析的目的就是为了认清品牌或产品所处市场的格局,确定竞争对手的范围并分析竞争对手的长处和短处,从而为企业挖掘和完善自己的竞争优势提供方向。

竞争分析的目的:寻求个体间的竞争优势

与行业分析重点关注的行业共性与模式等问题相比,竞争分析的着眼点更倾向于认识和把握竞争者个体之间的策略和手段。当然,这种反映个体间互动或者博弈的分析,是建立在行业共同的市场模式、市场行为原则等基础上的。

为了确立企业相对于竞争对手的优势,明确核心竞争力,找到成功的关键方向,我们既可以直接将企业的竞争资源同竞争对手的进行比对。我们既可以从行业成功的基本因素分析结论入手,直接抓住对比的要素;也可以依据以下若干竞争要素展开竞争企业间竞争优劣势的对比:

◎ 市场占有率
◎ 产品质量、基本与附加功能
◎ 心理占有率
◎ 新产品开发
◎ 情感占有率
◎ 产品系列的宽度和深度
◎ 产品/服务差异化(多样化)程度
◎ 细分市场的数目
◎ 广告投放
◎ 生产能力
◎ 企业理念与形象
◎ 成本
◎ 研究开发重心
◎ 能源和原材料供应
◎ 企业总部与分支机构所在地
◎ 财务状况
◎ 销售组织和销售渠道
◎ 营销工具的使用
◎ 地域市场范围
◎ 分销渠道
◎ 品牌数量
◎ 营销体系的规模与力量
◎ 纵向一体化程度
◎ 产品或服务的质量
◎ 技术领先程度
◎ 研究开发能力
◎ 成本结构与价格定位
◎ 设备水平
◎ 所有者结构
◎ 组织规模
◎ 背景及关系资源(如与政府、银行的关系)

直接与竞争对手进行对比是一种比较简单和直接的方法。虽然各个企业的产品不完全一样,但每个企业都可以将自己的产品和竞争对手的产品加以比较,从而确定自己扩大市场份额的独特方法。通过对比分析,我们可以解答“主要竞争对手的优势是什么?”“主要竞争对手的弱点是什么?”等问题。

竞争地位理论

企业的市场竞争优劣势,决定了各个竞争对手的市场地位。竞争者的地位可以划分为四大类:市场领袖、市场挑战者、市场追随者、市场利基获取者。它们的市场地位和应用策略大致可以归纳如下:

1. 市场领袖

市场领袖是市场占有率最大者,在产业创新、经销渠道、价格调整以及促销运动方面均居于行业、市场的领导地位,它们为同行制定指标,是同行模仿或挑战的焦点。

2. 市场挑战者

市场挑战者是市场占有率排名第二、第三、第四或第五者,具有强劲的竞争潜力,可以打正规战。进可攻,退可守,运用自如,常常是市场领袖惧怕的竞争对手。

3. 市场追随者

市场追随者是那些在竞争中不愿或无力对市场领袖采取反击策略的企业。市场领袖通常以规模经济取得市场主宰地位,如果这时市场追随者盲目引发价格战,在价格敏感的市场中便容易引起市场领袖的报复,或导致价格体系崩溃。因此市场追随者大多采取模仿协调、偏安一隅的策略。市场追随者认为,在战场上“追随模仿”市场领袖的行为,要比采取对抗策略更为经济与安全,尤其在产品同质性高、消费者不易分辨产品差异时,更应如此。

4. 市场利基获取者

市场利基获取者的战略目标在于获取各个行业中专业性高、规模较小的市场区隔,这类专业市场区隔通常为大型企业所忽视——大企业往往不具备专业能力而无意经营。当然,市场利基获取者仍要寻找足够的市场规模,以期建立起具有相对优势、安全的利基市场。

在市场运作中,不同地位的市场竞争者会有不同的竞争举措和竞争策略:

◎ 市场领袖持谨言慎行的态度,提防挑战者,并寻找机会扩大市场利益。其最佳战略是:首先扩大主体行业的市场销量,然后以弹性攻防战保护已有的市场占有率,最后在扩张主体市场规模的过程中努力追求市场占有率;

◎ 市场挑战者既可以挑战市场领袖,也可以进攻或模仿市场追随者或市场利基获取者;

◎ 市场追随者或贴身追随市场领袖,或采用具有相对差异性的思路,有距离地追随;

◎ 市场利基获取者要么开发特定的产品,再度寻找市场专业化,要么强化自身市场的安全性;

◎ 在竞争地位相差悬殊的条件下,在与行业领袖争夺同类产品市场或进入该市场时,弱势企业要面对最主要的竞争对手,努力寻找其现有市场的空白点,以寻求强势控制下的市场空间。

认识行业内企业的市场地位,可以帮助广告策划人员确定广告策略和广告行为的模式和范围。

市场竞争形态的划分

市场的竞争形态多种多样,为了将竞争形态进行归类,可以先整理形成竞争形态的各种条件。通常,以下几种条件会导致市场竞争形态的差异:

◎ 销售者数目:在同一行业中,生产相似产品的竞争厂家的数量;

◎ 产品性质:该品类的产品性质是偏于均质还是偏于异质;

◎ 消费者数目:消费者的数量;

◎ 产业进入条件:新企业进入该行业时,在资金、技术、政策等方面所需要的条件。

在上述几种条件中,最为重要的是前两条。

1. 销售者数目

销售者数目的多寡通常最能反映市场的基本特征。多和少,不只是一个数目问题,而是有关行为的问题。如果一个销售者改变了价格,而另一个销售者注意到了这一变化且有所反应,说明销售者数目少;如果一个销售者的行为没有引起别人的注意和反应,说明销售者数目众多。

竞争者数目少或多,其市场气氛大不相同。在销售者数目少的地方,人们容易见到日常所说的“竞争”活动:抢着出售,彼此关心(指责)削价举措,突出广告,大搞促销,努力开发特色产品,密切注视竞争对手的行动。而在销售者数目多的市场,每个销售者都做自己的决策,不太关心他人的反应,销售者之间较少有通常意义上的竞争表现。

2. 产品性质

产品性质有两个特征:均质产品(同质产品)和异质产品(差别化产品)。以等级判断价值的小麦、牛肉、钢材、沥青或燃油为均质产品,因为产品的基本质量指标少且可以预测,一般只要告诉消费者产品的等级,就能确认产品的质量。这时广告的作用相当有限,难以给消费者提供更有特色的产品信息,消费者也没有什么理由来挑选销售者,每个销售者的产品完全可以互相替代。

相反,如果产品是异质的,一个销售者的产品就不能完全代替其他销售者的产品。不同品牌的肥皂、香烟、汽车就是例子。不过,需要注意的是,对异质的感受发生在消费者心中,只要消费者相信不同品牌的牙膏确实不同,那么,实物上有无重要区别其实无所谓。因此,加强消费者的这种感受,就是广告的最大目的之一。

第二节　识别竞争对手

在市场中,广告主可以针对性地采取市场策略和广告策略,与竞争对手争夺市场份额,或争取产品的市场优势。在此过程中,广告策划者最为关注的问题是如何锁定现有的竞争对手。在搜集、分析资料和寻找或认定现有竞争对手的过程中,我们至少要回答以下几个最基本的问题:

◎ 现有市场中主要的竞争者都有哪些?

◎ 它们属于那些行业?

◎ 哪几个品牌和产品是最重要的竞争对手?

◎ 这些竞争对手的实力如何?

从个体的角度识别竞争对手

竞争对手分析不仅要识别出那些最大的或最重要的竞争对手,还要分析那些成长迅速、不久就可能正面交锋的竞争对手。为了大致了解和确定我们现在和将来要面对哪些竞争对手,我们可以先通过二手资料搜集主要竞争对手的状况,比如竞争对手的销售量、市场份额、心理份额、情感份额、毛利、产品系列等。

从个体的角度确立竞争对手,可以观察以下几个方面的内容,以明确行业中其他企业对本企业的威胁程度:

◎ 消费者群体的相似度(相似度越高,越易形成竞争);

◎ 产品功能、档次、包装容量等的相似度(相似度越高,越易形成竞争);

◎ 市场占有率的相近程度(相近程度越高,越易形成竞争);

◎ 关键技术的相似度(相似程度越高,越易形成竞争);

◎ 地域覆盖范围(相似度越高,越易形成竞争);

◎ 未来发展方向的相似度(相似程度越高,越易形成竞争)。

对竞争对手进行推断,然后通过识别主要的竞争对手,并一一比较判断,可以明确竞争关系,从而判断出竞争重点与本企业发展方向相一致的对手,之后还需对竞争对手的优先顺序进行排序,最后锁定在某策略背景下具体的竞争对手。排序原则如下:

◎ 竞争对手的市场地位;

◎ 竞争对手的品牌影响力;

◎ 竞争对手的产品影响力;

◎ 竞争对手的服务满意度;

……

从群体的角度识别竞争对手

在一些规模较大或较复杂的战略决策中,竞争对手往往并不明朗;又或者竞争对手会随着企业的市场选择和定位而调整。这时我们就需要通过确定竞争的关键要素,划分战略群来对竞争者进行整体分析。

大多数行业都包含着由关系紧密的竞争者所组成的战略群,这些战略群所涵盖的成员大都遵循相同或非常类似的市场战略。通过划分竞争战略群,我们一方面可以明确主要竞争者的战略动向和战略地位,一方面可以找到市场中的战略空隙。

在进行战略群的分析时,可以采用下面的战略群分析过程:

◎ 识别能够区分出不同战略群的竞争性特征,如地理区域、产品范围、产品质量、价格范围、顾客特点等,并从中识别出最为重要的两个独立变量;

◎ 用两个变量画出双变量图;

◎ 利用两个变量,一一分析那些竞争者在双变量图中的位置;

◎ 把单个竞争者的位置一一标注到双变量图上;

◎ 以战略群或聚集的竞争者为中心画圆,半径长度表示竞争者或战略群的交易额。

具体的表达形式可以参考图6-1:

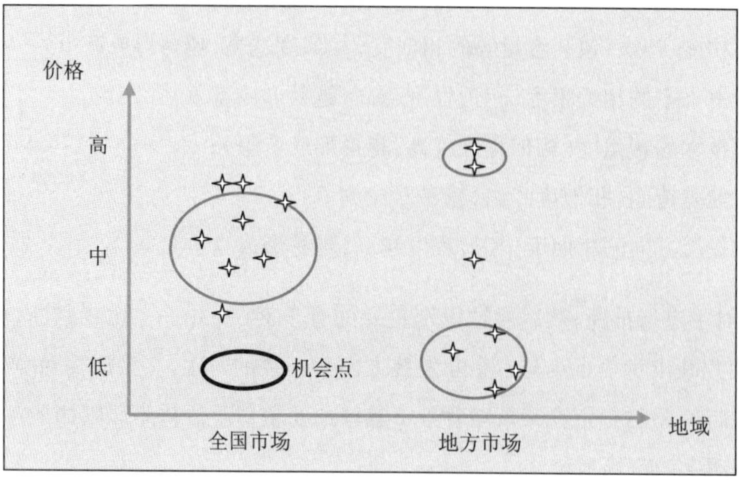

图6-1 竞争战略群示意图

划分战略群首先可以帮助我们认清竞争对手,有利于我们在市场策略和广告策略分析中确认主要的竞争对手。属于同一战略群中的企业,如果它们在市场占有率上接近,它们就会表现出比较紧密的竞争关系;而在同一战略竞争群之外,其他的竞争群体距离越近,则竞争的压力越大。

除此之外,利用划分竞争战略群的方法,我们还可以发现市场的空隙,从而帮助企业进入新的战略空档。例如图6-1就显示出有一个空档不存在强有力的竞争者,那么企业就可以根据自己的实力做出是否填补空档的选择。

从消费者需求的角度识别竞争对手

发现竞争对手通常是去发现品牌和产品间对同一消费者群/市场的争夺。首先,站在企业的角度界定竞争对手,往往要求我们去发现有哪些品牌和产品正在与本企业的产品争夺同一目标消费者群体,并且与本企业的实力相当,或其市场份额对本企业来说很重要。其次,从另一个角度来看,如果站在消费者的角度来界定竞争对手,则需要了解消费者在选购产品时,为解决自己某一方面的需求,通常会在哪些品牌和产品之间做选择,并且被选择者与本企业的实力相当,或其市场份额对本企业来说很重要。

划分竞争对手的方法多种多样,其中一种分类方法,是将竞争对手首先区分为现实竞争对手和潜在竞争对手,其中我们最为关注的现实竞争对手可以包括三类:

◎ 直接竞争对手:产品相同且满足同一目标用户群体的需要;

◎ 间接竞争对手:产品可能不同,但目标用户群一致;

◎ 替代性竞争对手:目标用户群一致,产品或服务具有较大的优势,能够替代竞争对手。

目标消费者群一致与否是决定不同品牌和产品是否具有竞争关系的关键因素。判断竞争对手的方法,就是锁定目标消费者群体,发现这些消费者群体的需求,判断自己是否有机会拥有优于竞争对手的解决方案。因此,界定竞争对手的重点,是从消费者的需求出发,去发现发生在消费者心智中的竞争,并通过各类市场指标将竞争状态描述出来,这样展示出来的就是当前的竞争对手和市场竞争局面了。

竞争关系通常确立在消费者对自己需求的解决方案的决策过程中,无需要把是否属于同一个行业、同一个品类作为确立竞争关系的条件。在一个时间段内、在一个市场的地域范围中,甚至在一个策略方案中,我们要针对竞争对手设定清晰的目标,如锁定产品的某个差异特点,或某个消费者的独特需求而设定某品牌或产品为竞争对手,而少见泛泛的对一个行业其他主要品牌所做出的普遍性竞争陈述。

消费者洞察注重通过多方法、多角度的深度探索去了解消费者在认知、态度与购买决策心理过程中的关键原因,也就是常说的"心灵按钮",即消费者需求该产品的理由。它从消费者的角度出发,在一定程度上忽视产品所属的行业、品类等限制性问题,从而发现产品的需求内容与方向,为产品锁定竞争对手。这些竞争对手并不一定来自本行业或本品类,而很有可能来自同样能使消费者在那方面的需求得到满足的行业、品类甚至竞争对手。

例如,一个快餐品牌被需要的理由,可能是因为它的就餐场所提供了年轻朋友聚会的机会;一瓶果汁饮料被需要的理由,可能是因为它能替代食用水果。这时,洞察就可以告诉广告策划人员,在这样的需求理由下,竞争对手应该属于哪些行业/品类、是哪些品牌。

在一次广告策划方案中,要将竞争对手的主体设置清晰,对其产品或品牌的细节的确认不能模糊,最终确认的竞争对手数量也不宜过多。另外,识别竞争对手时既要考虑那些综合实力较强的,也不要忽略那些综合实力弱,但在某一方面竞争力很强的对手。在与竞争对手角逐市场的过程中,我们会发现市场中没有永恒的敌人,同一品类产品中的那些竞争对手,在面对其他品类的市场份额争夺战时,也可能转变为盟友。由此可见,竞争对手关系会随着环境和条件的变化而发生变化。

第三节　监测竞争对手

监测竞争对手可以使我们掌握竞争对手的长处和短处,并对它们的潜力、目标及其当前和未来的战略做出判断,以便努力挖掘自家产品的优点,在竞争对手相对薄弱的环节找到突破口,建立自己的竞争优势。

对竞争对手战略及目标等问题的判断,要求我们不断通过市场观察、访谈等手段持续关注竞争对手,获取具体的资料,从而形象地认识竞争对手。为此,我们可以将信息搜集和分析的重点集中在某些竞争层面上,将工作具体化。

基本市场概况

对竞争对手的基本市场概况进行监测,可以从下面几个主要方面入手。

1. 竞争对手的历史背景

我们在确定广告战略之前,首先应该深入了解所有重要竞争企业的历史、品牌、企业文化以及之前遭遇过的关键时刻、企业的重大失误和巨大成功。所有的新决策都应该建立在历史发展的基础上,因此广告策划者应该善于研究那些历史。之所以要这样做,除了历史本身具有内在的价值外,也是为了让客户相信,有了这些历史做依据,策划者的策略便不会轻易脱离实际。

2. 竞争对手的产品

直接和竞争对手进行对比是辨别竞争对手之间优劣势的一种好方法。虽然各个竞争企业的产品不会完全一样,但每个企业都可以将自己的产品和竞争对手的产品加以比较,以便从中找到扩大市场份额的独特方法。

3. 竞争对手对市场发展趋势的关注

竞争对手对未来市场发展趋势的关注与反应,可能会直接影响到其市场及广告策略决策。比如,假设我们正在为某品牌果汁做广告策划,我们可能会考虑竞争品牌基于预期,可能在100%果汁的未来市场开发上加大投入,因此我们也在本品牌的100%果汁市场上加大投入力度,并加强品牌形象的塑造力度。重要的是我们的竞争对手如何看待和应对这些趋势,这有可能成为我们策略制定过程中的重要参考点。

4. 竞争对手间的市场现状

了解市场的一个着手点,是找到竞争对手的市场成长状况、市场容量、市场竞争结构、销售渠道结构等相关数据。例如,市场中前三大公司一共占据了多少市场份额?主要竞争对手对消费者的承诺是什么?这些数据是进行竞争分析、制定市场策略和广告策略的基础。但与此同时,仅有数据是不够的,发现数据背后隐藏的联系才是关键。

表6-1总结了一些关键指标和获得情报的主要方法,供大家参考。为了高效挖掘、利用数据、资料,并做出正确的理解和判断,我们除了可以利用企业内、行业内的资料和数据外,还应该多接触业内人士,以交流、访谈的方式迅速把握行业的概貌和重点问题。

表 6－1　描述市场概况一般要涉及的基本要素及获得相关资料的主要调查方法

调查项目	调查内容	调查渠道	调查方式
市场成长状况	年销售总额 产品品种销售构成	权威机构 电商数据	资料查询 大数据
市场容量	市场容量 市场消费量 普及率/持有率/购买率	权威机构 电商数据	资料查询 大数据
市场竞争结构	市场集中度 产品品种市场占有构成 品牌市场占有构成 区域市场占有构成 市场占有率变化趋势	企业内部 权威机构 电商数据	内部访谈 资料查询 大数据
销售渠道结构	销售渠道分类和特点 同业基本的渠道策略 进入销售渠道的基本方法	行业资料 经销商	资料分析 深度访谈
市场发展趋势	需求预测	企业内部 权威机构	资料查询、访谈

注:上表所提权威机构可以是国家管理部门、产业协会、专业咨询调查公司、各统计年鉴编撰机构等,这些机构基本上都可以在互联网及图书馆中查到。另外,还可以适当参考市场期刊、行业期刊、财经杂志、证券期刊上的行业分析报告等。

市场行为

要想对竞争环境进行监测,就必须关注“当前”市场竞争活动中的动向。具体的关注内容包括以下十个方面。

1. 产品系列的变化

在产品竞争层面,当竞争对手销售与我们相同或类似的产品或产品系列时,这个层面的竞争分析是最为基础的。此时,可以实时关注竞争对手在产品推出、产品设计、产品系列等方面的动向。这可能是本企业产品面对的最主要的压力,也是广告诉求讯息发生变化的根源。

2. 销售通路的结构变化

在产品分销竞争层面,了解竞争对手在铺货渠道上的进展或变化是十分重要的。在销售通路、中间商、零售商方面展开的针对性竞争和针对性广告活动往往直接而有效。

3. 售点促销活动

在什么时间和地点,竞争对手使用了什么竞争手段,其主要市场目的是什么?促销活动的效果如何?这些都需要企业进行实时监控,并在必要时制订出针对性的行动计划。

4. 战略伙伴的变化

了解竞争对手战略伙伴的变化,除了关注其在原料、技术、通路、市场等方面战略实力的起伏变化外,还要关注其在营销和传播推广过程中建立起来的战略伙伴关系。

5. 市场反应

社会和消费者对竞争对手的态度、观点有无明显的变化?特别是在一些突发事件中,我们有无在营销传播方面可利用的机会?随时掌握市场对竞争对手的反应,有助于企业在市场机会凸显时抓住时机。

6. 地域开发和撤退

竞争对手的产品在拓展哪个地域的市场?是否在退出哪个地域的市场?在各个地域,竞争对手的投入力量有无起伏变化?通常而言,抓住竞争对手给予的时机来获取市场份额或扩大广告效果可以收到事半功倍的效果。

7. 产品价格的波动

在价格竞争层面,当产品性能之间的区别非常模糊时,价格就成了竞争活动中非常重要的一个因素。因此,竞争对手产品价格的波动应该成为实时监控的重点之一。

8. 营销传播策略与费用

在营销传播层面上,竞争对手在品牌建设、产品推广、广告投放等方面的策略与费用等方面有无变化?这对于确立己方的广告策略至关重要。

9. 竞争者的市场反应模式

竞争者对于竞争环境中他人的市场行为通常做何反应?是追随还是反击?是置若罔闻还是步步超越?己方在不在竞争对手的视线中?了解竞争对手的这些习惯性反应模式,对于己方制定广告策略具有重要的参考价值。

10. 广告作品

随着信息传播手段的日益多元化,通过广告等多种手段吸引消费者便成了竞争的重要手段之一。因此,对竞争活动的监测当然应该包括对其广告发布活动的关注,具体的监测内容包括:

◎ 竞争对手广告投放量的变化;

◎ 竞争对手广告投放排期的安排;

◎ 竞争对手广告定位的变化;

◎ 竞争对手广告诉求重点的变化;

◎ 竞争对手广告风格的变化;

◎ 竞争对手广告更换的频率;

◎ 竞争对手代言人的更换;

◎ 竞争对手广告投放媒体组合的特点与变化。

在对竞争对手进行常规监测的过程中,在确保资料准确性和有效性的同时,我们还要最大限度地发挥资料的价值,深挖资料背后的本质问题,跟踪竞争对手的策略与目的,把握竞争对手在营销传播过程中的成功关键因素。不同行业、不同企业获得成功的方式不同,在营销传播策略与技术层面,竞争对手的经验可以为我们创造营销传播优势提供新的视角。

第四节　以竞争为主导的广告策略

在广告主的市场运作中,我们主要根据企业的市场竞争条件,以竞争对手的行为作为我们制定广告运作策略的依据,展开自己的广告活动。在实际操作中,如果需要重新制定市场策略,就应该彻底分析竞争环境,并制定企业的短、中、长期市场策略;如果需要修正企业的市场和广告策略,就应该以企业的竞争特点为核心展开策划;如果市场策略稳定,则偏重于与竞争对手的广告策略相对抗,以期获得优于竞争对手的广告效果。

三种基本竞争战略

在竞争环节,通常可以从三个基本角度入手加强本产品的竞争优势,而这三个角度的选择,在一定程度上决定了广告活动展开的思路。

从有助于企业成功的最基本的要素着眼,我们可以发现产品、消费者、产品价位的不可替代性,由此我们总结出三个基本角度:(1)从产品的角度出发,提供产品差别化思路;(2)从消费者的角度出发,提供锁定特定目标消费者群的思路;(3)从价格优势的角度出发,为产品开发出基本竞争优势的思路。依据这三种思路,我们可以采取以下三种竞争战略。

1. 成本领先战略

成本领先战略也叫低价策略,指企业的成本低于同行其他企业的成本。在 20 世纪 70 年代,成本领先战略非常流行。企业以低成本为目标,通过一系列整体策略措施,在同行业中做到了成本领先。而在成本领先的基础上推行的低价营销策略,则要求广告策略和促销策略予以配合。

低价策略并非指其产品价位、品质在主观上绝对偏低,而是一个相对的观念,即相对于竞争对手而言所具有的价格竞争优势。这种策略不以品牌佳或广告多为主要诉求,只求满足目标市场对核心产品的需求,逐渐以量取胜,以朴素的产品和品牌形象渗透市场,从而获得规模经济。

如果竞争对手也采用低价战略,我们就必须考虑其资产、技术市场推广能力等基础与自己相比是强是弱,然后采取相应的策略。

2. 差异化战略

"差异"一词是广义的,不仅指产品差异,还包括产品设计方案、商标、工艺、产品特色、款式、服务、网点等方面的差异,企业可能在其中几方面与同行业相比有独到之处。当然,采用差异战略也不应忽略各项成本,只是此时不以成本为最主要战略目标而已。

差异化战略的主要内容是什么呢?关于差别化问题,可以具体参考本书第三章"广告策略的设定:产品分析",这里仅做简单的说明:

◎ 追求产品品质的优异化,创造独家所有,确保市场占有率小但投资回报高;

◎ 追求产品可靠度的优异化,稳定、可靠、标准化;

◎ 追求产品专利权的优异化,以专利保护技术创新,以此区隔市场;

◎ 追求产品创新力的优异化,技术第一,是最先进的产品;

◎ 追求产品周边服务的优异化;

◎ 追求产品附加值的优异化,创造特性和附属性功能;

◎ 追求售前、售后服务的优异化;

◎ 追求品牌的优异化,强调品牌诉求突出、形象鲜明。

3. 集中战略

集中战略指企业将策略焦点集中在某一特定的消费者群体、某产品系列或某一特定的地区市场上,以求在局部市场取得竞争优势。集中战略放弃了全面的市场差异化或低价诉求,因而可以为特定的市场目标提供最有效、最优质的服务,成为小市场中的巨人。

大部分中小企业既无尖端技术和经验,又缺少大规模生产和大规模占有市场的能力,缺少可动用的资源,因此,低价策略和差异化战略均无法实施。对于它们而言,集中战略是首选之策。该战略要想取得成功,企业就必须去发现需求非常独特且专业化,以至于业内一般竞争对手根本不去服务的细分市场,或者找到业内竞争者表现很差的细分市场。如果采用集中战略,广告活动就要配合品牌或产品在一个小市场中的培育过程,相应地,广告费用也低于关注大市场的策略。

基本竞争战术与广告策略

竞争者要想生存和发展,就必须具备有别于其他竞争对手的独特优势,这些优势是由特定的时间、地点、产品和消费者组合而成的。现有竞争对手之间在抗衡时通常采取人们熟悉的一些形式——价格竞争、广告战、产品介绍以及增加客服项目等。

为此,企业可以通过以下方式提高自己的竞争能力,并使之与广告运作相配合,从而最大限度地发挥广告活动的市场营销辅助功能:

◎ 发现和诉求技术进步的方向,开发或推广新产品、新技术;

◎ 探索替代品的发展方向,夺取替代品市场;

◎ 争取互补品优势,采用联盟或合作的方式设计市场推广方案;

◎ 用价格(成本)诉求获得市场利益;

◎ 拓展新的细分市场;

◎ 打造产品的独特性(差异性)并展开诉求;

◎ 树立产品独特的品牌形象;

◎ 用快速渗透或慢速渗透的市场推广策略,扩大市场占有率;

◎ 创新品类,引领消费者进入本企业发现的市场。

练　习

一、请解释以下概念

竞争　市场领袖　市场挑战者　市场追随者　市场利基获取者

成本领先战略　差异化战略　集中战略

二、请简答以下问题

1. 请描述五种竞争力模型。

2. 什么叫寻求个体间的竞争优势?

3. 请描述竞争的几种表现形式。

4. 请描述四种竞争地位。

5. 不同角色的市场竞争者应该有什么样的竞争举措和竞争策略?

6. 如何从个体的角度出发捕捉竞争对手?

7. 如何以群体的方式捕捉竞争对手?

8. 如何监测竞争对手?

9. 如何划分市场的竞争形态?

10. 请描述影响竞争强度的因素。

11. 请举出三种提供成功机会的基本战略方法。

三、实践活动

1. 请为当地的冰激凌行业划分竞争战略群。

2. 试分析牛奶行业和手机行业的竞争特点,并分别就这两个行业列出三种竞争手段,并对比说明原因,说明这两个行业的差别。

补充阅读

1. 波特. 竞争战略[M]. 陈丽芳,译. 北京:中信出版社,2014.

2. 安德森. 长尾理论[M]. 乔江涛,等译. 北京:中信出版社,2015.

3. 柳井正. 一胜九败:优衣库风靡全球的秘密[M]. 徐静波,译. 北京:中信出版社,2011.

4. 北京大学汇丰商学院跨国公司研究项目组. 与中国一起成长:宝洁公司在华 20 年[M]. 北京:北京大学出版社,2009.

5.《市场观察》杂志

6.《成功营销》杂志

7.《新营销》杂志

8.《销售与市场》杂志

第七章
广告表现策略

本章学习目标

- ☑ 认识广告目标的概念及其在广告策划运作过程中的重要意义。
- ☑ 学习如何将广告策略的制定与广告表现环节有效地衔接起来。
- ☑ 进一步掌握广告表现策略的设定过程。
- ☑ 了解诉求的基本类型和方法并尝试运用这些手段。
- ☑ 掌握广告创意与广告表现策略的衔接方法。
- ☑ 明确广告创意的思维类型，训练自己的思维方式。
- ☑ 熟悉广告的制作环节、流程及原则。

第一节　广告策略任务的设定

通过策略分析，我们可以发现一系列需要迫切解决的市场问题，然后判断哪些市场问题可以通过营销传播手段来解决，并为此设定明确的广告策略任务，之后针对所设定的广告策略任务，提出广告表现与传播活动的策略与方案，并用最有效的手段来完成该任务。

广告表现策略在上述过程中占有重要的位置。**广告表现策略以广告策略任务为方向，以营销与传播环境为基础，指明广告活动传达诉求与创意的原则和方法，建立良好的讯息表达方式和沟通模式。**

广告目标的延伸

广告表现策略这个环节不容许广告创意人员单纯根据自己的好恶，按照自我的标准进行创作。广告表现策略需要在一定的条件下完成,而这个条件通常在设定广告策略任务时就已经明确了下来,那就是用来指导广告活动的任务描述——广告目的和目标。

1.广告目的和广告目标的作用

广告目的和广告目标是为了顺利实施广告策略而制定的明确任务。广告目的通常使用陈述性语言,把广告策略将要达成的任务清晰地表述出来,如"本次广告活动的任务是短期内提高××地区的广告好感度"。

广告目标的表述则以明确的数字为根据,这样,广告任务的实施就有了明确的、可比较的数字,如"在××期限内使××地区的××目标消费者群体的广告好感度提升××%"。

在制定广告活动基本策略的过程中,广告目的和目标的设定是拟定广告策略方案的关键性限制条件。为了解决目标中所设定的问题,如提高好感度、知名度等,广告策划人员必须决定向什么人传递讯息、传递什么讯息,决定广告活动如何利用媒体传递讯息、到达多广的范围、需要多长时间等,其中也包含了对广告表现策略的决策。

需要强调的是,广告目的和广告目标的设定以市场策略为基础,以满足市场需要为准则,其设定的内容可能包含以下几项的一种或几种:

◎ 使消费者更为了解和接受本品类的产品;

◎ 使消费者对本品牌的认知度、理解度或好感度等有所上升;

◎ 针对竞争对手,争夺消费者或潜在消费者的认知、理解或好感;

◎ 提高消费者的品牌忠诚度;

◎ 提高消费者的使用率,培养长期的行为模式;

◎ 直接刺激消费者的购买行为,增加销售量;

◎ 巩固并加强消费者在使用品牌产品后的感觉。

通常,对广告目的或广告目标的描述是广告策划书中必不可少的一个部分,其位置通常在策划书的广告策略分析之后,广告表现方案、媒介方案之前。

2.广告表现策略的衔接

在制定广告活动基本策略的过程中,我们必须制作出讯息的本体,如各种广播广告作品、电视广告作品、报纸广告作品等。这样才有传递讯息的可能,才有改变消费者态度的可能。那么,向消费者传递出的讯息应该如何表述呢?其情调、节奏、趣味应该如何?这就涉及广告表现策略这一概念。

广告表现策略的设定解决了策略制定环节中的下游问题,即决定了广告作品"说什么""怎么说"以及如何表达的原则。这些问题将直接关系到广告作品是否能够吸引既定的消费者群体,使广告活动顺利推进,从而达到广告预定的目的和目标。

广告表现策略就是根据广告目标所设定的内容,在广告创意、诉求方面所设定的执行原则,它包括诉求、创意和制作表现三部分内容。由此,广告表现策略便成了上承广告基本策略、下接广告创意和诉求的重要环节。

正因为如此,广告的表现策略就要根据广告策略任务的要求,在明确了产品诉求点、受众范围和媒体选择之后,确定广告的表现原则,即考虑如何把广告基本战略中已确立的意图,用有效的形式加以表现和传达,确定采用什么形式去表现情节、情调、节奏等,进而阐释和表达讯息内容,使之能够正确地传递观点,并为受众所接受和喜爱。

广告表现策略的正确与否通常以其是否有助于完成广告目的或广告目标为依据。广告表现策略不是显性存在的,它隐藏在消费者、受众、产品、竞争对手等因素中,要想挖掘它,就要深入理解消费者的爱好,掌握产品的性格,了解竞争对手的优缺点。

在广告策划工作流程中,广告的表现策略体现为如下环节(见图7－1):

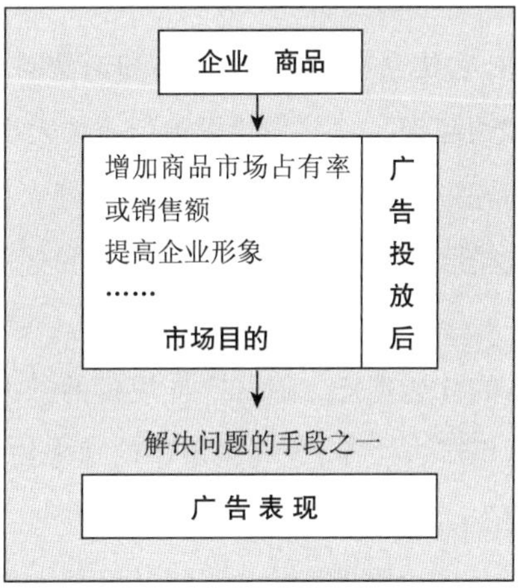

图7－1　广告表现策略环节

3. 从策略到创意的转换

在判断好广告“说什么”后,广告策划人员就应该与创作人员紧密配合,着手制定详尽的表现策略,明确广告的创意基调,以防后续的创作过程中发生脱节和失控的现象。在广告策划中,这一环节要求广告策划人员将工作重心由科学实证转向讯息内容的艺术表达。

广告表现策略

1. 广告表现策略的设定

广告表现策略的制定有助于广告策划人员将广告战略转化为具体的广告创意和广告制作,因此,巧妙地制定广告表现策略,不仅是广告科学化运作的基本要求,也对广告战略的创意演绎起着决定性的作用。

广告表现策略的制定包括几部分内容:(1)提炼“诉求点”;(2)决定诉求的表现原则(详见第三章“产品分析”);(3)决定诉求的创意原则;(4)决定制作表现的原则(见图7-2)。

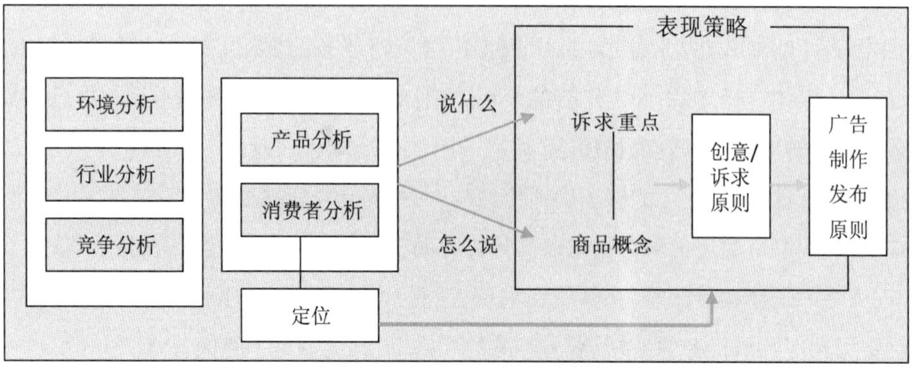

图7-2　广告策划流程与表现策略所包含的内容

广告创意不是空中楼阁,它建立在对市场、产品和消费对象深入了解的基础上。因此,制定表现策略是“戴着枷锁起舞”。所谓的“枷锁”,主要表现在以下两个方面:

首先是广告的战略目标。为了击中这个目标,广告策划人员必须充分掌握产品、消费者、竞争者的信息,必须从这些信息中挖掘出可靠的、切中目标的东西。所以,广告作品绝非仅供欣赏的艺术品。

其次是广告法规和广告的社会责任。随着广告规模的扩大,其对社会的影响及渗透力也越来越大。这就要求运用广告法律、行规和道德伦理来约束广告的具体内容和表现方式,以使其遵循“公共秩序”。

因此,在“枷锁”的约束下,广告表现策略的制定过程要处理好以下几个基本问题:

(1)向谁诉求?

是向年轻人?家庭主妇?还是中产阶级家庭?……不同的目标对象有不同的生活方式。即使是同一个商品,其特性所带来的价值和方便性也会因为消费对象的不同而各有差异。

(2)诉求什么?

商品的外形?轻便度?新型功能?……广告策划人员必须充分了解产品的特性以及该商品的消费者的立场、状况,然后在此基础上考虑诉求的主题。

(3)如何诉求?

如何突出人们对都市生活与现代化生活的满足感?如何利用消费者的心理?如何运用多种沟通手段?如何利用流行文化?……广告策划人员必须考虑表达、创作的吸引力问题，决定如何通过文字、图像、声音等向消费者诉求该产品的特征，以吸引众多的消费者。

广告表现策略的基本方法和思路是运用一切创造能力的先头部队，其主要决策依据将体现在市场策略的延续、诉求对象的锁定以及诉求目标的设定这三个领域中。

2. 市场策略的延续

了解自己的产品、目标和竞争对手，是制定表现策略的一个基本开端，而有用的资料是推进广告表现策略的第一步。

(1) 市场状况

在制定表现策略之初，我们要对广告的产品或劳务市场状况有一个尽可能完整、简明和清晰的了解。对市场状况的了解包括市场地理特征、市场区域及分布特征、主要竞争市场和市场地位等。

(2) 产品

了解商品本身的历史、制造过程、成分及成分来源、设计、包装等，捕捉产品的差异点，这些对制定表现策略都非常有价值，因为它们极有可能成为广告诉求及承诺的基点。

产品诉求点是广告创意的前提，产品诉求点和创意是“做什么”和“怎么做”的关系。诉求点要确定这个产品能做什么？给谁用？只有明确了“做什么”，才能发挥好“怎么做”。

“承诺”是产品、品牌针对消费者的需要而提供的基本利益或解决问题的方法。恰当的承诺包含三大要点：首先，必须给消费者提供利益或解决他们的问题，即对潜在消费者说：你如果买了本产品，你将得到某种利益，或你将解决这个问题；其次，提供的利益或所解决的问题必须是消费者非常需要的；最后，产品、品牌必须融入所提供的利益或所解决的问题之中。作为直接用于市场竞争的广告，承诺一定要有针对性和竞争力，要使竞争产品的使用者能清晰地感受到承诺是针对他们而来的。此外，承诺的强度也要足以激发消费者采取行动。

(3) 消费者

在制定表现策略的时候，以下信息非常重要：

◎ 消费者构成的基本特征：谁会购买这种产品？他们住在哪里？属于哪种人？其中是否有知名人士？是任何人都买得起，还是只有一部分人买得起？广告策划人员获得的消费者信息至少应该包括消费者的年龄、收入、性别、婚姻状况、教育状况以及子女数目等。

◎ 消费者购买和使用产品的行为特征:目标对象是否使用?使用频次如何?如果不使用,原因是什么?如果主要潜在消费者是“非使用者”或“轻度使用者”,广告主是否应该鼓励使用者增加使用频次?此外,消费者怎样购买?在哪里购买?一次购买多少?诸如此类的问题也都需要了解。

◎ 消费心理特征,生活格调轮廓:目标对象对各种产品的使用态度是什么?对本品牌的使用态度是什么?本产品怎样恰如其分地进入消费者的生活?进入他们的生活会发生哪些冲突?

◎ 消费者的媒体接触状况:广告策划人员应全面掌握目标消费群体所接触的媒体,了解他们对每一个媒体的接触习惯和相应的支出。

3.诉求对象的锁定

数量日增的媒介传播渠道为广告讯息到达消费者提供了更多的途径,然而,这样的状况也有明显的令人担忧之处:面对蜂拥而来的信息,消费者只好用他们唯一能控制的方法进行反抗——减少注意力。为了避免广告讯息的浪费,寻找诉求对象、了解诉求对象、锁定诉求对象便成为当下广告活动的重点工作。

(1)广告诉求对象群体的确认

并非所有的消费者都是某种产品的消费者或潜在消费者,也并非所有能接触到广告的受众都是广告的诉求对象。实际上,广告的诉求对象是一群特定的受众,即产品的目标消费群体。广告只有鲜明地针对他们展开诉求,才能有效地收到预期的说服效果。

我们通常把所有通过各种媒介接触到某一广告的人称为该广告的受众,而把某一广告讯息传播所针对的那部分消费者称为该广告的诉求对象。在实际生活中,广告讯息的到达方式和影响过程,都必须针对广告的诉求对象而展开。

(2)一般诉求对象和重点诉求对象

一般诉求对象是目标消费者,重点诉求对象是目标消费者的参照群体,他们既可能在目标消费者中,也可能不在。

具体的情况可以分成两种:

一是参照群体属于目标消费者的情形。在这种情况下,在面向全部目标消费者的广告诉求过程中,诉求可以以该部分参照群体为重点对象而展开。

二是参照群体不属于目标消费者的情形。在这种情况下,广告表现可以以该参照群体的典型形象为广告的主要代言人,在向目标消费者推荐产品的同时,传递符合目标消费者口味的理念和情感。

(3)诉求对象的广告讯息接受习惯

消费者反应和消费者特征的结合为广告诉求提供了决策依据。消费者反应主要决定诉求的形式,而消费者特征则主要决定诉求的风格、节奏和题材的选取。例如,针对高科技产品的神秘感和高卷入性质,演示和实证的表现形式收效较好;再比如,年轻人喜欢激情、热烈的气氛,儿童则偏爱卡通、童话的氛围。

在讯息接受习惯方面,越来越多的证据显示,消费者对购买决策讯息的搜寻几乎都是"适可而止"的,他们决策的依据往往是自以为重要、真实、正确无误的认知,而不是具体的、理性的思考或斤斤计较后的结果。对于各种媒体上的信息,消费者会把它们都视为媒体信息,认为它们都代表品牌、公司或营销组织。在消费者的脑海里,它们混杂在一起。因此,广告主在各媒体上的符号、象征物、图片、声音等传播形式应该传达出一致的信息,尤其是多元化经营的品牌,一致性更是其广告传播的重要原则。只有这样,才有利于消费者识别、处理和储存(辨认、分类、理解)信息,从而使信息产生"累积"效应。

(4)诉求对象的讯息接受心理

情感要素在创造品牌附加值的过程中具有极其重要的地位。情感比事实更易于跨越地域和文化的障碍而引发人们的共鸣,这就是盛世长城广告公司的"单一共通的真理"所主张的:找到那些使我们感到共通的东西,如食物、温暖、水、住所、爱情、关心、美,等等,为品牌进行定位,这样便可以让品牌跨越国界,向全球化发展。因为这些东西是我们内心真正需要的,是真正能够使人感动的东西。

4.诉求目标的设定

有效的表现策略是诉求目标和表现手段的完美结合。

诉求目标常常因具体情况的不同而不同:有时是使消费者对产品、品牌形成认知;有时是改变消费者对产品、品牌的态度;有时是促使消费者对产品、品牌产生好感和忠诚,促使消费者产生有利于产品、品牌的消费行为;有时是加强消费者在购买使用后的满足感。广告目的不同,诉求的目的也随之不同。广告主可以在各种各样的诉求战略目标和方法中进行选择。

广告主可以运用任何方法来实现自己的目标,且数量不限。为了使消费者回忆起某个品牌名称,广告主往往会采用重复、口号和歌谣的方式。有时,讯息目标就是为了将产品的某个关键特性与品牌联系起来,这时,广告主大多会选用独特销售主张(USP)广告。而好感广告、幽默广告和性诉求广告则可以促使消费者偏爱某个品牌;如果运用得当,恐惧广告和焦虑广告也可以驱使消费者实施购买行为。改变式广告力求丰富消费者的消费体验,而生活片段式广告和幻想广告则力求将某个品牌放在理想的社会背景中,突出这个品牌的诉求点。要想树立品牌形象,则广告要以图像为主;要想劝服消费者购物,则比较式广告、证言式广告和演示式广告可以发挥更好的作用;而要想引起消费者的直接反应,则可以采用“现在点击——拨打电话式”广告。

(1)诉求目标的层次

沟通效果是一个从低级到高级的层次问题,一般来说,就是从品牌认知到品牌好感、品牌忠诚的成长过程。这正是广告目标设定的层次结构,也是消费者(受众群体)因广告刺激而产生层级反应的过程。

广告运动是一个循序渐进的过程,并非一蹴而就。因此,广告策划人员必须认识各种传播工具的独特作用,在广告目标的不同阶段,灵活地组合运用各种传播工具,以实现相应的目标。

(2)与竞争对手诉求目标的关系

诉求目标的设定也要依据市场竞争状况进行策略性的思考,如果想让广告诉求平中见奇、后发制人,就要对竞争品牌的诉求策略,尤其是诉求目标进行考察和战略分析,然后巧妙地设定自己的广告诉求目标,让广告诉求在实际传播过程中提升产品的竞争力度和强度,从而推动产品战略的发展。

(3)产品类型对诉求目标的影响

产品的自身特征对诉求目标的设定也具有关键性的作用。不同类型的产品通常应该设定不同的诉求目标。产品种类可以根据消费者卷入程度的高低(详见第四章“广告策略的设定:消费者分析”),以及产品是属于“思考型”还是“情感型”来划分。

例如,“情感型”产品既有高卷入度的,如化妆品、珠宝及流行服饰,也有低卷入度的,如啤酒、香烟、口香糖等。在“思考型”产品中,高卷入度产品多指代价较高的产品,如汽车、家用电器和保险等;而低卷入度产品则多指代价较低的产品,如纸巾、家用清洁剂、汽油等(见图7-3)。

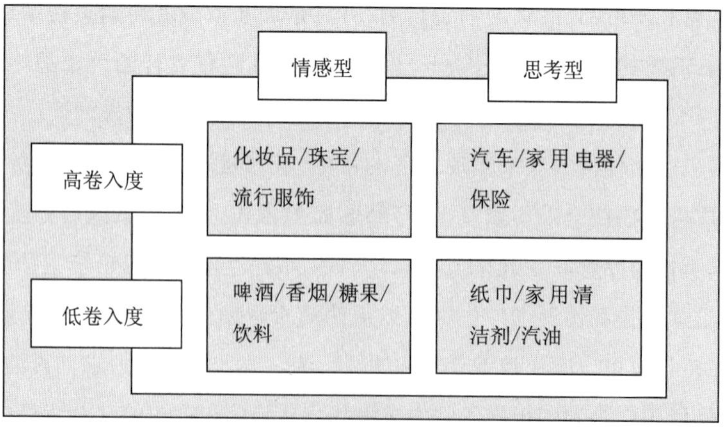

图7-3 产品类型与诉求目标的关系

很显然，不同的产品可以进行不同的归类，而消费者则在选择不同种类的产品时表现出不同的行为特征。

在此基础上，还可以将产品种类的划分方法进一步加以改进，将“思考—情感”划分方式按消费者的“动机”进行扩展，从而解释“消费者为何希望从不同的产品种类中购买不同的品牌”这一问题。改进后的方法明确了如何设计广告才能使之与每一种购买动机相匹配。

例如，不同的消费者可能出于同一种愿望而购买某一“思考型”产品，比如为了降低负面情感产生了“信息动机”，此时，购买产品的目的可能是为了消除某个问题，广告便可以向消费者展示使用了该品牌而使愤怒转为宽慰的情景。消费者购买某一产品也可能是为了避免某个问题，此时，广告便可以展示消费者使用了该品牌后问题得到解决，消费者的情绪由恐惧到松弛的过程。消费者还可能出于补偿以前的不满而购买，此时，广告便可以展示消费者使用了该品牌后由失望转为乐观的过程。

在情感方面，广告策划人员可以运用不同的“转换动机”，使消费者增加一些积极的情感。当消费者因感觉满意而购买东西时，广告可以展示消费者因购买了该品牌而洋洋得意的情形；当消费者因成就感或控制欲而购买东西时，广告可以展示消费者通过购买该品牌而由厌烦转变为兴奋的过程；当消费者为了得到社会认可而购买产品时，广告可以表现他们从不自信转变为自信的过程。

如果为不同的广告目标服务，那么广告诉求的方式和风格就应该有所区别。如果广告目标是提高品牌的知名度，那么广告诉求就应该以引起注意、传播品牌为根本，所以风格上要震撼、新奇；如果广告目标是提高品牌忠诚度，那么广告就应该以培养好感、树立形象为核心，所以风格上要侧重感性、幽默等味道。

(4) 产品生命周期对诉求目标的影响

产品生命周期不同，企业面临的竞争特性也不同，产品所处生命周期阶段的不同对诉求目标的设立有着重要的影响，因此企业也应该随着产品所处生命周期阶段的不同而适当调整广告的诉求策略。

当产品处在导入期时，广告诉求必须能够提供足够的产品信息，以使消费者对产品产生认知。假设现在一种革命性新产品上市，那么其主要障碍往往就来自消费者的传统习惯和观念，因此改变它们便成了广告与沟通的战略任务。

当产品进入成熟期时，营销组合就应该由建立基本需求层面转向制造“选择性需求”或特别品牌需求的层面。此时，企业应该制作一些提示性广告，以使产品名称深深地印在消费者的脑中。

当产品进入衰退期时，新产品会取代旧产品。此时，广告活动几乎起不了多大的作用。除非能将旧产品重新定位，使其复活，否则就应该相应地减少甚至停止广告投入。

(5)广告费用对诉求目标的影响

可投入广告费用的多寡,也会对广告活动的诉求目标产生影响。例如,可口可乐在市场业绩低迷的情况下推出了一系列视频广告,尝试在一条广告里同时推荐可口可乐旗下的四款产品:原味可口可乐、生命可口可乐、零度可乐和健怡可乐。在这阶段的广告活动中,基于不同的定位、不同的消费人群、不同的价值观的不同产品没有被当作独立的子品牌来运作,而是换上了统一的红色圆盘包装,从商标视觉上统一起来。这种让几样产品同时出现在广告画面中的做法,不仅可以降低不同产品的广告制作、媒介购买等营销成本,同时也可以给消费者留下深刻的印象。

第二节　广告表现策略的诉求原则

新兴媒体的迅速发展使传统媒体受到了来自新兴媒体的各方面挑战,包括内容、传播方式、经营收入、用户,等等。人们在固定时间坐在电视机前收看电视节目,或者在某个场合翻看报刊的媒介接触习惯正在逐渐消失,大众媒体广告再也没有了以往那种注意力环境。因此,广告策划人员必须根据新兴媒体传播实力越来越大的现实,以更具营销传播沟通潜力的运作思维,不断丰富和开发广告表现策略的诉求方式。

基本诉求类型

广告诉求围绕着广告主题,通过作用于受众的认知和情感,促使受众产生购买动机。广告诉求的方法多种多样,其中,作用于认知层面的理性诉求和作用于情感层面的感性诉求是两种最基本的策略。在此基础上,又产生了同时作用于受众认知和情感的情理结合的诉求策略。

1.理性诉求

理性诉求策略指广告诉求定位于受众的理智,通过真实、准确、公正地传达企业、产品、服务的客观情况,使受众经过概念、判断、推理等思维过程,理智地做出决策。

这种广告策略可以进行正面表现,即在广告中告诉受众如果购买某种产品或接受某种服务会获得什么样的利益;也可以进行反面表现,即在广告中告诉消费者不购买该产品或不接受该服务会对自身产生什么样的影响。

这种诉求策略一般用于消费者要经过深思熟虑才能决定购买的商品或服务类型(即高卷入度产品或服务),如高档耐用品、工业品、各种无形服务等。如果采用理性诉求策略，一般应向受众提供较为全面的商品信息，信息之间要有很强的逻辑关系，即采用“两面法”进行诉求。比如一条汽车广告就这样诉求：“这种汽车的车门扶手太偏右了一点，所以用起来不太顺手，但除此之外，其他方面都很好。”全面的介绍、坦诚的态度，可能更易激发顾客的购买欲。

例如，对于那些缺少方向感的人来说，出门在外不仅要靠勇气还要靠运气，常常手拿地图也于事无补。百度地图就以此为出发点，诉求了智能手机所能提供的帮助。百度地图广告利用生动有趣的形式，具体展现了其新一代人工智能地图所具有的的 AR 导航、AR 探索、智能导游、预估用时等功能，使用户可以更加全面、清晰地了解产品。

2. 感性诉求

感性诉求策略指广告诉求定位于受众的情感，通过表现与企业、产品、服务相关的情绪与情感因素来传达广告讯息，以此来影响受众的情绪和情感，诱发他们的购买动机。那些只有在消费者认为“合乎自己的感觉”“流行”，让他们感觉有“气氛”、有“印象”时才会考虑选购的商品便属于感性商品，如电影、香水、电视节目、礼品等。在市场营销中，我们把这种“跟着感觉走”的消费行为称为“感性消费”。

感性诉求试图激发消费者的某种否定情感（如害怕、内疚或羞愧）或肯定感情（如幽默、热爱、骄傲和高兴），以促使其购买。具体来讲，感性诉求所传达的情感通常有以下几种：

◎ 爱情——包括爱情的真挚、坚定、永恒和爱情所赋予人们的幸福、快乐、优伤感等，如“铁达时”手表的广告语“不在乎天长地久，只在乎曾经拥有”；

◎ 亲情——包括家庭之爱、亲人之爱及由此而来的幸福、快乐、思念、牵挂等；

◎ 同情——主要是对弱者和不幸者的同情；

◎ 乡情——包括与此相联系的对故乡往事的怀念、对故乡景物的热爱等；

◎ 生活情趣——包括悠闲、乐趣、幽默等，如喜茶就非常善于通过文案营造出一种优雅的生活情趣和意境，以此来打动消费者；

◎ 个人的其他心理感受——包括满足感、成就感、自豪感、归属感等，如网易云音乐在“照见自己”的广告活动中，以精选出来的网易云音乐用户乐评内容为文案，大大拉近了自己与用户之间的情感关系。

3. 情理结合型诉求

感性诉求和理性诉求各有优势，也各有劣势。理性诉求策略非常有利于完整、准确地传达商品信息，但由于注重传达事实、阐述道理，因而往往会使文案显得生硬枯燥，结果降低受众对广告讯息的兴趣。感性诉求策略贴近受众的切身感受，容易引起受众的兴趣，但由于感性诉求过于注重描述情绪和情感,因而往往会削弱对商品信息的传达。因此,在实际的广告策划中,广告策划人员往往将两种诉求策略结合起来,以求达到最佳的说服效果。这就要求在恰当的时机"见机行事",是以"晓之以理"为主,还是以"动之以情"为主,要具体情况具体分析。

树立品牌形象的表现策略

品牌形象指企业或其某个品牌在市场和社会公众心中表现出的个性特征,它体现了消费者对品牌的评价与认知。品牌形象与品牌不可分割,形象是品牌表现出来的特征,反映了品牌的实力与本质,是人们心目中与品牌有关的各要素的图像及概念的集合体。

广告诉求除了上述三种基本模式外,还有其他一些方法。由于广告讯息要实现的广告目的不同,广告讯息的诉求方法自然也有所不同,归纳起来,主要有八种:提高品牌回忆率、展示产品特性与品牌、培养品牌偏好、以恐惧诉求敦促消费者行动、劝服消费者、引起直接反应、改变消费者体验以及赋予品牌社会意义。

1. 提高品牌回忆率

如果广告主的主要目标是使消费者记住品牌名称,这种目标通常被称为品牌回忆率目标。毫无疑问,广告主不仅希望消费者记住自己的名称,而且还希望这个名称能够"在消费者心里占据最重要的位置",甚至成为他们记忆中的第一名称,至少也要在"考虑组"①中占据一席之地。

在产品势均力敌,或商品和服务的差别无需太费心思去分辨的情况下,消费者能想起的第一个品牌往往就是他们购买的品牌,而第一回忆率品牌往往也是最流行的品牌。

提高品牌回忆率的主要诉求方法主要有三种:

(1)运用口号与歌谣

口号是一种借助简练的节奏、韵律或其他因素,将品牌名称与令人难忘的东西联系起来的语言技巧。歌谣的做法与口号相同,但配上了音乐。利用口号和歌谣获得成功的广告诉求案例数不胜数,例如蒙牛酸酸乳从 2005 年《酸酸甜甜就是我》开始,数度推出年度广告曲,获得了非常好的市场效果。

(2)重复品牌名称

当消费者站在洗涤用品货架前时,他们也许还没有对产品的特性进行细致深入的考察,但这时他们脑子里想起的品牌/产品名称会驱使他们做出购买决策。重复品牌名称的

---

① "考虑组"指消费者在想起某类产品或服务时,如牙膏、软饮料、手机等,脑海里想到的品牌名称,这些品牌名称通常不超过五个。

做法有助于加强消费者的记忆,使他们更轻松地在记忆中进行检索。而要做到重复,不仅要投放大量的广告,还要在广告文案中重复品牌名称。

1994年,恒源祥在中央电视台《新闻联播》后的黄金时段投放了5秒标版广告。短短的5秒钟不可能让广告承载多少动人的情节和画面,于是恒源祥采用了三遍连播的方式,开创了广告表现的一个先河,曾一度引得许多企业竞相效仿。这是提高产品知名度的典型广告模式。其成功之处在于恒源祥的广告诉求目标十分明确:以高频次重复品牌名称,迅速提升知名度。一个小女孩用稚嫩的童声连叫三声"羊羊羊",清脆的童声加上简单的重复,引发了很高的关注度。

(3)植入广告讯息

植入广告讯息的做法是随着电影、电视、游戏等的发展而兴起的,即将产品或服务中具有代表性的视听品牌符号融入剧情、游戏或文稿中,这种方式能使广告讯息很好地融入娱乐情节中,在观众的潜意识中留下一定的印象。

植入式广告的最大优势在于其"接触质量",也就是说品牌可以争取到现有媒介状况下的稀缺资源——高度专注状况下的受众注意力。由于受众对广告天然地有抵触心理,而植入式广告出现的时间、地点具没有规律,又与情节高度相关,因而把商品融入娱乐的做法较少遭到受众的抵触与拒绝,往往比硬性推销收效好。

2.展示产品特性与品牌

有时,广告主希望消费者只记住品牌名称的某一个特性。如果运用得当,采用这种战略目标的广告就可以产生共振效果:特性帮助消费者回忆起品牌名称,而品牌名称又与某一重点特性有关系。有几种方法有助于完成这个任务:

(1)R. O. I原则法

如果广告与商品没有关联性(Relevance),广告就失去了意义;如果广告本身没有原创性(Originality),广告就缺少吸引力;如果广告没有震撼性(Impact),广告就不会给消费者留下深刻的印象。这三个属性合在一起,简称R. O. I,是DDB广告公司(Doyle Dane Bernbach,即恒美广告公司,由道尔·戴恩以及广告大师威廉·伯恩巴克于1949年在美国纽约创办)在广告策略上的独特概念。

所谓"关联",即要做到广告讯息和创意与产品关联、与目标对象关联、与广告想引起的特别行为关联。

原创性则建立在关联性的基础上,在充满同质化产品的市场上,可以通过策略和诉求给消费者提供一个特别的承诺,创造一个新奇的、与众不同的创意题材,使品牌鹤立鸡群。

所谓"震撼性",指打破广告受众漠视广告的能力。它来自两个方面:一是承载广告讯息的媒体,二是广告讯息结构本身。当讯息在恰当的时间、恰当的地点到达处于合适心境下的消费者时,就会产生震撼力。关联的、创新的、有支持点的广告承诺最具震撼力。另外,很多成功广告活动的震撼力来自特别安排的媒体计划,创意、媒体策略与新闻热潮紧密地结合在一起。

R. O. I 虽是 DDB 公司的原创,但其实质内涵已被各大跨国广告公司认可,成为它们检视广告作品最核心的几个方面。有些公司在此之外还加上了延续性、单一性等其他要求。

(2)固有刺激法

李奥·贝纳(Leo Burnett)一生创作了大量伟大的广告,他的创意令人印象深刻。他认为,创作成功广告的秘诀就在于找出产品本身固有的刺激,即找出产品本身“与生俱来的戏剧性”,并善加利用。也就是说要发现广告主生产这种产品的“原因”以及消费者购买这种产品的“原因”。一旦找到这个原因,广告创意的任务便是依据产品与消费的互动,在这个固有刺激的基础上进行创意,设计出吸引人的、令人信服的广告,而不是靠投机取巧、噱头、蒙骗或虚情假意来取胜。

李奥·贝纳认为,在广告创作和文案写作中,不论你要说什么,都要恰如其分,只需一个能够表示它的名词、一个能使它动的动词和一个描述它的形容词就够了。创意人员一定要找到这个名词、动词和形容词,同时永远不要满足于“差不多”,永远不要靠欺骗(即使是聪明的欺骗手段也不要用)和模棱两可的言辞逃避困难。

英国维珍航空公司曾有一条平面广告,画面上是一盒鸡蛋,上面贴着标签:“交给维珍航空。”鸡蛋当然是脆弱易碎的象征,但维珍航空连鸡蛋的托运都能做到安然无恙,自然值得信赖。消费者选择航空公司时考虑的首要因素是安全平稳,这一因素也是航空公司本身“与生俱来的戏剧性”,广告只不过用了最恰当的形式将其表达了出来,自然令人叹服。

(3)独特销售建议法

20 世纪 50 年代,美国著名广告大师罗瑟·瑞夫斯(Rosser Reeves)提出了一个具有广泛影响的广告创意策略理论。他认为,要想让广告活动获得成功,就必须依靠产品的独特销售建议(Unique Selling Proposition,简称 USP,也译为“独特的销售主张”)。该理论包括三个方面的内容:

◎ 每条广告不仅靠文字或图像吸引消费者,还要给消费者提出一个建议,即购买本产品将得到的明确利益;

◎ 这一建议一定是该品牌独具的,是竞争品牌不能提出或不曾提出的;

◎ 这一建议必须具有足够的力量吸引、感动广大消费者,能招徕新的消费者购买产品。

1954 年,瑞夫斯为 M&M 巧克力所做的“只溶于口,不溶于手”的广告创意便是 USP 理论的典范之作。当时,M&M 巧克力是全美唯一用糖衣包裹的巧克力,瑞夫斯认为,独特销售建议的构思就应建立在这个特色之上。建议确定之后,剩下的就是如何利用这一构想并将它放入广告中了。在广告中,他设计了两只手放在银幕上,画外音问道:“哪一只手里有 M&M 巧克力? 不是这只脏手,而是这只手。因为 M&M 巧克力只溶于口,不溶于手。”

(4)实施重心法

实施重心法是 20 世纪 50 年代初由威廉・伯恩巴克(William Bernbach)提出的,该理论认为广告讯息战略的“如何表达”完全可以成为独立的内容。按照他的观点,实施风格是广告中起决定作用的特征,因而广告是否有效,秘诀便在于是否抓住了问题,然后将其变成一个刺激而又诚实可信的优点。按照该理论的观点,创意只求新求异、与众不同是不够的,广告讯息还应单纯化、清晰化、戏剧化,这样才能使广告在消费者的脑海中留下不可磨灭的记忆。广告最大的难题是如何在众多信息中排除干扰,让受众认知并接受自己。

实施重心法提出了实施的几个要点:一是尊重受众,不可居高临下,应该与受众平等交流;二是单纯直接,内容要浓缩成单一目标、单一主题;三是必须出众,具有自己的个性和风格,最重要的是独创性与新奇性。

“实施重心法”最成功的范例是伯恩巴克为大众甲壳虫车所做的创意。创意抛弃了传统上以豪华、漂亮、高贵、功能优势等为诉求点的定式,毫不避讳甲壳虫车又小又丑的外表,反而以单纯、未经修饰、黑白两色予以表现,特别是标题“从小处想”(Think Small),变不利为特色,成功地引导消费者认识了甲壳虫车经济、省油、性能好的特色,因而成为广告史上最伟大的作品之一。

(5)定位法

定位法(Positioning)是由艾尔・莱斯和杰克・特劳特(Jack Trout)在 20 世纪 70 年代早期提出,经过不断发展而成为今天制定广告策略最基本的方法之一,它同时也是一个非常有效的表现原则。

该方法要求广告为品牌树立一些便于记忆、新颖别致的东西,以期让品牌在消费者心里站稳脚跟。该位置一旦确立,消费者只要遇到问题,他就会考虑该产品或品牌。定位法能寻找并整合合适的产品类别,使品牌符合消费者的全部需求和欲望。

企业的产品定位不仅是经营领域的定位,有时也是自身形象的定位,两者可以相互关联。例如人们提到智能手机,就会想到 iPhone;谈到商用计算机,就会想到 IBM 公司;谈到飞机,就立即会想到波音公司。这些公司都在经营领域内为自己确立了无人可及的市场地位,成为人们的首选。

(6)组合法

组合法也称拼图游戏法或万花筒理论,指以市场定位和产品差异为基础,对旧元素进行重组配置,形成新的组合,使之转化为具有统一整体功能的广告诉求创意方法。不管组合的元素是同质的还是异质的,基本上可分为两种情况:一种是深度的、复杂的、创造性的组合;另一种是表层的、简单的、说明性的组合。

所谓"创造性组合",就是把原有的旧元素和各个成分重新加以配置进行再创造,使之形成具有自己独特结构和特定内容的完整新形象的创意方法。例如,COSTA联合小奥汀(Littleondine)推出了三款润唇膏,润唇膏结合COSTA的三款酷乐冰主打饮品,将饮品的味道应用在三色润唇膏中,使润唇膏成为带着娇俏草莓、可口黄桃和清新抹茶滋味的唇膏。饮品口味与润唇膏的结合方式打通了两个完全不同的产品品类给人们带来的感受,为COSTA酷乐冰找到了创新而又非常贴切的诉求方式。

所谓"说明性组合",就是把旧元素在形式上进行简单的重组,使之形成具有说明性、图解性的新形象的创意方法。如香港"红花油"的一条电视广告:一个人手拿一瓶红花油,不断地有节奏地跳着,可是头却一会儿换成黄皮肤的青年女性,一会儿换成白皮肤的中年男性,一会儿又换成黑皮肤的女性……广告语为"红花油,蚊虫叮咬不用愁"。该组合创意就是通过不同肤色、性别、年龄的人的头像的切换,来图解说明这种产品"适合一切人"。

(7)用途性品牌法

消费者通常会利用产品或服务来完成生活中的某项任务,他们通常以三个步骤来思考问题:第一步,"我要完成这个任务";第二步,"我可以用什么完成它"?第三步,在头脑中找到某个能完成这项任务的品牌。如果能找到合适的品牌,消费者就会采取行动,选择用这个独特的产品或服务去完成这项任务;如果消费者不觉得有什么品牌可以用来完成这个任务,也没有人创造出正好定位于完成这项任务的服务或产品(品牌),那么消费者多半就会随意行动。

在消费者意识到要用一个产品完成任务的时候,及时而精确地把这个品牌灌输到消费者的脑子中,我们称这种诉求为"用途性品牌"诉求表现,它将告诉消费者应该用这个产品来达到什么目的。

对于消费者来说,很多品牌都可以充当用途性品牌,而且,只有当消费者认识到这个品牌或产品的用途时,这个品牌或产品的价值才能很好地表现出来。例如,当消费者需要快速、安全地将物品从此地送到彼地时,他们马上会想起什么品牌?美国联邦快递作为用途性品牌,创建了一个尽可能把那项任务做好的产品系统,并通过明确、强大的广告诉求,使品牌紧紧地与那项用途捆绑在了一起。

(8)病毒式诉求法

病毒式诉求法指通过网络用户的口碑宣传,利用用户自发的内容再创、转发或链接,让广告讯息像病毒一样传播和扩散出去。

目前,病毒式诉求法已经成为网络广告最为独特的手段之一,已经有越来越多的商家和网站在应用。病毒式传播是否成功的关键在于广告讯息是否具有吸引力。也就是说,要制作出特定类型的品牌讯息和产品讯息,使讯息易于激发消费者再创、转发和链接这些讯息的欲望。

3.培养品牌偏好

广告主普遍会设定品牌偏好目标,希望消费者喜欢或偏爱自己的品牌。广告主可以采用多种方法促使消费者喜欢自己的品牌。以下是一些通用的方法,它们之间的细微区别主要在于具体的实施环节。

(1)品牌形象法

品牌形象法(Brand Image)是大卫·奥格威在20世纪60年代中期提出的创意方法。他认为,品牌形象不是产品固有的,而是消费者对产品质量、价格、历史等的联想。因此,每一条广告都应该是对整个品牌的长期投资,每一个品牌、每一件产品都应该发展和投射一个形象。消费者购买的不止是产品,还有广告承诺的物质利益和心理利益。在广告诉求中表现出的与产品有关的事项,对购买决策的作用往往比产品实际拥有的物质属性更大。

采用品牌形象法时,请务必注意以下几个要点:

◎ 为塑造品牌提供服务是广告的重要任务,广告就是要力图使品牌具有并维持一个高知名度的形象;

◎ 任何一个广告都是对品牌的长期投资,广告应该尽力维护一个好的品牌形象;

◎ 随着同类产品的差异性减小,品牌之间的同质性增大,消费者选择品牌时所运用的理性降低,因此描绘品牌的形象要比强调产品的具体功能特性重要得多;

◎ 消费者购买时追求的是“物质利益+心理利益”,对某些消费群来说,广告尤其应该重视运用形象来满足其心理需求。

(2)性诉求法

性诉求对男女都有效。理由有很多,比如:性诉求可以使男性有“男子气概”,使女性有“女人味”,尤其是对中年男女,性诉求可以使之重温年轻有活力的感觉。

作为提高讯息传达效果的一种手段,性诉求固然十分有效,但如果过于强调性诉求,则会降低企业的形象,这一点必须注意。

卡文·克莱(Calvin Klein)以及其他许多广告主曾利用性形象成功地塑造了品牌形象,不过,这些形象针对的多是服装和香水类产品,这些产品本身很注重人的外观、感觉以及体味。由于人与人之间的差异,我们不能说性诉求广告绝对在哪类产品中行不通。采用性诉求的广告往往在回忆率测试中得分较高,但它们对品牌偏好到底有什么影响?性是否可以成功地推广产品?这就很难判定了。

(3)幽默广告法

幽默广告的目的和性诉求广告完全一样,幽默表现不但能提高受众的关注度,而且传递效果很好。正所谓有趣的广告寿命长,就是因为受众不易对"有趣"感到厌倦。

但是幽默与性的诉求又有所不同,幽默本身是另一种完全不同的情况。对于幽默诉求来说,受众之间的个体差异,如教育程度、性格、社会背景等,对受众是否接受某个幽默诉求有很大的影响,过度的幽默或抖机灵有时可能会限制接受对象,反而降低受众的关注度。因此,在将幽默用作信息策略时,要注意以下几点问题:

◎ 幽默信息有时会对理解产生负面影响;

◎ 幽默信息有时播出三遍后便有可能失效,没人再发笑,尤其是广告主;

◎ 幽默可以引起注意,但仍需要在提高广告的效果或劝服力上做文章。

(4)共鸣法

共鸣法主张在广告中述说目标对象珍视的、难以忘怀的生活经历、人生体验和感受,以唤起并激发其内心深处的怀旧情感,同时赋予品牌特定的内涵和象征意义,建立目标对象的移情联想,通过产品与其生活经历的共鸣达到沟通的目的并产生震撼效果。

这种方法最适合大众化的产品和服务,通常选择目标对象所推崇的生活方式加以模仿。其关键是构造一种能与目标对象所珍藏的经历相匹配的氛围和环境,使之能与目标对象真实的或想象中的经历相吻合。这种方法侧重的主题主要有爱情、童年回忆和亲情等。

例如,2016年,全球最大的日化用品公司宝洁为推广旗下洗洁剂品牌Fairy,发起了主题为"How Fair is Your Home"的广告战役。这次主题中的Fair取自"平等"的含义,主要针对家庭中男女分担家务比例不平衡的问题,呼吁人们树立起家庭平等、和谐共处的观念。当消费者选择这一品牌时,也意味着选择了平等的观念,这对家庭成员来说,是保持平等互爱的一种积极暗示。

4.以恐惧和焦虑诉求敦促消费者行动

恐惧和焦虑都是极其强烈的情感,这两种诉求的目的都是吓唬消费者,以促使他们采取某种行动。

(1)恐惧诉求

恐惧诉求突出表现消费者如果不使用广告中的品牌或不采纳广告提出的建议将可能遭受的危害或其他不利后果。广告主之所以相信恐惧可以作为信息策略,就是因为恐惧可以促使信息接收者购买产品,以求降低或消除广告所描绘的那种恐惧感。

在广告中采用恐惧表现的案例有很多,例如保险广告就常常以车祸为背景展开诉求。这种方法比否定性表现更能有效地提高接受者的注意,这种方法有时很奏效,但在运用时必须巧妙对待,慎重地处理画面。否则,恐吓不仅不会产生效果,反而可能引起消费者的反感,甚至可能产生副作用。

(2)焦虑诉求

为了克服焦虑,人们可能会看电视、抽烟、锻炼、吃东西或吃药,也可能购买漱口水、除臭剂、口香糖、更安全的轿车甚至养老保险。

广告主可以运用许多情景来说明消费者如何减轻焦虑感。社交产品、医疗产品和个人卫生用品便经常采用焦虑诉求。这类广告传递的讯息中一般都包含有这样的内容:“目前你正面临着一个显而易见的危险”,“避免这种危险的方法就是购买广告中的这个品牌”。

当海飞丝去屑洗发水最初用“你绝不会有第二次机会给人留下第一印象”这个主题展开广告诉求时,受众便认识到海飞丝可以使自己免除头屑引起的尴尬。由于宝洁长年依赖这种表现手段宣传自己的家用品牌和个人卫生产品品牌,以致在某些范围内,人们把焦虑策略称为“宝洁法”。

5.劝服消费者

劝服性广告试图引起受众的高度关注,通过讲解、演示、证言等多种方式,使消费者相信某个品牌的优越性。劝服性广告要求受众在认知上极大地投入并思考广告主在说什么。

(1)搜索引擎关键词

在跨媒体环境下,广告讯息影响消费者的方式不再仅仅局限于某一类媒体平台。当消费者从电视广告或互联网广告中接触到某些广告讯息后,如果想进一步了解情况,他们便可以上网搜索有关关键词,主动获取更多的信息,或直接键入关键词,在电子商务平台上实施购买行为。在这种情况下,广告的诉求与表达就应该准确地突出并强化关键词的地位。例如,2011年的赶集网电视广告中,赶集网、姚晨、毛驴这三个符号在诉求和表现中的纠结,导致许多消费者在关键词搜索时直接键入了“赶驴网”,结果链接进了其他网站。

(2)纯信息式广告

纯信息式广告表现产品或服务的真实情况。当然,这些真实情况不是随意表现出来的,而是经过精心选择、为劝服而提炼出来的。个性鲜明的品牌可以充分利用纯信息式广告,这类广告可以运用图像和表格,帮助受众识别产品的突出个性。比如,房地产开发商、汽车销售商就常常在报纸广告中提供有关产品款式、功能、特性的详尽信息。

(3)比较式广告

比较式广告通过比较竞争品牌与自己的特性,展示自己满足消费者的能力。比较式广告可以作为有效的沟通手段,以清晰、有趣的方式向消费者传递大量的信息。

根据各个国家广告法规的限制,比较式广告可以运用的比较手法有很多种:或直截了当,指名道姓地提及竞争品牌;或含蓄地进行比较,只提“领导品牌”或“某品牌”。我国广告法不允许使用直接比较。

对于比较式诉求,不同的市场和产品状况适用的程度有所不同:市场份额小的品牌与市场份额大的品牌进行直接比较,则前者可以引起更多受众的注意,并会提高受众的购买意图;市场份额大的品牌与市场份额小的品牌进行直接比较,则前者不会引起更多受众的注意,反倒会提高后者的知名度。如果目标受众在产品选择上还没表现出明确的品牌偏好,则直接比较的效果更好;如果采用电视媒体进行比较,则直接比较的效果更好。

通常说来,如果广告的意图是为了影响消费者对品牌的态度,那么比较式广告的效果不一定能胜过非比较广告。值得注意的是,一旦发生下列情况之一,最好不要采用比较式广告:

◎ 品牌的基本诉求是感性而非理性的;

◎ 品牌属于新产品;

◎ 某类产品的不同品牌之间没有明显的差异;

◎ 竞争对手具有有力的还击条件,可以报复最初提出挑战的品牌;

◎ 品牌具有明显的特征,足以使自己无需比较也有别于同类竞争品牌。

(4)证言式广告

广告主较为常用的一种信息策略是让代言人推荐广告中的品牌,而不是单纯地提供信息。当代言人以倡导者的姿态出现在广告中时,这种广告就被称为证言式广告。证言式广告的价值在于代言人对品牌个性和利益的权威性代表,名人证言可以提高广告的吸引力,使受众产生效仿倾慕对象的欲望。不过,采用名人也时刻要冒名人失宠甚至成为污点名人的风险,如果发生这种情况,这位名人曾经推荐过的品牌的声誉就可能受到伤害。

人们通常认为,专家代言人更具有专业的产品知识。因此,广告可以请医生、律师、科学家等专家代言,以提高信息的可信度。

普通用户也可以代言,以拉近目标消费者与代言人之间的距离,从而促使消费者做出这样的逻辑推理:“那人也是和我差不多的消费者,他推荐这个品牌,我应该能用,也买得起。”当然,在实际运作中,这种战略实施起来并不那么容易,消费者非常精明,马上就会发现广告主的劝服企图。

(5)演示式广告

电动剃须刀可以离面颊多近?健身器材用起来有多方便?清洁剂可以将污渍清洗得多干净?所有这些产品特点都可以通过演示式广告加以展示。“眼见为实”是这类广告的座右铭。操作得当,这种广告的效果会非常好。

(6)评论式广告

评论式广告是一种比较特殊的广告,它在形式上与其广告讯息身处的印刷物非常相似,具有杂志或报纸评论内容的外貌,但实际却是为某家企业、产品或服务专门设计的内容复杂的长广告。由于这种广告的长度和外观都貌似评论文章,因而有可能提高广告的可信度。但在使用这种广告方式时一定要注意广告内容与其所投放的媒介的匹配度。

但这种做法也引发了一些争议。一些批评家认为,正是由于评论式广告长着一副评论文章的样子,因此大多数读者根本没有意识到自己正在看的文字是一条广告。

(7)信息式广告

如果采用信息式广告,广告主需购买 5 - 60 分钟的电视时间播出貌似纪录片、公告或娱乐的节目。从本质上讲,信息式广告不过是评论式广告的电视版而已。房地产投资节目、减肥健美产品节目、养生保健节目以及厨艺节目占了信息式广告的大部分比例。

信息式广告节目通常设有一位主持人,由他来提供产品信息。主持人通常还会邀请一两位嘉宾来证实产品的使用功效。电视购物节目便属于信息式广告的范畴。

(8)推理式广告

在推理式广告中,广告主要劝服潜在消费者,向他们说明为什么某个品牌会令人满意,使用本产品会有什么好处。推理式广告采用理性诉求对此加以说明。广告的开头一般会提出一些许诺,比如“购买某品牌的七大理由”,然后逐一列举这七大理由,最后或明白无误或含蓄地加以总结。

这种方法最大的难点在于如何确保推理言之有理,确保消费者听得进去。因此,在采用这种诉求前,应该进行消费者调查。

(9)硬销售式广告

硬销售式广告就是采用高压和催逼的方式,劝服消费者实施购买行为。这种方法所采用的较有代表性的诉求有:“现在就行动”“限时发售”“最后机会”“秒杀”以及“唯一的一次减价”等。

这种广告的目的是要制造出一种紧迫感,促使消费者在冲动之下采取行动。当然,许多消费者也学会了分析和质疑这些信息,因此这种广告方式有时反而会弄巧成拙,降低讯息的效果和劝服力。

6. 引起直接反应

即时反应广告包括“现在就打电话式”和“现在点击式”广告。即时反应诉求敦促受众立即采取行动,这种广告形式结合了硬式销售和冲动性购买的特点,以价格诉求和居家购物的方便性共同组成即时反应的刺激基础,地方性零售商、全国性直销商和电视购物最爱使用这种信息诉求方法。这种广告的主要特点是鼓励受众立即做出反应,马上拨打免费电话。

即时反应式广告流行的原因主要有以下三个:

第一,许多即时反应广告都以价格性诉求为主,在当今这个时代,消费者对价值和价格都非常敏感,即时反应式广告为广告主公布折扣信息提供了理想的机会,使他们得以通过赠券或电视购物广告实现这个目的。

第二,广告主要求广告公司拿出更多的证据,证明他们所花的广告费的确产生了作用,广告公司则发现直接反应广告最能直观地证明广告的作用,于是,他们把这种技巧当作了一种证明自己工作的手段。

第三,许多企业已经建立了庞大的数据库,通过大数据,他们可以专门瞄准具体的顾客群体。企业可以根据受众的地理范围、人口特征或产品以往的使用方式甚至其他爱好来建立自己的数据库,然后分别针对不同的受众,向每个目标受众传递不同的特定讯息,并等待这些用户的直接反馈。

新媒体环境下,广告客户更关注广告带来的即时反应,而且新兴媒体也为广告的即时反应带来了更为丰富的新的表现方法,如“秒杀购买”“注册有奖”等诉求。

7. 改变消费体验

向别人原原本本地解释为什么某种体验很特别、为什么那种体验感觉很好并非易事,这是因为那种感觉在某种程度上要归因于人们对事物的期望和对过去经验的美好回忆,或两者兼而有之。因此,广告主会尽力在广告中给消费者制造那种期望和熟悉感,以便消费者将它们与自己对这条广告的美好回忆联系到一起,通过改变消费的体验来达到广告目的。

(1)改变式广告

改变消费体验的常用方法是改变式广告。改变式广告的设想是:这种广告可以改善消费者的消费体验。例如,经过麦当劳多年的广告攻势,消费者在麦当劳吃东西的体验实际上已经通过他们对麦当劳的认识和感觉而发生了改变。改变式广告讯息就是试图制造一种感觉、一种形象或一种气氛,并使它们在消费者享用产品或服务时产生作用。

效果好的改变式广告将广告体验与品牌结合得非常紧,消费者在想到品牌时就会情不自禁地想到广告。

(2)虚拟体验

伯德·施密特博士(Bernd H. Schmitt)在《体验式营销》一书中指出,体验式营销(Experiential Marketing)就是站在消费者的感官、情感、思考、行动、关联五个方面,重新定义、设计营销的一种思考方式。

虚拟体验就是试图在虚拟技术的帮助下,实现人与各种现实场景或物品的互动,进而促使消费者在这个过程中产生良好的心理感受,让消费者自主地认识和感受广告主的产品和服务的功能性价值和附加价值。

在互联网平台上提供的多种信息可以增加消费者的体验经验,例如,可通过展示产品试用者的心得,或以试用的角度提供信息,或提供空间展示的体验平台。

8.赋予品牌社会意义

如果能将品牌置于恰当的社会背景中,品牌一般就会自然而然地带上其所处环境的某些特征。为此,广告可以为品牌营造一种理想的社会背景,将产品安排在一个特意为品牌设计且完全与之相配的社会背景中,从而赋予品牌一定的社会意义,以期让消费者按照这个思路记住品牌,并使记忆符合这种人为的社会现实。

(1)社会事件式广告

由于社会事件广告所借助的事件或主题具有一定的特殊性,因此它在受到高度关注的同时也具有很强的敏感性,广告的诉求表现可以根据该特点进行相关创新,从而达到既节约成本又取得更好社会效应的目的,如针对全球性新闻话题,或社会热点事件提出诉求。

社会事件式广告可以使公众的关注度急剧上升,使信息的转发率大大提高,并在公众的脑海中不断追加记忆效果,从而提升品牌的知名度。社会事件式广告或因商业气息稍微淡薄,或因恰好击中了消费者关注的社会问题,因而更易攻破社会公众的心理防线,更有利于让受众接受企业的讯息。如果能在讯息中体现出强烈的社会责任感和良好的社会形象,则能使公众对企业和品牌产生信赖感和好感。

(2)生活片段式广告

生活片段式广告一般是将一位理想的品牌使用者置于典型的生活场景中,描绘他(她)如何使用某个产品或如何从某个品牌中受益。这类广告往往比较直观地描绘某个生活场景,而围绕着品牌的生活场景则起到烘托品牌的作用。但有时,这类广告也通过文字来描述背景。当然,讯息接收者也有可能排斥或曲解其文字的意义。

(3)轻度幻想式广告

轻度幻想式广告让受众幻想自己是富人、名人或事业有成的人,例如,普通人穿上某种特殊的运动鞋后就感觉自己好像成了 NBA 全明星队的队员。

(4)内容化的广告

内容化的广告是指品牌或产品讯息透过已有或自创的人物形象、故事情节、故事架构等,向受众提供有吸引力的故事内容,以此建立起有效的沟通。例如,"李雷和韩梅梅"作为出现在 20 世纪 90 年代初中英语教科书里的两个主要人物,成为漫画"番外篇故事"的主角,为麦当劳上演了一段展示海外点餐小知识的英文"教科书对白",漫画故事同时还教大家如何用地道的英文表达麦当劳的常见产品。

(5)展示与体验式的广告

展示与体验式广告指通过建立与品牌、产品相关的博物馆、展览馆、商业体验场所、实景娱乐场所等,将广告讯息与人们的日常社会文化生活体验紧密地关联在一起。例如,2016 年首家宜家公共博物馆面向大众开放,宜家博物馆坐落于宜家的发源地瑞典阿姆霍特,在这里,游客可以完整地观赏不同时代的房间布置,如同穿梭在时光走廊里,也如同置身于宜家《家居指南》的封面里一样。

第三节　广告创意与制作

广告创意与制作的作用不言而喻,广告创意与制作就是用最巧妙、最有新意和最有说服力的语言和情绪将一个产品概念传递到消费者脑海中,从而建立该产品或品牌的知名度,进而促使消费者形成品牌偏好和品牌忠诚并付诸购买行为。

广告创意的关键

树立正确的广告创意观,是进行广告创意前的必要准备。广告创意不是市场策略的文字化或图像化,更不是制作技术。制作技术容易模仿,创意却不可模仿。

我们不能简单地将"创意"理解为"创"造"意"外、捕捉"不可思议"和寻找"与众不同",那只是一种表象,而没有深入到探寻"独创一格"的创意内涵中。"寻求不同"和"创造差异"只是创意的开端,只是找到了创意的门径,而寻求最适于广告讯息策略、最能有效传达独特诉求的独特的广告语言、独特的广告表现手法以及独特的媒体传播方式,才是广告创意要解决的关键性问题,是广告创意思维活动的核心。

广告创意的价值是通过为广告战略提供服务来实现的,广告创意魅力的最主要特征集中表现在创造力和促销力这两个方面。正是这两种力量,使广告创意在广告活动中具有了举足轻重的作用。

1.创造力

所谓"创造力",其关键就是如何利用可信的、有品位的方式,打破旧元素并重新加以组合。可见,广告创意的创造力主要体现在创新的广告表现方法上。

(1)超常规

2016年,网易宣布任命一只名为"王三三"的羊驼为网易新闻的野生内容官,并在当天晚上直播了它的就职演说。在红彤彤的场馆里,这只站直了的羊驼对着一群戴动物头套的观众讲述自己的身世、对新闻圈的看法以及上任后的雄心壮志,场面看起来相当滑稽。"羊驼"内容官的出现貌似非常有悖于与常识、常理和常规,但是当人们结合网易新闻"圈养不如野生"的平台新闻观时,就会理解该内容官存在的合理性了。

这种创意的好处在于,当悖理的语言进入人们的心里时,一开始会与人们心中已有的常识和习惯看法发生冲突,这种冲突会产生一种心理张力和悬念,引起人们探究和思考的兴趣。人们经过思考后,发现了悖理后隐藏的意蕴,便会为广告的绝妙意味和高超手法而叹服,进而对广告留下深刻的印象。

(2)反趋势

多数广告一般顺势而为,如果广告创意反其道而行之、逆向运动,就会给人以新奇和与众不同之感。因此,当广告纷纷追逐名人效应时,选用一个普通人作为广告代言人也许会更引人注意。例如,当人们都在为歌星演出付费时,某些企业却给希望工程捐款,结果企业的威望和影响大大提高了。

(3)极端化

奇异、怪诞、超乎常规是实现新颖、与众不同的创意的常见思路和方法。比如,西冷电器的一条表现冷气机之"冷"的广告:画面上,帝企鹅围着围巾,标题为"西冷真够劲,谁都忍不住打喷嚏",生动有趣地表现了其冷气机优异的制冷效果。创意人员将事情极端化,让生活在冰天雪地里最耐寒的帝企鹅都感到了寒冷,以不怕冷之最极端的形象来表现"冷"的广告主题,收到了良好的广告创意效果。

2.促销力

广告是一种应用传播艺术,无论是公益广告还是商业广告,都具有很强的目标导向性和功利性。因此,促销力的强弱不但是判断广告优劣的标准,也是广告创意魅力的重要特征之一。

(1)刺激性

一般的广告都宣传产品如何好、如何可靠、如何美,此时,广告如果利用人们的逆反心理,宣称产品如何丑,那么,新颖的表现与人们的逆反心理相结合,也许会产生更为强烈的刺激和说服效果。如在美国就有一家取名为“最糟菜”的餐馆,餐馆外面竖着大大的广告牌:“食物奇差,服务更糟。”墙上贴出的即日菜谱上介绍“隔夜菜”。但奇怪的是,这家餐馆开业后却经常门庭若市,很多人慕名而至,想到餐馆亲眼看看是不是“最糟”。餐馆如此取名,就是想利用人们的逆反心理,形贬实褒,出奇制胜。

(2)贴切性

百事可乐在对抗可口可乐的战役中,极具洞察力地抓住了年轻一代的心声,对可口可乐实施了攻击。此后的明星战略,不论是迈克尔·杰克逊、瑞奇·马汀,还是中国的古天乐,都极具青春动感,与产品的定位十分贴近。

(3)简明性

在快节奏和信息海量化的今天,人们不愿花费过多的心思和时间去琢磨广告讯息,因此,简洁明了地表达讯息、不拐弯抹角自然也能收到较好的传播效果。例如下面两个标题:“电视台提供新的工作”和“电视课程每周 11 元 6 角”。前者引起的反响比后者多了 6 倍,也就是说,在同一广告空间,广告投入带来了 6 倍的价值回报。仅仅一个标题的变换就产生了如此大的差异。

(4)熟悉感

已知事物比未知事物更能激发人的信心,因此,当消费者面对两种商品但又不知道这两种商品的特性时,他一定会选择较为熟悉的品牌。所以,即使一条广告除了提到商品名称以外别无长处,也会因为创造了该商品的知名度而有助于其销售。

“蒙牛早餐奶”的视频广告总是不厌其烦地展示早上起床的场景:清晨饱含朝气的年轻人、孩子、母亲等形象,健康的食物等画面,广告透过较长一段时期相似度较高、令人熟悉的画面,建立起消费者日常“熟悉”的感受,这种“熟悉感”可用来增强品牌的促销力。

广告的创意思维

广告创意思维方法一直是广告理论工作者关注的研究课题,常见的广告创意思维类型有:形象与抽象、发散与聚合、顺向与逆向、垂直与水平以及灵感、顿悟、直觉等思维。

1.形象思维与抽象思维

形象思维又称“直觉思维”,它借助具体形象进行思考,是一种生动、实感的思维活动;抽象思维即逻辑思维,它借助概念、判断、推理等抽象形式来反映现象,是一种概括、论证的思维活动。

广告创意过程中常运用抽象化手法来表现具体的事物、情感和意念等。由于抽象、意象的语言具有一定的模糊性和弹性,因而可以使广告讯息经过接收者的二次创作后,在其心中形成更丰富、更生动、更具美感的意象。

形象思维以直觉为基础,通过某一具体事物引发想象而产生创意。例如,为了凸显舒洁 VIVA 厨房纸巾的产品特性,舒洁将“婆媳宫斗”作为创意的内容依托,借皇后与太后间你来我往、见招拆招的故事情节,非常形象地将舒洁纸巾“吸油、柔韧”等产品优势一并烘托而出。

2.发散思维与聚合思维

发散性思维指由一点向四面八方想象、散发开去的思维方式。运用这种思维方法,广告创意人员便可以充分调动积淀在自己大脑中的知识、信息和观念,充分运用丰富的想象,重新排列组合,产生更多的新意念和方案。

聚合性思维则以某个问题为中心,运用多种方法、知识或手段,从不同的方向和不同的角度,将思维指向这个中心点。

发散思维与聚合思维之间具有明显的区别。从作用上讲,发散思维有利于开阔思路,有利于空间的拓展和时间的延伸,但容易流于散漫无边、偏离目标;聚合思维则有利于思维的深刻性、集中性、系统性和全面性,但容易让人因循守旧、缺乏变化。

在开发创意阶段,发散思维占主导;在选择创意阶段,聚合思维占主导。好的广告创意就是在这种发散—聚合—再发散—再聚合的循环往复、层层深入中脱颖而出的。

3.顺向思维和逆向思维

顺向思维是常规的、传统的思维方法;逆向思维则是反常规、反传统的思考方法。广告创意如果采用顺向思维,则是一条驾轻就熟的路,但它容易使创意思维陷入固定的模式和方向。当大家都顺向寻觅时,逆向探索往往更能找到出奇制胜的创意新路。

4.垂直思维与水平思维

垂直思维指人们根据事物本身的发展过程进行深入分析和研究,即向上或向下进行垂直思考。在广告创意过程中,创意人员可以依据自己的经验对有关的商品知识进行思考,但这种思考方法产生的创意改良成分较多。

比如七喜汽水曾在 1968 年以“非可乐”的定位成功突围,10 年后当其遭遇销量下跌的局面时,它很快在1982年底重新将自己定位为“不含咖啡因”的可乐。20世纪90年代初,七喜又一次策划、确定了新的定位,标榜自己“与众不同、口味独特”,塑造了幽默、创新、重视自我的品牌性格。

水平思维指摆脱对某种事物的固有思维模式,从与其相关联的其他事物中分析比较,另辟蹊径,寻找突破口。因此广告创意人员要善于捕捉偶然发生的构想,沿着偶发构想去思考,最终形成出人意料的创意。习惯上,人们往往在原有知识和经验范围的基础上思索新的创意,一旦形成了一两个创意雏形,虽然觉得还不够理想,但却往往因为固有的经验而止步不前,结果束缚了自己的思路,进而勉强采用这个并不甚理想的创意。遇到这种情况,创意人员不妨跳出原有的观察和思考框框,运用水平思考法去寻找新的突破点。

5.灵感思维与直觉思维

灵感思维具有一般思维活动所不具备的特性,如突发性、创造性、瞬时性、跳跃性、兴奋性等。灵感的出现并不神秘,它表现出的形式虽然是偶然的,但实际却是必然的,是潜意识转化为显意识的一种特殊表现形态。

广告创意灵感是创作欲望、创作经验、创作技巧和诱发情景的综合产物。由于灵感捉摸不定、瞬息万变,因而容易让人产生神秘感,将它视为天赐神授之物。

创意直觉是素质高、经验多的人所具备的一种能力,他们在理解、判断、鉴赏和洞察方面都具有非凡的能力,能进行高密度、高速度的信息处理。比如一个原创点子交到影视广告导演那里,他马上就可以拿出具体的分镜头脚本;而创作总监则可以监督广告创意的具体执行而不致使其有遗漏或变形。

广告的制作与表现过程

广告的制作过程是将广告创意以符合特定媒体语言的方式进行再创造,并完成有关讯息的编排与传达,以期收到预定的传播效果的创意执行过程。在这一过程中,如何把握创意的表现,使之符合广告运作主要环节的策略要求就显得至关重要。

1.广告表现风格、情调、意境的控制

在广告创意完成后,广告进入制作阶段:具体的文案、艺术设计、脚本构思直至最后的制作完成等各个工作环节将一一到来。在此过程中,广告创意人员必须在创意总监和艺术总监的指导下,按照表现策略的意图,控制广告的风格、调性和意境。

(1)印刷广告的制作与表现

印刷媒体主要包括报纸、杂志、宣传手册、传单、直邮广告、招贴、路牌、看板等。在广告创意已经确定的情况下,广告创意人员必须在广告文案、设计、结构布局、字体、图

片、颜色等方面进行构思,以使广告在制作上达到最佳效果。表 7 - 1 为广告文案制作与设计要求:

表 7 - 1　广告文案制作、设计要求

项　目	要　点
标题	与整个广告创意相符,反映广告创意的本质。标题有命令式、晓理式、提问式、新闻式、告知式等几种。
副标题	有些广告除了标题外,还有一个或几个副标题。副标题的字号应略小于标题,发挥强化卖点、广告口号或广告主题的作用。
插图	与标题互相配合、互相补充,尽量避免重复。
标语	能勾连各广告,发挥广告形象和定位的指向性作用,使受众对产品形成一致的联想。
专用标识	使广告达到持续效果,并能够瞬间被识别(清晰的标识在一定程度上能够完成标题和插图的作用)。
正文	遵循广告创意和标题的意图; 明确产品的哪一优势最能唤起消费者的购买欲望; 集中陈述产品或服务的优势,并将之按照重要程度进行排列; 保持与熟人的对话语气,注意表达的节奏; 仔细选用过渡词汇、引语,注意正文表达的情绪与强度等。
结尾和反馈	结尾标明反馈电话,并强调你希望受众/消费者采取的行动。
语言	广告文案要精雕细琢,遵守语法规则,表达合理规范,巧用语言技巧,引人注目。
艺术设计因素	顾及平衡感,考虑是否采用上下、左右等对称、平衡的原则; 按比例分割广告平面的空间,包括长宽比例、大小比例、彩色与非彩色比例、深浅颜色比例等; 有明显的视觉方向感,以引导读者的注意力方向; 有整体感,整合广告作品中的各个元素,如字体、空间比例、颜色等; 有一个起统领作用的广告元素,以便将重点信息突出出来。
结构布局	将广告中的各个部分:标题、副标题、插图、正文、说明文字、标语、各种标识等有机地编排在一起,分配它们的比例、大小以及篇幅。
字体	在选择字号、字体、字系等时注意字体的易读性。
插图	注意插图的风格、明暗颜色的协调性以及制作难度。
颜色	(除了少数报纸会对广告的颜色有约束外,其他平面媒体都可以使用丰富的颜色。)注意颜色表现的格调、协调性、连续性,注意色彩突出等原则,使颜色发挥其最大的作用。

(2)广播广告的制作与表现

广播媒体是非常典型的以吸引"被动"受众为特点的广告媒体,这些"被动"受众通常在收听广播的同时还在忙着其他事情,只是将广告媒体的讯息当作背景声音来听,收听过程随意、自由。另外,广播媒体诉诸声音,其传播转瞬即逝,主要以时间为展示信息的空间。

在广播广告的制作过程中,要注意发挥听众的想象力,通过声音使信息在听众的脑海中生动、准确地展现出来,从而使他们产生身临其境的感觉。在广播广告的制作过程中,人声、音乐和音响是重要的三个元素(见表7-2)。

表7-2 广播广告的制作与表现

项目	要点
人声	少使用倒装句和缩略语,要口语化,可增加地方色彩,注意用词不要混淆,要简洁明快,注意节奏和韵律,适当重复重要信息,可运用多种修辞手法。
音乐	区别使用背景音乐和广告歌曲。
音响	有特色,模拟真实准确,与语言和音乐紧密配合。

(3)电视广告的制作与表现

电视广告的表达效果最强烈。电视媒体能够做到视听合一,受众的感受最为真切,信息展现的线索可以主要通过时间结构来完成,但空间结构也能起到一定的作用(见表7-3)。电视媒体可以瞬间传达信息,而受众在被动接收的同时,由于电视的影响力很强,因而广告能获得更多的关注。

表7-3 电视广告的制作与表现

项目	要点
视觉	视觉元素突出,必须能够引起受众的注意。众多视觉元素必须相互配合,背景摄制、亮度、颜色、画面动感、辨识标识等要素都应该发挥作用。
听觉	语音大多展示广告重要的信息内容,除此之外,声音部分主要起烘托、配合视觉效果的作用,要营造协调、有利的气氛和情调。
信息量	确保电视广告只传递一个清晰的焦点,不要有太多的兴奋点,信息最好单一,与图像和声音相配合。

(4)网络广告的制作与表现

网络广告的制作与表现与大众媒体广告的思维模式完全不同,大众媒体广告通过与受众在某种条件下(时空点)的重合来实现广告讯息的接触与传播,而网络广告则因其媒体的使用特性,必须通过用户的主动行为(搜索和链接)来确保其效果。虽然网络广告中也有播放式或展示式广告,很像大众媒体广告的传播形式,但是其主要任务却与大众媒体广告完全不同,它要在受众接触讯息后,通过触发用户的好奇心与兴趣,激发其链接行为,在受众的一系列链接行为后才能完成广告预设的任务(见表7-4)。

表7-4 网络广告的制作与表现

项 目	要 点
内容设置	针对用户的决策情形,细分其知识点,开发知识体系; 针对跨媒体信息使用行为,设置信息接触点与接触路径; 针对用户的内容喜好,研发内容的体验设计方案; 针对兴趣相同者,提供相互关注和沟通的平台; 对偏离方向的内容,特别是用户主导制作发布的负面内容进行内容再创; 在制作信息内容的同时考虑跨平台内容的制作。
创意元素	动态影像、文字、声音、图像、表格、动画、三维空间、虚拟现实等,可以根据广告创意的需要尽情组合创造,最大限度地调动各种艺术表现手段和制作。适用于大众媒体的创意手段,如代言人、夸张、幽默等原则也同样适用网络媒体。
创意目标	激发点击链接; 引导链接; 提高注册用户转化为买主的比率; 提高转发量; 提供内容再创节点; 增强用户黏性; 创造良好的病毒传播机制。
引导链接	引导链接的关键是让用户发现问题、萌发兴趣或感受到切实的价值回报,强化吸引力,突出链接点是关键。
体验统一	由于广告内容的形式和角度多种多样,因此信息之间必须有共同的辨认特点,同一产品内的体验要统一,不同产品之间要建立起相互间的关联性,确保同一品牌下不同类型产品之间的统一形象。
创意要求	广告与网站(官网)的设计风格要尽量一致,产品、创意和表现要与网站内容相匹配,与媒体内容当时的主体相关; 位置醒目,或能帮助用户识别、理解和快速定位广告区域; 表达具体、直白,善用文字广告; 富有创意和视觉冲击力; 有良好的互动性; 有可供用户操作的选项,可预知操作结果; 避免推销的形象; 切忌同时使用过多的广告类型; 提供有用的信息,帮助用户完成生活中的任务或解决其问题; 引导阅读,合理使用文字、图片、声音、色彩、动画等元素。

2. 广告制作流程

因为媒体不同,广告的制作流程和制作方法也不同。除此之外,创意表现的难度也与制作过程的复杂程度有着直接的关系。印刷广告的制作流程如图 7 - 4 所示。

图 7 - 4　印刷广告(报纸、杂志、广告传单)的制作流程

广播广告的制作,就是将创意好的广播广告制作成能够播出的音频。广播广告制作和表现水平的高低,关系着广告运作的成败,其制作流程如图 7 - 5 所示:

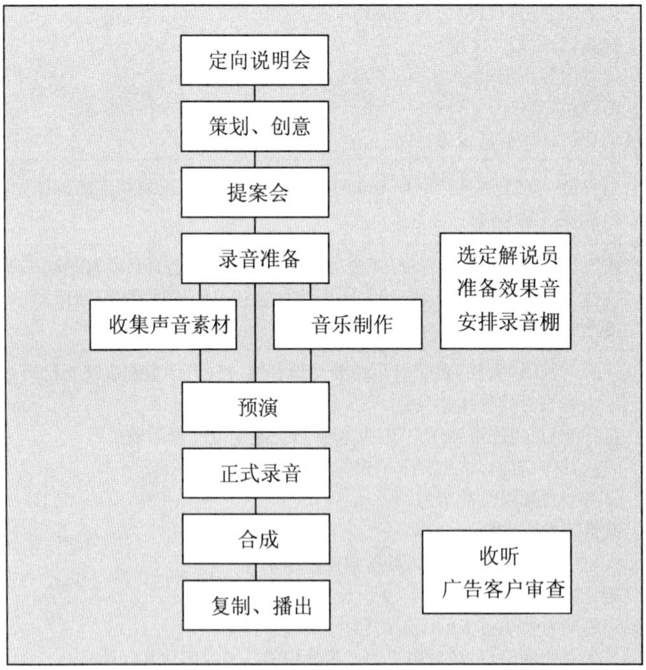

图 7 - 5　广播广告的制作流程

电视广告的制作比较复杂，要求制作人员具有高度的专业性，其前期准备对是否能有效地完成工作具有相当重要的作用。电视广告的制作流程如图7-6所示。

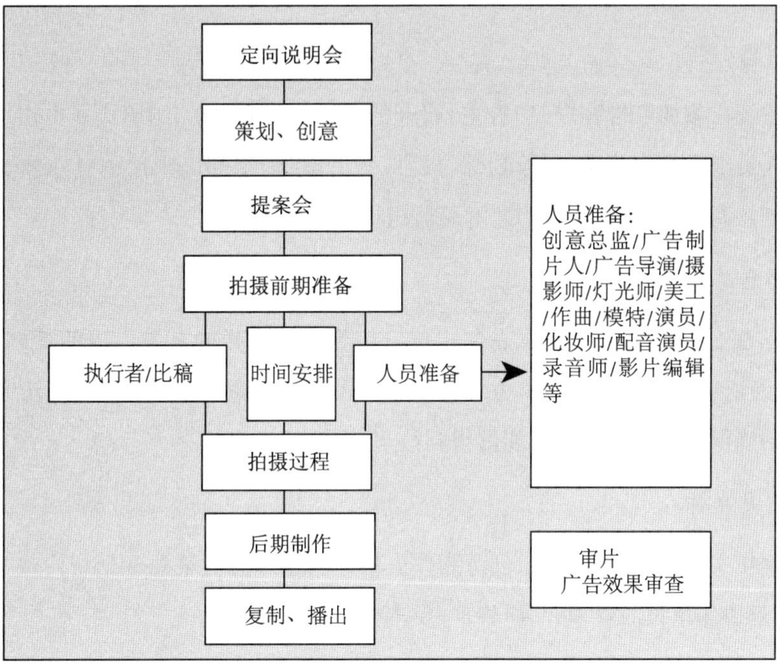

图7-6 电视广告的制作流程

网络广告的制作不仅需要一般广告设计专家的参与，而且还需要网络技术专家的参与。网络广告制作非常重视与广告主的沟通和团队间的沟通，重视对受众体验和需求的研究，其制作流程如图7-7所示。

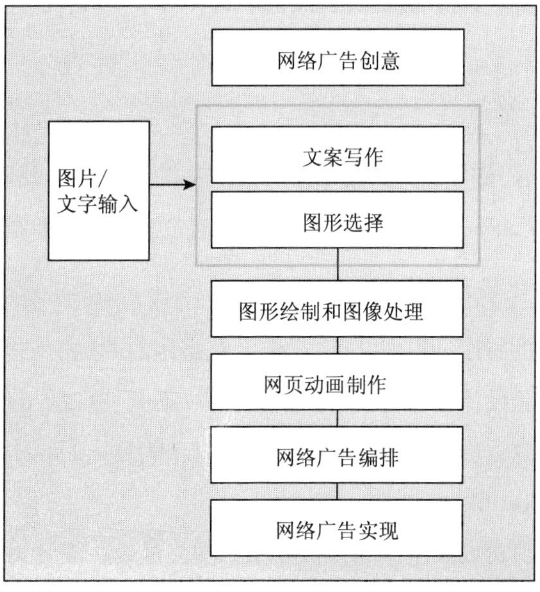

图7-7 网络广告的制作流程

3.广告制作的控制团队

广告的创意、制作队伍有时非常庞大,其中主要的分工有以下几种:

(1)创意小组

客户主管在参加广告客户(广告主)召开的定向说明会之后,组织成立由市场营销、创意等部门人员组成的作业小组,策划综合性广告方案;创意部门则以创意总监为核心,组成由广告创意制作人、广告文案和艺术总监组成的创意小组。

(2)创意总监

作为创意工作的负责人,创意总监担负着广告客户委托的有关广告的策划和创意总监工作,负责所主管的广告从战略方针制定到广告表现实施的整个创意作业流程,在广告制作过程中确保广告主题和意图能够得到恰当、有效的表现。

(3)创意制作人

作为制作实施方面的负责人,创意制作人根据创意总监的策划和创意构想,负责作业的实施、外部协作单位的管理、品质管理、成本管理等工作。

(4)艺术总监

艺术总监主要负责广告表现的视觉形象策划及制作,其任务是在广告中将信息用图像或其他可视的方式展示出来。

(5)广告文案

广告文案主要负责广告的表现用语、文案策划及制作等,其任务是将信息转化为广告标题和正文中的文字。

(6)广告导演

根据创意的要求,广告导演负责将创意转换成更为具体的影视语言。导演可以选择摄制人员、演员及场景,编写最终的分镜头脚本,负责广告片的后期制作等。

(7)(网络)用户体验设计部

在网络广告讯息的制作过程中,以往适合大众媒体的单纯的创意和设计工作被发展为以用户为中心的体验设计过程,这一过程容纳了一系列特殊的工作流程和原则。执行此业务流程的部门可以被称为“用户体验设计部”(UED,User Experience Design)或“用户中心设计部”(UCD,User Centered Design)。

用户体验设计部负责设计用户和人机界面的交互活动。设计以用户为中心,对特定的产品、界面和环境进行资源开发、组织、计划和控制,了解用户的需求和感受,围绕用户去完成设计。

在设计网络广告讯息的过程中，用户体验的概念要贯穿始终，以保证对用户体验有正确的预估，从而认识用户的真实期望和目的，在还能以低成本修改功能核心的时候调整设计，以保证功能核心与人机界面之间的协调工作，减少漏洞。

总之，广告表现的原则要在广告策划书的“表现概念”部分完整清晰地加以说明，在工作团队中，创意总监对表现的执行过程进行控制，以保证制作、表现过程不致偏离表现概念的初衷。具体的制作工作，如平面设计制作、导演、摄像、网页设计制作等，都会根据创意总监或创意制作人的意图去完成。

(8)社交类内容平台的运营团队

社交类内容平台对于企业及其品牌的对外传播来说是一个重要的窗口，它要求企业对内容进行日常制作运营，与粉丝保持密切互动，对内部信息、外部热点做出迅速且具有创意的反应。因此，社交类内容平台的内容制作及日常运营更适于由企业（广告主）的内部团队来承担。

社交类内容平台的种类较多，平台的特征也各自不同。目前，微信公众号、微博、头条等平台是最受关注的类型。由于日常的图文及视频内容的生产及粉丝运营具有一定的难度，因而运营社交平台往往需要运营者付出巨大的努力。但是，因为这一对外传播窗口极为重要，很多企业或品牌还是会建立团队，选择几种社交类内容平台展开日常的内容运营活动。

练　习

一、请解释以下概念

表现策略　一般诉求对象　重点诉求对象　销售重点　理性诉求　感性诉求

情理结合型诉求　创意总监　形象思维　抽象思维　发散性思维　聚合性思维

垂直思维　水平思维　灵感思维　独特销售建议　实施重心法　固有刺激

R. O. I 原则　定法位　组合法　品牌形象法

二、请简答以下问题

1. 广告表现策略的基础是什么？

2. 产品类型如何影响诉求目标？

3. 产品生命周期如何影响诉求目标？

4. 新产品在社会中是如何推广与沟通的？

5. 如何确立表现概念?

6. 提高品牌回忆率有哪些主要诉求方法?

7. 劝服消费者的广告形式有哪些? 试举例。

8. 如何理解广告创意?

9. 广告创意的魅力主要体现在哪些地方?

10. 广告创意的思维类型主要有哪些?

11. 广播广告的制作与表现特点是什么?

12. 电视广告的制作与表现特点是什么?

13. 网络广告的制作与表现特点是什么?

三、实践活动

请分别举出五个广告诉求(创意表达的)的案例,并说明它们主要采用的是什么诉求手法? 是否成功?

补充阅读

1. 葉明桂. 品牌的技術和藝術:向廣告鬼才葉明桂學洞察力與故事力[港台原版][M]. 台湾:时报出版社,2017.

2. 黎万强. 参与感:小米口碑营销内部手册[M]. 北京:中信出版社,2014.

3. 齐尼. 迪士尼体验:米奇王国的魔法服务之道[M]. 黄昌勇,等译. 北京:北京大学出版社,2016.

4. 南顿等. 故事营销有多重要[M]. 闾佳,译. 北京:中国人民大学出版社,2016.

5. 狄勒. 首席内容官:解密英特尔全球内容营销[M]. 孙庆磊,译. 北京:中国人民大学出版社,2016.

6. 休格曼. 文案训练手册[M]. 杨紫苏,等译. 北京:中信出版社,2015.

7. 格拉德威尔. 引爆点:如何引发流行[M]. 钱清,等译. 北京:中信出版社,2014.

8. 史密斯等. 体验式营销[M]. 黄巍,译. 北京:人民邮电出版社,2017.

9. 斯塔尔博格等. 购物者营销:如何把进店购物者变成实际购买者[M]. 派力,译. 北京:中国商业出版社,2012.

10. 界面(营销):http://www. jiemian. com/lists/49. html

11. 广告门:http://creative. adquan. com/

第八章
媒体渠道与媒介策略

本章学习目标

☑ 了解设定媒介信息传播模式的基本知识点，了解大众媒介环境的变化和作用。
☑ 了解营销目标与媒介计划设定之间的衔接关系。
☑ 掌握媒介策略的主要理论并尝试运用这些方法。
☑ 掌握媒体选择的主要原则。
☑ 了解媒介购买的方式方法。

第一节　媒介策略的构成

媒介计划的真正威力来源于媒介策略，具体表现为：如何决定媒介载体的到达率和频次？如何决定媒介发布的连续性？如何确定广告媒体组合？如何判断受众需要哪种传播力度？好的媒介策略决策可以使发布在选定媒体上的广告讯息产生最大的冲击力。

媒介计划的制订

媒介是营销的一环，媒介计划的终极目标是协助广告主实现其营销目的，因此媒介计划应依照营销计划去思考和设计。没有营销计划，媒介计划将失去依据而偏离方向；而模糊的营销计划，则将导致产生模糊的媒介计划。

由于各品牌所处的营销及媒介环境不同，品牌面临的处境各异，广告要解决的问题也不一样，因此媒介计划必须要有针对性，要“量身定制”。因此，没有一成不变、放之四海而皆准的媒介计划。

媒介目标策略的制定是广告运作过程中体现媒介策略与广告策略衔接的关键环节,广告策略不同,必然导致媒介目标策略的不同。

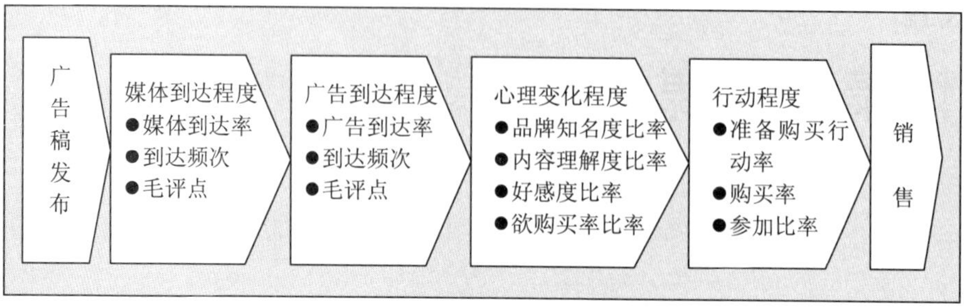

图 8-1　广告效果阶段与评估指标

1. 媒介目标策略

媒介目标(Media Objective)的确定是根据营销所要求的传播任务而必须在媒介部分达成的目标,因此制定媒介目标时一定要从本次广告活动的营销目的出发。媒介目标策略要确定具体的媒介发布目标:到达哪些目标受众?到达哪些地理范围?达到多大的讯息力度?针对目标受众的广告总量要多大?简而言之,媒介目标就是确定向谁发布、在哪里发布、发布多少的问题。这个目标的具体制定,建立在广告运作环节中已经明确的市场目标和广告目标基础之上。

(1)向谁发布——选中的媒介必须能够到达目标受众

目标受众可以按人口特征、地理、生活方式或消费心态进行划分。媒介调查公司可以提供目标受众在媒介接触习惯和购买行为方面的详细信息,这些信息不仅可以涉及人口统计因素,还可以涉及品牌、购买量、购买频率、支付价格以及媒介接触等因素。根据这些信息,我们可以解决以下问题:

◎ 目标受众中有多少人尝试过广告主的品牌?

◎ 有多少人对品牌保持忠诚?

◎ 哪个因素对品牌销售的影响更大?是广告量的增加还是广告文案的变化?

◎ 购买广告主品牌的消费者还经常购买其他什么产品?

◎ 哪个电视节目、杂志、报纸、网站在目标受众中到达的人数最多?

(2)在哪里发布——媒介发布的地理范围

从理论上讲,只要找到覆盖范围与广告主分销系统覆盖区域相吻合的媒介就可以了。当地理市场在某个产品种类或某个品牌上表现出特别强的购买趋势时,媒介策划人员就应该以地域作为媒介发布决策的依据。其中 CDI(Category Development Index,品类开发指数)和 BDI(Brand Development Index,品牌开发指数)两个指数的作用,就是从相对值的角度检视品类和品牌在各地区的开发状况,以帮助策划人员决定如何在品牌表现出强劲购买趋势的地区发布广告。例如,在我国东北地区,某种啤酒的购买指数高于全国平均购买指数的36%。有了这样的信息,媒介策划人员就可以采用地理瞄准的方式购买媒介,巩固广告主的重度使用者群体。

但是,在实际运作中,确定媒介发布的地理范围并不是那么简单的事,它要受许多因素的影响,如品牌表现、竞争对手活动等。如此一来,媒介目标的地理区域就会变得复杂起来。

(3)发布多少——广告发布的总量(讯息力度)

讯息力度(Message Weight,也称“音量”)指媒介载体在一次排期中提供的广告讯息总数或亮相机会。媒介策划人员之所以关心媒介计划的讯息力度,是因为讯息力度可以指明针对具体市场的广告量的大小。

讯息力度通常用总印象数(Gross Impression,或称“接触人次”)来表示。总印象数指媒介计划中整个媒介投放的亮相总次数,或指一个媒介排期计划所接触的总人次。讯息力度可以跨媒介类别计算,且重叠计算,比如一个消费者接触任何媒介 3 次,或 3 个消费者各接触 1 次,皆计为 3 人次。

受众因接触媒体的组合方式不同,可以分为交叉载体重复和单一载体重复。比如,有些看 A 节目的人也看 B 节目、C 报纸。在各种组合方式并存的条件下,这种重复称为“交叉载体重复”。也有人星期一看过 C 报纸上的广告,星期二又在 C 报纸上看到这条广告,这种重复称为“单一载体重复”,这就是为何总印象数通常含有重复受众人数的原因。

讯息力度目标只给媒介策划人提供了一个比较宽泛的概念。假设“1 周的总印象数达到 3000 多万人次”,那么,这种媒介计划到底意味着什么?这只意味着有相当多的人有可能接触到广告主的讯息。

(4)广告投入多少——广告费占有率

虽然媒介策划人员一般不会依据竞争对手媒介费用的多少或投放方向来制订自己的整个媒介计划,但对竞争对手的媒介投放进行评估却可以使他们做到知己知彼。了解自己和竞争对手的市场在某种媒介中的广告费及其比重,有助于广告主在那种媒介中进行战略性排期,同时预设与判断自己的媒介投入的效益。

在竞争比较集中的产品种类中,如零食、饮料、酒类和口香糖等,对竞争对手的媒介投放费用进行分析显得尤为重要。在这些类别的产品中,重度使用者占了消费的绝大部分;此外,豪华轿车和金融服务品牌争取的细分群体也彼此相同或相近。

如果目标受众群不大,但同时引起了几个竞争者的注意,那么广告主就必须对竞争对手的媒介投放支出及其品牌的广告费占有率(Share of Spending,SOS)进行估算。广告费

占有率可以用来计算某个品牌在同类产品广告费总额中占有的相对比例,计算方式如下:

$$广告费占有率 = \frac{该品牌在某个媒体上的广告费}{同类产品在同一媒体上的广告费总额}$$

上述计算公式可以用来计算某个品牌全部广告在同类产品全部广告中所占的相对比例,也可以用来判断某个品牌在特定广告媒体——如电视网或杂志——上与同类产品的比例。

例如,某年在某市场中,运动鞋袜生产商每年在某类广告媒体上投入的广告费约为3.1亿元,其中耐克和锐步为最大的两个品牌,两者每年分别在某类广告媒体上投入1.6亿元和5500万元的广告费。两者的广告占有率计算如下:

$$耐克的广告费占有率 = \frac{1.6 亿元}{3.1 亿元} \times 100\% = 51.6\%$$

$$锐步的广告费占有率 = \frac{5500 万元}{3.1 亿元} \times 100\% = 17.7\%$$

这两个品牌在同类产品中所占的广告份额总计接近70%,但耐克的广告占有率约为锐步的3倍。

2. 媒介策略的制定思路

在广告策划阶段形成的广告计划推动着媒介计划的形成,而媒介策划活动和整个广告计划的制订实际上是同时展开的。

媒介选择的丰富性要求媒介策划人员必须重视媒介策划过程中的细节。图8-2表明了媒介计划的具体组成部分。媒介策划人员首先要确定媒介目标;然后明确媒介策略,选择媒介;最后制定媒介排期,设定媒介预算。

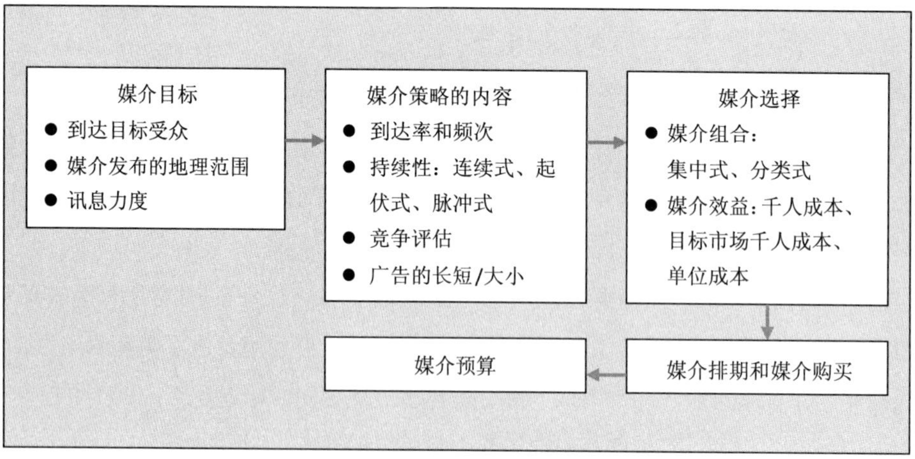

图8-2 媒介计划的构成

根据经验法则，制订媒介计划时有几个问题值得注意：

第一，媒介计划并非仅仅一一回答上述个别问题。事实上，各个问题之间的相互关系形成了互动的矩阵，任何一个策略项目的决策都会影响到其他项目。例如，受众对象的设定将影响投放量、投放时间及媒介渠道选择。重要的是，不可将各个项目当成个别问题，而应针对“如何最有效地运用媒介来影响消费者的行为及态度”这个问题，从大局出发去思考和取舍，并制定出正确、完整的决策。

第二，媒介是品牌接触消费者的主要渠道，消费者透过媒介接触而知晓品牌、了解品牌，并对品牌形成观感与态度。从另一个角度来看，媒介可以说是品牌在消费者面前演出的主要舞台，对品牌的前途发挥着重要作用。因此，媒介策划人员在策划过程中必须时刻考虑品牌和媒介效果。

第三，由于媒介计划涉及对众多资料与数据的分析、评估和比较，因而媒介计划常会陷入大量的数字运算中。事实上，在媒介计划当中，媒介策划人员首先必须进行完整的数据分析，因为数据是否完整关系到计划是否正确。但是，即便计划正确，媒介策划人员还会碰到另一个问题，即计划的好坏。计划的好坏涉及人为判断与创意思考，可以说，正确与否是电脑可以解决的，而好坏则必须靠人脑来解决，所以媒介策划人员在作业中的主要价值也在于好坏而不在于对错。

第四，虽然广告讯息要通过媒介才能接触到消费者，但在现实生活当中，消费者接触媒介的目的并不是为了广告，而是为了娱乐、新闻或知识等其他目的。因此消费者在接收广告讯息时往往是漫不经心的，记忆也是短暂而破碎的，对自己不感兴趣的信息根本不加理会，甚至厌恶抵触。因此，媒介策划人员不仅要通过不断重复讯息来加强受众的记忆，还要考虑如何找出消费者实际接触媒介的最佳环境和巧妙途径，使媒介计划中的讯息能真正进入消费者的视野、大脑和记忆。

第五，媒介计划不应该在制定之后便一成不变地执行，而要根据环境的变化机动调整。但是如果整个计划因短期机动调整便失去策略方向，那就太受到外部牵制，失去计划重心了。

第六，必须经常、定时检视媒介计划的执行效果，包括计划与执行之间的差异，以及策略执行的准确性和目标的实现率，以累积市场经验、提升判断力。通常主要检视：(1)计划接触人口的达成率；(2)计划接触对象阶层的准确率；(3)广告的知名度；(4)受众对讯息的理解度；(5)媒介支出、销售及占有率成长。

媒介的效益

对纳入媒介计划中的每一种媒体，媒介策划人员都必须测量其效益如何，也就是哪种媒体可以用最低的成本到达最多的目标受众。衡量媒介效益的指标包括千人成本、目标市场千人成本和单位收视成本等。

1.千人成本

千人成本(Cost Per Thousand,简称 CPM)是最常见的一个衡量标准,指到达 1000 名受众的成本。千人成本的计算非常明确:

$$\text{CPM}=\frac{\text{媒介费}}{\text{受众总数}}\times 1000$$

广告主通常可以从媒介那里获得有关广告成本、总印象数和目标受众规模的信息,另外还可以通过媒介调查机构,如广视－索福瑞媒介研究公司、央视市场研究公司、尼尔森市场研究公司等获得详细的受众信息,然后对目标市场的千人成本进行分析。

2.单位收视成本

单位收视成本(Cost Per Rating Point,简称 CPRP)指针对不同的节目,每购买 1 个收视率(点)所需花费的金额。和千人成本一样,单位收视成本也可以充当比较不同媒介之间效益的一个指标,其计算方法为媒体(如电视体育节目)成本除以节目收视率。“1 个点”相当于指定区域内收看节目的目标受众的 1%。

下面,我们以电视为例来计算单位收视成本:

$$\text{单位收视成本}=\frac{\text{节目广告费}}{\text{节目收视率}}$$

假设一位广告主打算在 A 电视台投放广告,他想比较一下这个台各时段 30 秒广告的家庭单位收视成本;再假设早新闻时段和黄金时段的 30 秒广告费分别为 2205 元/次和 5100 元/次、收视率分别为 9 和 10,则两节目的单位收视成本计算如下:

$$\text{A 电视台早新闻单位收视成本}=\frac{2205}{9}=245\text{ 元}$$

$$\text{A 电视台黄金时段单位收视成本}=\frac{5100}{10}=510\text{ 元}$$

显然,早新闻时段节目的单位收视成本更为合算,比黄金时段节目少一半多。

值得注意的是,尽管媒介效益分析包含了非常宝贵的信息,但媒介效果测量、竞争者媒介支出估算通常并不能作为媒介策划的依据,媒介目标和媒介战略才应该是媒介策划的核心依据。

3.到达率

到达率(Reach,简称 R)指目标受众在指定时间段内至少接触过 1 次媒介载体/广告的非重复性个人或家庭数目,经常用百分数表示。在计算到达率时,1 个受众不论接触特定广告讯息多少次,都只能计为 1 次,因此到达率不可能超过 100% 。正因为如此,到达率又被称为“净到达率”。假如广告主的目标受众中有 30% 的人至少看过某电视节目中发布的广告,那么,我们就可说这条广告的到达率为 30% 。

不同媒体表示到达率的时间单位长短各异。一般而言,电视、广播媒体的到达率周期为 4 周,这是由于收集、整理电视和广播媒体的有关资料需要花费 4 周的时间;杂志、报纸的到达率通常以某一发行期经过全部读者阅读的寿命为计算单位。以美国的《读者文摘》为例,平均每期的阅读寿命为 11 – 12 周,即从杂志发行开始,需经过 11 – 12 周才能到达最后一位读者。户外媒体与交通媒体的到达率周期通常为 1 个月。

到达范围广的媒体适合日用便利品广告,如牙膏和感冒药。这类产品个性简单,购买的人来自各个层面。无线电视、有线电视和全国性杂志的到达率最高,可以覆盖全国乃至全世界。

4. 频次

频次(Frequency,简称 F)习惯上指平均接触频次,指目标受众在指定时间段内(通常为 1 周或 1 月)接触媒介载体/广告的人均次数或户均次数。比如,假设广告主在一个收视率为 20 点(20% 的家庭)、每周播出 1 次的电视节目中投放 4 周广告,这个节目的(非积累)到达率在这 4 周内为 43% ,那么,频次就等于 $(20 \times 4)/43 = 1.9$。也就是说,受众看见广告的机会平均为 1.9 次。

5. 毛评点

毛评点(Gross Rating Points,又称总收视点,简称 GRP)是与到达率和频次相关的一个重要测量指标。毛评点指所有播出档次收视率的总和(专指电波媒介),它等于到达率 × 频次($GRP = R \times F$)。媒介策划人员在计算媒介计划的毛评点时,将媒介计划中各个载体的收视率(到达率)相加,再乘以广告播出/刊登的次数,然后再将所有载体的数字加起来。

毛评点可以充当比较两个媒介计划之间的密度的评判指标,媒介计划的合适与否最终要取决于策划人员的判断。

6. 到达率与频次

到达率、频次和毛评点三个指标都可以用来衡量一条广告到达的人数或家庭数。评估到达率代表广告策划人员希望多少媒体受众 1 次或多次接触到该广告讯息;接触频次说明该广告讯息将达到媒体受众的平均次数;毛评点是到达率和频次的产物,表示该广告讯息将到达媒体受众的累计百分数“毛额”。

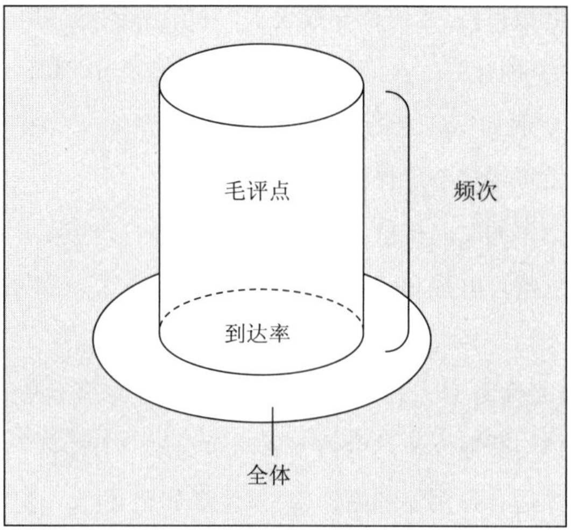

图8-3　到达率、频次与毛评点的关系

在GRP固定的情况下,收视率与广告播出档次、到达率与接触频次便形成取舍关系,到达率与接触频次为负相关关系:到达率高即意味着接触频次少;反之,接触频次多则意味着到达率低。

到达率与接触频次对广告预定发布的媒介类型依赖很大,如果将广告集中在少数几个电视节目中播出,广告将获得更多的接触频次,但到达率会降低;相反,如果将广告放在众多节目中播出,则会相应地提高到达率,但接触频次会减少。

在GRP一定的情况下,到达率与频次的成长过程如下:

◎ 在媒介排期执行前,所有的消费者都未曾接触过品牌广告,因此到达率与接触频次皆为0;

◎ 媒介排期计划执行初期,大部分消费者对品牌广告的接触次数都较少,即接触频次从0次开始累积到少数的1-3次;该时期媒介露出的主要任务偏重于建立到达率(消费者的媒介接触从0次增长到1次或以上,即代表接触率的成长);

◎ 媒介排期计划执行一段时间后,在大部分消费者已接触过广告的情况下,到达率成长趋缓,媒介露出的主要任务是造成频次上的上升,即接触频次较少的消费者人数渐渐减少,接触频次较多的消费者人数渐渐增加;

◎ 媒介越持续露出,到达率越接近极限,此时媒介露出只能提高接触频次的累积数。

当然,在实际运作过程中,到达率与频次之间并非一成不变地按照上述过程发展,它还会受到许多因素的影响,比如目标消费群的媒介接触行为或媒介种类与载体的使用。

表8-1举例说明了在哪种情况下应该强调到达率,哪种情况下应该强调接触频率:

表 8-1 强调到达率和强调接触频次的情况

强调到达率的情况	强调接触频次的情况
新产品	竞争者强大时
扩展中的类别	产品信息复杂时
副品牌	经常购买的产品
有竞争力强的品牌加盟时	品牌忠诚度不高时
目标市场宽泛时	目标市场集中时
不经常购买的产品	消费者对品牌或品类抗拒时

7. 有效到达率与有效频次

广告主常常面临着增加到达率而牺牲频次，或提高频次而牺牲到达率的矛盾，这个矛盾的核心就是有效频次和有效到达率的问题。

(1)有效频次

有效频次(Effective Frequency)指为实现广告主的传播目标和销售目标，目标受众应该接触到讯息的次数。

传统上认定有效频次的最低限为3次。事实上，不同的品类、市场、竞争、媒介环境及创意，对媒介的有效频次有不同的界定(见表8-2)。比如，竞争激烈的品类比竞争缓和的品类就要求更高的有效频次，新品牌与已经站稳脚跟的品牌所需的频次也不相等。

表 8-2 不同营销、创意及媒介状况对有效频次的不同要求

营销因素	所需频次	影响原因
品类生命周期	导入期：低 成长期：高 成熟期：更高 衰退期：低	导入期，品类的市场扩张主要来自消费者对产品主动的需要，因此所需频次较低，高频次的效果有限； 成长期，消费者进入市场的速度加快，需要较高的频次； 成熟期，竞争加剧，需要更高的有效频次； 衰退期，投资回报率降低，高频次的作用也相当有限。
品类关心度	品类关心度高，需要较低频次； 品类关心度低，需要较高频次。	对高关心度的品类，消费者对广告的关注率通常较高，无需太高频次也可产生效果； 对低关心度的品类，因消费者关注低，所以需要较高频次吸引和说服他们。
新产品与既有产品	新品上市需要较高频次； 既有产品需要较低频次。	新产品的市场知名度与形象尚待建立，为加速品牌的建立，需要较高频次； 既有产品在市场上已经有一段时间，已有一定的知名度和品牌，因此所需要的频次相对较低。
市场企图	市场企图较强，需要较高频次； 市场企图保守，需要较低频次。	市场企图强、采取市场扩张策略的品牌，因达成广告目标的难度较高，需要较高的有效频次，扩张幅度越大，所需的频次越高； 企图较为保守、以维持现状为策略的品牌，相对较易达成广告目标，因此所需频次较低。

续表

营销因素	所需频次	影响原因
市场占有率	市场占有率高的品牌需要较低频次; 市场占有率低的品牌,需要较高频次。	市场占有率高的品牌已拥有较稳固的市场与消费群,所需频次较低; 占有率低的品牌因入选机会较少,需要较高的频次。
品牌形象	形象较鲜明的品牌,需要较低频次; 形象较模糊的品牌,需要较高频次。	形象较鲜明的品牌由于具有较易辨认的个性,所需的有效频次较低; 形象较不突出的品牌则需要以较高的频次加深印象。
品牌忠诚度	扩张型营销策略 品牌忠诚度高,需要较高频次; 品牌忠诚度低,需要较低频次。	品牌忠诚度高的品类,消费者不易转换品牌,要加大力度才可能推动其品牌转换,因此企图吸引竞争品牌的消费者、以扩张自身市场占有为目的的品牌,需要较高的有效频次; 品牌忠诚度高、以维持现状为目的的品牌,因消费者不易流失,比较“安全”,无需太高的频次。
	维持型营销策略 品牌忠诚度高,需要较高频次; 品牌忠诚度低,需要较低频次。	品牌忠诚度低的品类,消费者较易流失,有利于广告主扩张市场,因而所需频次较低; 对维持型营销而言,由于消费者容易流失,需要较高的有效频次才能保住品牌的既有占有率。
竞争压力	市场品牌数量较多、媒介投放量较大的品类,需要较高频次; 市场品牌数量较少、媒介投放量较小的品类,需要较低频次。	在市场存在众多(广告)品牌且媒介投放量大时,由于消费者难以在众多品牌的干扰中辨识差异,因此需要较高的频次,以建立品牌认知; 在品牌针锋相对的市场,由于竞争品牌投放量的压力,有效频次将从绝对性转向相对性,即以争取多于竞争者的接触频次为主,因此要求较高的有效频次,特别是在产品同质度高且全年购买集中于特定季节的情况下。
产品使用频率与购买频率	使用频率与购买频率高的产品,需要较高频次; 使用频率与购买频率低的产品,需要较低频次。	产品使用频率较高的品类,由于与消费者生活关系较为密切,常会有较高频率的购买,因此需要较高频次的提醒,产品使用频率低则所需的频次也较低; 品牌选择随着消费者的每一次购买行为而发生,购买频率高,说明消费者选择品牌的频率高,即品牌转换的可能性高,因此需以较高的频次提高中选的机会,降低被拒绝的几率。
产品对象阶层	不同的对象阶层,需要不同的频次。	消费者在心理状况及生活形态等方面的差异将导致其所需频次的不同。例如,儿童一般好奇心较强,容易形成对广告的记忆,因此所需的频次较低,老年阶层则因记忆减退,可能需要较高的频次。
新广告活动或持续性活动	新的广告活动,需要较高频次; 延续既有广告活动,需要较低频次。	新推出的广告活动,包括新的定位、新的主题或新的创意等,由于消费者对其较为陌生,因此需要较高频次才能建立起记忆; 延续既有的活动,因消费者已经比较熟悉,因此所需的频次较低。

续表

营销因素	所需频次	影响原因
创意冲击力	冲击力强，需要较低频次； 冲击力较弱，需要较高频次。	冲击力强的创意对消费者具有较大的吸引力，因此较低的频次即可建立消费者的记忆； 冲击力较弱的创意，较易被消费者忽略，因此必须要有较高的频率才可能产生效果。
讯息复杂度	创意讯息复杂，需要较高频次； 创意讯息简单，需要较低频次。	消费者较难理解复杂的讯息，因此需要较高频次，以使消费者理解讯息内容； 简单的讯息较易理解，无需过高频次。
创意单位大小	创意材料较大或时间较长，需要较低频次； 创意材料较小或时间较短，需要较高频次。	尺寸较大或时间较长的广告较易吸引受众的注意，因此需要的频次较低； 尺寸较小或时间较短的广告较易被受众忽略，因此需要的频次较高。
创意版本数量	创意版本较多，需要较高频次； 创意版本较少，需要较低频次。	同一广告主题，有时会以不同的创意版本加以表现，或制作诉求点相同但支持点各异的版本；为使每个版本都能清晰地传达出去，版本越多，各版本加起来所需要的频次就应越高。
广告的作用（A点与B点的距离）	广告的作用为建立知名度或产品认知的，需要较低频次； 广告的作用为改变态度的，需要较高频次。	相对于培养态度，知名度与产品认知的目标较易达成，因此需要的频次较低； 品牌偏好需要较长的时间与较大的力度，因此需要较高的频次； A与B的距离说明广告目标达成的难度，距离越远表示难度越大，需要的频次就越高；反之，距离越近，说明越容易达成，所需的频次就越低。
媒介因素	**所需频次**	**影响因素**
媒介干扰度	媒介干扰度越高，所需频次越高。	除创意因素外，各品牌的心理占有率主要取决于品牌接触频次，因此媒介环境形成的干扰度对有效频次会产生相对影响：干扰度较高的环境需要提高声音，以使消费者辨认并认知品牌传播的讯息，特别是在直接竞争品牌表现出较高的媒介露出时；干扰度较低的媒介环境不必那么大声，因为品牌面对的空间较为安静，因而所需频次相对较低。
媒介环境与品牌的相关性	媒介环境与品牌相关性高，需要较低频次； 媒介环境与品牌相关性低，需要较高频次。	品牌在与品类、品牌或创意相关的媒介环境中投放广告，可以抢占提高受众兴趣和关注度的优势，因此无需太大力度，需要的频次也相应较低；反之，则较高。
媒介排期	连续式媒介排期，需要较低频次； 间隔较长的排期，需要较高频次。	连续式排期，讯息认知是在既有记忆的基础上建立起来的，因此所需的频次较低； 栏栅式排期，广告波段之间的空档越长，消费者对讯息的记忆就越模糊，所需的频次也越高。
媒介类别	使用的媒介类别多，需要较高频次； 使用的媒介类别少，需要较低频次。	每一类别的媒介在有效频次上都有最低限度，因此使用的媒介类别越多，各媒介类别加总所需的有效频次就越高； 反之，使用的媒介越单纯，需要的有效频次就越低。

(2)有效到达率

有效到达率(Effective Reach)指目标受众中接触广告次数超过最低次数的人数或百分数。如何估算有效到达率的最小数,取决于如何确定有效频次;如果将有效频次设定为4,那么媒介排期就必须让目标受众在特定的时间段内至少看到4次广告。

有效接触频次设定就是定义出一个有效接触频次的绝对值目标,以便清楚地设定媒介频次目标,这从媒介作业的角度上看是合理且必需的。但事实上,低于设定有效频次绝对值以下的媒介接触是否就应该完全视为无效呢?有效频次是否存在所谓的门槛呢?我们可以从频次累积和信息认知过程的角度来思考问题的答案。要想让接触频次产生效果,即实现有效频次,必须先从低频次开始积累。消费者对广告讯息的认知是逐渐形成的,而非跳跃式地突然顿悟。因此,低频次在讯息认知上或许并不真切,不能达到广告所设定的目标,但它对消费者的认知过程有贡献。

8.程序化购买的效益指标

程序化广告对媒介效益的评估采用的是在基本的广告媒体效益指标基础上延伸出的具体的应用指标:

◎ 广告可见度(Viewability):指广告出现在窗口可见区域的曝光量占广告总曝光量的比例;

◎ 广告可见TA浓度(Viewable TA%):特指可见曝光前提下目标受众到达率的高低,TA是指目标受众,即Target Audience。TA%即表示目标受众占广告投放曝光总人群的比例。Viewable TA%的计算公式为:目标市场中看到广告的TA数量除以目标市场中的人群总数;

◎ 广告可见TA到达率(Viewable TA N+Reach):特指可见曝光前提下目标受众的N+到达率,N+表示1+、2+、3+、……、N+,常见的有指标有1+Reach、2+Reach和3+Reach;

◎ 广告可见互联网总收视点(Viewable IGRP):特指可见曝光前提下的互联网总收视点值(IGRP即Internet Gross Rating Points,译为互联网总收视点或互联网毛评点),计算公式为:平均曝光频次×到达率×100。假设对目标受众的平均曝光频次为3、到达率为70%,则IGRP为(3×70%×100)210;

◎ 二跳率(2nd-click Rate):二跳指浏览入口页后在页面上产生的首次有效点击;二跳量是二跳的次数;二跳率是二跳量占进入该页面的总访问量的比例,可用于衡量用户的访问质量或该页面对用户的吸引力;

◎ CPUV(Cost Per UV):为每UV的成本,即广告曝光中获取1个UV的价格,计算公式为:广告消耗金额除以UV数;

◎ CPE(Cost Per Engagement)或 CPEV(Cost Per Engaged Visit):单次互动成本,即获取1个用户互动行为对应的价格;

◎ CPH(Cost Per Hour):受众对广告的浏览/互动时长成本,说明受众对广告的关注度、兴趣度和活跃度,该指标特别适合品牌广告主,在一定程度上代表了广告对受众品牌意识的影响力;

◎ 回搜率(Search Conversion):在看过广告的用户中,之后一段时间在各平台搜索广告主相关关键词的用户数占比,本指标可以用来衡量品牌广告对用户品牌认知的提升程度。

媒介排期应注意的问题

媒介排期贯穿于整个策划活动中,侧重于与媒介时机和效果相关的一些问题。媒介策划人员在安排投放计划时,要对时机、到达率、频次以及竞争媒介分析等各方面进行评估;此外,还要对整个媒介排期的千人成本或总印象数进行评估,测算整个排期在每一个时间段内产生的效果。

根据不同的策略目标,媒介策划人员可以采用不同的媒介排期方法。但无论采用哪种排期,都必须注意以下几个问题。

1. 媒介评估指标之间的关系

在实际运用中,媒介策划人员必须了解收视率(Rating)、毛评点/总收视点(GRP)、总印象数/接触人次(Gross Impression)、到达率(Reach)、有效到达率(Effective Reach)、接触频率(Frequency)、有效频次(Effective Frequency)这些要素之间的互动关系:

◎ 在 GRP 固定的情况下,到达率与接触频次呈负相关关系;

◎ 消费者对广告讯息的认知和记忆需要一定频率的积累;

◎ 媒介所设定的对象阶层在媒介接触上的高低差异,会导致实现到达率与接触频次的难度不一致;

◎ 消费者的广告接触频次积累到足以认知广告讯息、形成记忆的接触次数时,即为有效频次;

◎ 各品牌有效频次的门槛会因市场、创意及媒介因素的不同而不同;

◎ 不同的营销与广告活动需要不同的到达率和接触频次目标;

◎ 接触频次直接关系到广告效果,因此在设计媒介排期时应优先考虑接触频次,然后再考虑到达率,即以有效为前提,广度次之;

◎ 到达率与接触频率可以跨媒介类别计算，但必须注意不同媒介类别在价值及产出上可能存在的巨大差异；

◎ 注意所有资料上的收视率、阅读率、到达率与接触率等，它们代表的是载体本身的收视或阅读状态，不能直接将其认定为广告的收视或阅读状态。

2. 媒介排期的形式

媒介排期的主要形式有三种：连续式、起伏式和脉冲式。

连续式排期（Continuous Scheduling）指在一段时间内匀速投放广告的做法。比如，连续4周每天在某频道某时段插播1次广告。与此相似，全年在每期《时尚》杂志上都刊登1次广告也属于连续式排期。

起伏式排期（Flighting Scheduling）指在一段时间内大量投放广告（通常为期两周），然后在一段时间内停止全部广告，然后又在下一段时间内大量投放广告的做法。起伏式常用于支持季节性销售或新产品上市，或用于反击竞争对手的活动。使用起伏式排期可以获得经济上的好处；另外，由于广告可以大量重复曝光，起伏式排期还可以为品牌或产品建立知名度。

脉冲式排期（Pulsing Scheduling）指将连续式排期技巧与起伏式排期技巧结合到一起的排期策略。广告主在一段时间内持续投放广告，但在其中的某些阶段加大投放量、某些时段减少投放量。

以全年52周，2600总收视点（GRP）的固定投资额为例，三种不同排期也可以用以下图示表明：

连续式排期：每周以50GRP的连续方式投放，全年的总收视点为2600。

起伏式排期：以数周组成广告波段，间以广告空当，全年累积总收视点仍可设定为2600。

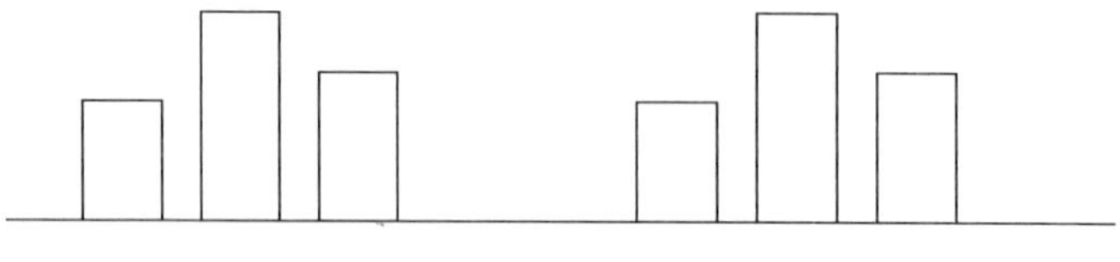

脉冲式排期：全年52周持续投放，但每个广告波段的投放量有显著差异，全年总收视点为2600。①

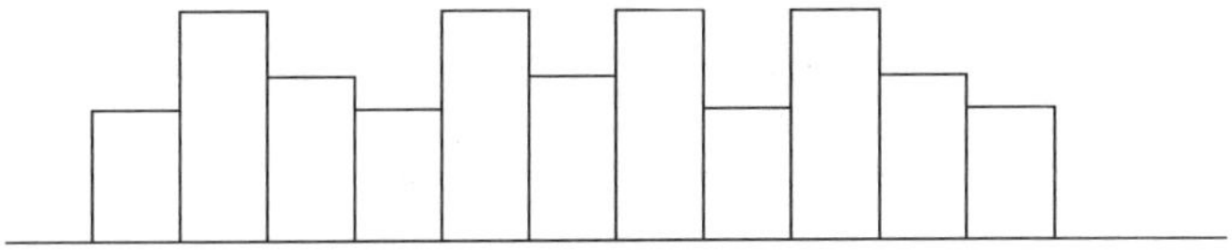

3.媒介排期的特性与适用性

上述三种媒介排期各有自己的优劣势（见表8－3），适用于不同的状态（见表8－4）。

表8－3　三种排期的优缺点

排期模式	优　点	缺　点
连续式	广告持续出现在消费者面前； 不断累积广告效果，防止广告记忆度下滑； 持续刺激消费动机； 排期涵盖整个购买周期。	在预算不足的情况下持续投放可能会削弱冲击力； 竞争品牌容易采用加大投放量的方式切入攻击； 无法随品牌的季节性需要而调整投放。
起伏式	可以视竞争需要调整最有利的投放时机； 可以配合铺货进度及其他传播活动； 可以集中火力，获得较高的有效到达率； 集中、大批量地购买媒介，可以得到折扣； 机动且具有弹性。	广告空当过长，可能使广告记忆跌至谷底，增加再认知的难度； 竞争品牌可能以前置方式切入广告空当。
脉冲式	持续累积广告效果； 可以视品牌需要提高重点期的投放力度。	预算较大。

表8－4　三种排期的适用状态

连续式模式适合于	起伏式模式适合于	脉冲式模式适合于
竞争较缓和的品类； 高卷入度品类； 购买周期较长或周期不固定的品类； 消费季节性明显的品类； 预算受到较大限制的品牌； 促销广告活动。	竞争激烈的品类； 低入度品类； 购买周期较短且周期明显的品类； 消费季节性明显的品类； 预算受到较大限制的品牌； 促销广告活动。	全年销售比较稳定且又有季节性需求的产品，如服装。

① 广告空当（Break）：广告波段与波段之间的空当时期；广告波段（Burst）：指广告投放由开始到结束的一个波段；广告期间（AD Period）：广告波段持续的时间长度，在计算上通常以周为单位。

媒体选择的标准

媒体选择环节的任务是明确媒介策略中对媒介类别与载体的选择。通过分析判断媒体的“质”,媒介策划人员可以决定采用哪类媒介和载体;通过分析、计算和判断媒体的“量”,媒体策划人员可以决定具体使用哪个媒体和载体。

媒体的影响力大小来自两个方面:一是媒体的“量”,也就是媒体的接触人口,即覆盖面的广度;一是媒体的“质”,也就是媒体的说服力,即针对单一消费者进行说服的深度。对媒体的质和量的评估,就是媒体选择的重点内容。

1. 媒体的质

所谓媒体的质,指无法根据统计加以量化但实际影响媒体支出效果的因素,它强调媒体说服受众的深度和效果。

媒体的质化评估强调个别品牌及活动,因而媒体所能提供的价值会在评估项目上因为个性差异较高、主观性较强而出现不同的结论。一般来说,评估的主要项目有:

◎ 接触关注度:指受众接触媒体时的质量——受众较为专心地接触媒体时,广告的效果要比他们漫不经心时好;

◎ 干扰度:指受众在接触媒体时受广告干扰的程度——受众通常不以接触广告为视听目的,因此广告所占媒体时间或版面的比例越高,受众受到的干扰越大,广告效果越差;

◎ 编辑环境:指媒体所提供的编辑内容对品牌及广告创意是否适合及适合的程度,该指标常用媒体本身的形象及地位、素质加以说明和评估;

◎ 广告环境:指媒体承载所有信息后呈现出的媒体环境;

◎ 相关性:指产品类别或创意内容与媒体自身在内容主题上的相关性,比如运动主题、婴儿主题等,如果受众对这类内容的媒体兴趣较高,他们便会选择接触该媒体,这类产品的广告讯息便可能到达对本品类感兴趣的潜在消费者。

2. 媒体的量

对媒体进行量的评估,可以在三个层面上展开:受众、区域、媒介。首先可以从受众的角度了解对象阶层在各区域内的媒体接触状况及媒体受众构成;其次可以从区域的角度了解本区域内各媒体的受众构成及各对象阶层的媒体接触状况,由此了解当地媒体市场的状况;最后还可以从媒体的角度了解该媒体在各区域内的受众构成以及对象阶层在各地区的媒体接触状况。如此,便可以得到媒体在区域推广及受众设定上的参考值。

评估媒体“量”的主要指标有:

◎ 收视率:指暴露于某个特定电视节目的人口数占电视人口总数的比例;

◎ 收视人口:指暴露于某一特定节目的人口数;

◎ 开机率:指所有电视机家庭或人口中,在特定时间段内打开电视机的家庭或人口的总数;

◎ 对象收视率:指在确定的产品的对象消费群中,暴露于特定电视节目的人口数占对象消费群人口总数的比例;

◎ 观众组合:指一个电视节目的各阶层观众占该节目观众总人数的比例;

◎ 发行量:一般指发行到读者手上的份数,包括订阅发行量、零售发行量、赠阅发行量;

◎ 阅读人口:指固定时间内阅读特定刊物的人数;

◎ 阅读率:指在固定时间内阅读特定刊物的人口占总人口的比例;

◎ 对象阅读人口:指固定时间内对象阶层阅读特定刊物的人数;

◎ 阅读人口特性:指每份刊物阅读人口的统计变量结构,包括性别、年龄、教育、职业、收入等,其计算方式与电视观众构成的计算方式相同;

◎ 刊物地区分布:对于跨地区发行的刊物而言,刊物在不同区域内有不同的媒体接触状况,从而导致刊物在地区分布上存在差异;

◎ 媒体角度:指户外载体本身的形式及大小,即载体本身引起注意的能力,可以按高度、尺寸、能见角度、材质及露出时间等标准进行评估;

◎ 户外载体的受众量:指目标对象在活动路线上可能接触户外广告的地理位置的价值,即户外载体可能接触的目标消费者的数量;

◎ 千人成本:指针对不同节目,广告每接触 1000 人所需付出的成本;

◎ 单位收视成本:指针对不同节目,每购买 1 个收视率(点)所需付出的成本。

3. 其他标准

影响媒体选择的判断因素是复杂多变的,但是根据经验法则,以下几种因素是我们了解了媒体的质和量后,在选择媒体时应该考虑的:

(1)品类卷入度

对于卷入度较低的品类,由于消费者对该品类不关心,会连带着他们对该品类的广告也不甚关注。如果广告安排在强制性低的媒体上,则会因为消费者在接收讯息时主动过滤广告而大大降低效果。对于卷入度高的品类,消费者做出购买决策所需的时间也较长,消费形态更偏向于慎重型购买,因此消费者通常会主动寻找与收集产品信息,需要的信息量较大。因此,这类产品以选择印刷媒介为宜。

品类卷入度的差异导致电波媒介上出现的多是轻松、简单的低卷入度产品的广告,如食品、饮料、香皂、洗衣粉、洗发液等日用品,即所谓的快速消费品;而印刷媒介上出现的则多为严肃、专业的高卷入度产品的广告,如汽车、家电、金融、保险等。

(2)品类相关性

媒体内容与产品品类的相关性越高,在广告讯息传播上越具有优势。例如,将书籍广告刊登在杂志媒体上,受众本身因为具有较强的阅读习惯,因此他们接受广告诉求的可能性也较大。同理,如果将书籍广告投放在以新书推介为主的电视栏目中,因为收看此类节目的观众本身对书籍的购买兴趣较高,因此图书的销售机会就较大。

除了从产品的表面归类直接判断媒体与品类是否相关外,媒介策划人员还可调查消费者的需求是否与其媒介接触行为相关。

(3)广告创意的类型

不同媒体传播声音与画面的能力不同,因此不同媒体传递广告讯息的能力也不同,进而它们对各类广告活动而言价值也不同。举例来说,以表现色彩为主的服装广告就不宜使用黑白或色彩还原能力差的广告媒体。

(4)品牌形象与个性

媒体的编辑环境、广告环境与品牌形象和个性的契合性,也将影响到广告的效果。编辑环境或广告环境与品牌形象、个性相辅相成或相容的,可以让广告讯息的劝服收到事半功倍的效果。例如,温馨的家庭剧适合传统形象的品牌,而介绍科技新知识的媒体则适合创新形象的品牌。

(5)消费习惯

消费习惯与媒体选择的关系在于购买行为与媒介接触时空的关联。以保险为例,可能投保的消费者多为辛勤拼搏的青壮年上班族。他们由于工作经常晚归,因此媒介接触时间偏向后边缘时段,此时,消费者的心境较为深沉,保险广告如果在这样的时空条件下播出,其劝服消费者的效果也许会大大提高。

除根据消费者的习惯选择媒体外,在策略运用上,媒介策划人员还可以根据产品传播的需要,考虑采取"跟随环绕"的媒介选择策略,即随着消费者从早到晚的媒介接触状态,安排不同类型的媒体,以伴随的方式随时展开劝服活动。

(6)竞争态势

通过评估本品牌和竞争品牌在市场上的竞争态势,媒介策划人员可以确定本品牌的营销策略:是采取积极进攻的策略还是防守的策略?相应的媒介选择也应该由此出发,要么采用全媒介广泛覆盖,与竞争品牌直接对抗;要么选择某类媒介加大投放量,使本品牌抢占优势。

媒介组合

媒介组合(Media Mix)指将不同的媒体组合起来,使之有效地到达目标受众。在选择具体的媒体时,媒介策划人员必须首先决定采用哪种媒介组合。集中式媒介组合和分散式媒介组合是目前比较常见的两种组合方式。

1.集中式媒介组合

集中式媒介组合(Concentrated Media Mix)将全部媒介发布费集中投入一种媒体,高度集中的媒介组合可以让品牌以强攻的方式冲击特定的受众细分,对他们产生巨大的影响,从而让他们接受,尤其是让那些媒介接触有限的受众接受。

集中式媒介组合具有以下优点:

◎ 可以让广告主在某一种媒体中占有绝对优势;

◎ 可以提高品牌的熟知度,尤其是在媒介接触种类较少的目标受众中提高品牌的熟知度;

◎ 只在非常显眼的媒体——如黄金时段的电视节目或一流杂志的大幅广告版面——中发布广告,引发零售终端的热情,进而形成品牌忠诚;

◎ 分销商和零售商对采用高度集中式媒介组合亮相的品牌可能在库存或店内陈列方面给予照顾;

◎ 集中的媒介费可以使广告主获得媒介组合的可观折扣。

2.分散式媒介组合

分散式媒介组合(Assorted Media Mix)利用多种媒体到达目标受众,有助于广告主与多个细分市场进行沟通。借助不同媒体的组合,广告主可以在不同的媒体中针对不同的目标受众发布不同的广告讯息。

一般来说,分散式媒介组合具有以下优点:

◎ 广告主可以针对每个目标在产品类别或品牌方面的特殊兴趣,制作专门的讯息,用这些讯息到达不同的目标受众;

◎ 不同媒体中的不同讯息到达同一个目标,可以巩固这个目标的认知效果;

◎ 相对于集中式媒介组合,分散式媒介组合可以提高讯息投放的到达率;

◎ 分散式媒介组合更有可能到达那些接触不同媒体的受众。

由于不同的媒介投放要求完成不同的创意活动和制作活动,因此可能导致广告制作费上升,分散广告主的媒介预算。

媒介购买

一旦整个媒介计划和媒介排期准备妥当,活动重心就应该向媒介购买转移。**媒介购买(Media Buying)即购买媒介排期指定的媒介时间和媒介空间。**

在购买媒介的过程中,广告主会为购买媒介的时间和版面而选定一家第三方公司。有些广告公司设有自己的媒介购买部,负责媒介的策划和购买事宜,广告代理公司负责协调、商谈所有的时间和版面购买合同,而参与广告活动的其他上下链则要在合同中提出自己对时间或版面的要求。也有一些广告主通过专业的媒介购买公司(Media-buying Service)购买媒介。无论采用哪种方式,媒介购买人员都必须对媒介的到达率、千人成本和时机进行评估,负责媒介购买的机构还必须监测广告,并测算广告的实际到达率。

对于媒介策划人员而言,在选择媒介购买公司时一定要慎重。一般我们可以参考下面这些建议,将它们作为考察和评估其能力的依据。

1. 工作效率

效率不仅仅指提供服务的速度,还包括用最低的价格实现最大的媒介效益。前者可以借助其工作人员的态度、能力及通讯手段考察得到;后者则与该公司的媒介购买量相关。

2. 媒体分析能力

不少企业打算或已经使用第三方代理购买公司的主要原因,在于第三方代理购买公司可以提供非常严谨、有说服力的提案,从而降低广告投资的风险。科学的分析需要大量可用的数据(独家的或共享的资料)作为依据。因此,衔接媒介和客户的第三方公司的媒介调研、分析及开发能力便显得尤其重要。由于不少数据是通用的,如收视率等,所以对这方面的考察不只是看其占有数据的多寡,更重要的是看其运用数据进行分析的能力。

3. 针对特定客户市场选择相关媒体的能力

这一点取决于第三方代理购买公司是否善于运用恰当的媒体传达广告讯息,从而帮助广告主树立品牌、扩大销售规模。关于这一点,最好的证明莫过于该公司以往做过的案子。

4. 第三方代理购买公司的形象及其对媒体的信用度

由于部分国内媒体的操作目前仍未达到十分专业的阶段,欠款问题时常困扰着各相关合作单位。因此,在选择第三方代理购买公司时,必须考察对方的形象及其与媒体合作的能力。

5. 了解第三方代理购买公司的优劣势

我国地域辽阔,媒体运作方式及广告法规在不同的媒体或不同的区域有所差异,没有哪家第三方代理购买公司能够做到十全十美。对于广告主或广告代理公司来说,关键是要找到最适合自己的第三方代理购买公司。

6. 第三方代理购买公司的培训能力

调研数据在不断增多和更新,电视栏目在不断改版,所以培训是必须的。因此,接受第三方代理购买公司的培训可以从侧面探测该公司的实力。

在实施媒介购买的过程中,第三方代理购买公司和广告主要理解"价值"而非"价格"的重要性。衡量价值的公式是"质量除以价格",切忌只以价格作为主要的衡量和取舍标准。只有这样,才可能把广告讯息的传播效果、传播水平发挥到最佳状态。

第二节 传播媒体的分类及特征

对媒体进行分类的方法有很多种,在此,我们将综合各种分类方法,分别对大众媒体、数字媒体、零售终端媒体等几种主要媒体的特征与价值进行说明。

大众媒体

大众传播是一种重要的信息传递方式,传播者可以通过报纸、广播、电视、电影、书刊等特定的媒体渠道,面向大众定时、迅速、不间断地传递信息,因而大众传播具有影响广泛和传播直接的特点。报纸、杂志、广播、电视被称为四大媒体,它们在广告媒体中是最具有代表性的大众媒体。

1. 报纸媒体

报纸曾是影响力最大的大众传播媒体,在电视媒体出现后,报纸的影响力落在了电视之后。现在,随着数字媒体的发展,报纸作为广告媒体的影响力已大幅下降、今非昔比。

(1)报纸媒体的种类

报纸的种类很多,按照发行区域的不同,有全国性报纸和地方性报纸之分;按照内容的不同,报纸又可以分为时政类报纸、经济类报纸、生活服务类报纸、体育类报纸、行业类报纸等;按照出版时间和周期的不同,报纸还可以分为日刊、周二刊、周三刊、早报、日报、晚报、周末版报纸等。

(2)报纸媒体的传播特性和受众特性

报纸是视觉媒体,通过印刷在平面纸张上的文字、图片、色彩、版面设计等符号传递讯息。与其他媒体相比,报纸具有如下特征:

◎ 保存性强,信息固定持久,可以保存、传阅和重复阅读,所以报纸是解释型媒体,适合传达深度信息;

◎ 报纸读者的选择性强,阅读的顺序、时间、地点、快慢、详略都由读者自己决定,读者接收信息时处于主动地位;

◎ 报纸读者区域性强且相对集中,报纸发行区域固定、发行量稳定,可以确保讯息的预期到达率;

◎ 由于报纸诉诸受众的视觉,受众很难在阅读的同时进行其他活动,处于一种较为从容专注的接收状态;

◎ 由于报纸的定位相对稳定,对某一方面信息关心度较高的受众通常会长期、反复地选择同一家报纸,因此报纸的受众群体相对稳定;

◎ 报纸借助文字进行传播,要求读者必须有文化,因此对读者范围有限制。

(3)报纸广告的主要类型

报纸广告通常有整版、半版、四分之一版、通栏、双通栏、半通栏等几种版面规格。通栏的宽度横跨整个报纸版面,高度则是报纸版面高度的五分之一,整版报纸可以分为五个通栏,双通栏为两个通栏的高度。分类广告的规格一般以栏/公分或者纯以公分计算。此外,报纸还有中缝、报眼等特殊的广告位置。报眼位于头版右上角与报头对应的位置,是最醒目的广告版位,规格一般稍小于半通栏,价格则高于半通栏。

报纸广告也有不同的种类,如图片广告、插页广告和分类广告等:

◎ 图片广告:图片广告采用印刷广告的标准成分——插图,往往还有标题、正文——使自己与报纸的新闻内容形成差别;

◎ 插页广告:插页广告不属于正式的报纸版面,是在发行前夹入报纸内的;

◎ 分类广告:分类广告指按类别(如房屋中介、招聘和教育等)以纯文字信息形式出现的报纸广告,个人、房地产公司、汽车经销商等经常发布分类广告。

(4)报纸作为广告媒体的优势与劣势

报纸的传播特性和受众接收特点决定了报纸作为广告媒体具有一定的优势,同时也有一定的劣势(见表8-5)。

表8-5 报纸作为广告媒体的优劣势

优势	
地理针对性	地区的日报、晚报可以使广告主到达地理范围明确的目标受众,许多报纸通过为广告开发特殊版本来提高自己的目标针对性。
适时性	由于制作标准报纸广告和日常出版内容所需的时间较短,在主流媒体中报纸是最及时的媒体之一,因而报纸可以使广告及时到达广告主的目标受众,使广告配合社会特殊事件。

续表

优　势	
创意机会	虽然报纸版面的创意空间不如电视那么大，但报纸却可以给广告主提供重要的创意机会。由于版面较大，价格相对低廉，因而报纸可以用较低的成本向目标受众传递大量的信息，对于那些需要详细文案才能表达清楚的产品和服务来讲，这一点很重要。
信誉	报纸可以利用人们对其公信力的认可和社会形象，为广告创造了一个有利的环境。
受众兴趣	坚持看报纸的读者大多是对报纸感兴趣的忠实读者，这给地方性经销商创造了一个理想的环境。
成本	从制作和版面两方面来讲，报纸都属于低成本的媒体，报纸的单位接触成本也许比电视和广播高，但即使广告主的广告预算较小，也能负担得起发布黑白广告的成本。
劣　势	
寿命短暂	由于大多数报纸是日报，发行频繁，许多报纸第二天就不再有读者关注，很容易被废弃，因此与杂志媒体相比，报纸广告被反复阅读的可能性较小，提醒作用也比较小。
创意局限性	报纸广告不如杂志广告精美，不如电视广告生动，难以全面展示产品的形体特征和动感，感染力和吸引力比较小。报纸多采用新闻纸印刷，印刷效果不够精美，因此不适合展示精美豪华、色彩鲜艳的产品。
受读者影响	由于读者具有选择性，读者很可能选择不阅读广告。受读者文化水平和报纸发行渠道的限制，报纸的农村读者人数非常有限，很多报纸不适合刊登面向广大农村的广告。
重复性差	同一期报纸上往往只能刊登同一企业的一个广告，与广播和电视相比，广告无法在一天之内有效重复，提醒作用不如广播电视媒体。
细分局限性	虽然报纸具有较好的地理针对性，但它瞄准特定受众的能力不足。报纸发行量过于笼统，包含了各种经济状况、社会阶层和人口统计特征的受众，广告主无法从中分离出具体的目标，在有些版面上投放广告很难瞄准受众的性别，即使做出这样的努力也不会有什么结果。因此有些报纸正在开发专版，希望借此提高自己的细分能力。
杂乱的环境	在同一份报纸同一版面上往往刊登有多个广告，同一类产品的广告主们总想利用同样的版面到达目标受众，因此广告能否被阅读受其他广告的影响较大。而且，广告面临的环境极为杂乱：报纸内容丰富，分版编排，充满了标题、副标题、图片、公告、新闻报道等等，广告如果被安排在次要的版面，就较难得到读者的关注，很容易被忽略。

2. 杂志媒体

杂志媒体与报纸媒体一样，也是一种历史较长的大众传播媒体。

(1)杂志媒体的种类

杂志的分类方法有很多种，按照内容，杂志可以分为有新闻杂志、财经杂志、管理杂志、家庭杂志、运动杂志、旅游休闲杂志、时尚杂志、音乐杂志、影视杂志等；按照发行地区，杂志可以分为国际性杂志、全国性杂志和地区性杂志；按照出版周期，杂志还可以分为周刊、半月刊、月刊、双月刊、季刊等，出版周期越短，内容的时效性就越强。

按照读者对象的不同，杂志还可以分为一般性杂志和对象性杂志。一般性杂志指以不加区分的普通读者为对象的杂志。对象性杂志则指以具有某一共同特性的读者为对象的杂志。对象性杂志又包括一般对象性杂志和专业杂志两种类型:一般对象性杂志主要针对以性别或者年龄划分的读者,如妇女杂志、老年杂志、青少年杂志等;专业杂志针对以专业或者职业划分的特定读者,如企业家杂志、医疗杂志等等。与一般杂志相比,对象性杂志的读者群更稳定。

(2)杂志媒体的传播特性和受众特性

杂志媒体与报纸媒体同属印刷媒介,因此在传播特性上有许多相同之处:

◎ 杂志也是视觉媒体,通过印刷在平面纸张上的文字、图片、色彩、版面设计等符号传递讯息;

◎ 杂志出版周期长,在各种大众媒体中保存性最强,信息最持久,可长期保留、重复阅读及广泛传阅,所以杂志也是解释型媒体,适合传达深度信息;

◎ 杂志读者的选择性强,在阅读时处于主动地位,可以自主选择阅读时间和阅读版面;

◎ 杂志发行区域固定,发行量稳定,可以确保讯息的预期到达率,杂志受众一般具有稳定的订阅和购买习惯,读者群稳定;

◎ 杂志读者对内容关注度高,同样是印刷媒体,报纸读者是浏览多于阅读,而杂志读者则阅读得较为仔细。

◎ 杂志借助文字进行传播,要求读者必须有文化,因此对读者范围有限制。

(3)杂志广告的广告版位、版面规格及购买

杂志一般提供封二(封面的背面)、封三(封底的背面)、封底、内页广告等版位,广告的版面规格通常有整版、半版、二分之一版、四分之一版、六分之一版等几种。封二、封三、封底一般只刊登整版广告,内页广告则有不同的规格。另外,杂志还可以配合正文,将产品信息植入文章中。

除此之外,杂志广告还有其他的一些特殊广告表现形式:

◎ 出血版(Bleed Page):广告的背景色一直延伸到版面的边缘,取代常规的白边,出血版常收取额外的费用;

◎ 折页广告(Gatefold Ad):一种超宽的广告,这种广告也需额外支付费用,广告主经常在高档杂志的封二采用折页;

◎ 随刊赠送:杂志可随刊附赠样品或印刷品,一般可以收到广告推广和提高销量的双重攻效。

杂志页面有固定装帧顺序，其广告版位往往直接影响到广告的注目率，也直接影响到广告的价格。一般说来，封底价格最高，封二次之，封三再次，内页版位价格最低。在购买杂志版面时，广告主必须在版面位置上做出取舍。

(4)杂志作为广告媒体的优劣势

杂志的传播特性、受众特性决定了它是一种高效的广告媒体。许多分析家认为，从许多方面来讲，杂志甚至比广播电视媒体还优越（见表8－6）。

表8－6 杂志作为广告媒体的优劣势

优势	
受众针对性	与印刷媒体或广播电视媒体相比，杂志具有更为固定的编辑方向，阅读人群较为固定且有一定的特质，可以为广告主提供明确的选择方向，使其进而瞄准高度细分的受众。这种细分以人口统计特征、生活方式或特殊兴趣为依据。受众细分既可以细到非常狭小的范围，也可以宽到跨越多种兴趣群体。杂志还具有地理针对性。
受众兴趣	与其他媒体相比，杂志更因为自己的内容而吸引受众，杂志的受众大多出于自愿而阅读广告。读者阅读专注认真，广告的说服力较强。杂志需要读者花费较高的价格来购买，这也促使他们比较认真地阅读。
创意机会	杂志给广告主提供了广阔的创意空间。杂志可以调整广告面积、色彩、空白以维持受众的兴趣，大多数杂志的纸张质量非常好，因而色彩还原效果非常出色，适合发布高卷入度产品和精美产品的广告。为了进一步扩大杂志的创意空间，广告创意人员还可以尝试各种创意技巧，如自动弹出式广告、摩擦散味式广告、香水纸广告，甚至带微小电脑芯片、可以闪烁发光或演奏音乐的广告。
寿命长	有些杂志读者会把杂志一期一期地保存起来，这就意味着杂志与报纸不同，可以长期重复阅读。杂志的长寿命除了能增加读者本人的接触机会外，还可以提高二手读者的人数。
干扰少	由于杂志版面较小，很少安排多个广告，广告不易受到其他广告的影响。
详细说明	解释性媒体，适合刊登复杂的广告讯息，可以对广告讯息进行充分的说明和解释。
接受性强	读者选择性强，不会像广播电视受众那样，对突然出现的广告产生逆反心理。
读者购买力强	杂志读者受教育程度较高、购买力较强。
诉求准确	杂志读者特性集中、明确，适合发布诉求对象集中的广告。
劣势	
到达和频次的局限性	杂志的针对性优势同时也给杂志带来了局限性。细分群体划分得越细致，杂志到达的总体受众就越少。由于杂志的出版周期多为一个月或半个月，因此广告主很难凭借一种杂志达到频繁亮相的目的。为此，广告主需要利用几种杂志瞄准同一个目标。此外，鉴于杂志对读者的受教育程度要求较高且价格较高，发行渠道受限，因此不适合面向农村。
杂乱	杂志的版面不像报纸那么杂乱拥挤，但它的传播环境也不佳。有些专业杂志的广告量居然高达80%，这会使群体狭小的受众面对品牌之间的直接竞争。另外，杂志本身还要面对另一种杂乱：一旦发现一个新的市场，马上就会有“跟风”杂志出现，这必然会降低广告及其载体的价值。而且，有些杂志页码很多，广告有可能被忽略。

续表

优　势	
广告效果不均	封底、封二、封三的广告和特殊插页位置上的广告容易引起注意,但其他版面的广告就很容易被忽略,夹在彩色广告中的黑白广告页面也很容易被忽略。
准备时间长	杂志稿件准备周期长,通常需一个月或半个月。一旦广告送交杂志社,即使发生了重大事件,传播环境已经改变了,广告稿也很难改动。
成本	虽然杂志的单位接触成本不像有些媒体(尤其是直邮)那么高,但却比大多数报纸高。在杂志上发布一张插页的成本有时会高得让人负担不起。由于杂志发行量有限,传阅率高,直接订户比较少,尤其是一些专业性杂志,因此广告主很难把握读者的情况,这无形中加大了广告的千人成本。
重复性差	同一期杂志上往往只能刊登同一企业的一条广告,与广播和电视相比,广告无法在一天之内有效地重复,提醒作用不如广播电视媒体。

3.广播媒体(电台)

广播是通过无线电波或导线定时向广大地区传播声音、图像节目的大众媒体。只播送声音的,称为“声音广播”,也就是通常所说的“广播”;播出图像和声音的,叫“电视广播”,也就是通常所说的“电视”。以下“广播”媒体特指声音广播。

(1)广播媒体(电台)的种类

广播可以分为有线广播和无线广播,调频广播和调幅广播,长波广播、中波广播、短波广播、超短波广播等类型。由于大众传播媒介的竞争和听众兴趣的分化,电台出现了专业化的趋势,专业电台在某一类内容方面为听众提供专门服务。目前的专业电台有新闻台、教育台、体育台、文艺台、音乐台、交通台、服务台,等等。由于播出特定内容的节目,专业电台一般拥有稳定的受众,受众的兴趣也相对固定。

(2)广播媒体(电台)的传播特性与受众接收特性

◎ 传播速度快:电台利用电波传播,播出的声音与听众听到的声音几乎同步;

◎ 传播时效性强:制作、传输、接收简单,时效性居于各大众传播媒体之首;

◎ 传播范围广泛:电波的传送不受空间距离、地理环境、天气、交通、自然灾害等因素的限制,所以传播范围比印刷媒介广;

◎ 受众广泛、分散:广播的收听不受时间、空间、受众文化程度的限制;广播接收设备轻便廉价,可以随身携带,便于随时随地收听,因而受众实际上处于广泛、分散的状态;

◎ 信息保存性差:声音转瞬即逝,不留痕迹,复杂的内容很难瞬间被人理解;

◎ 听众地区性强:广播的传播范围可以非常大,但仍有一定的地域限制,尤其是城市调频电台,听众主要局限于该城市及其周边地区;

◎ 听众处于被动地位：广播顺时传播，听众在同一频率内无法自主选择节目，处于被动收听的状态，广播节目虽然可以以热线直播的方式增强受众的参与性，但对于节目的进程和收听的时间，受众仍无法控制和改变；

◎ 听众常处于非专注收听状态：受众可以在收听广播的同时进行其他活动，缺乏专注性；

◎ 相对固定的听众群：随着广播中对象性节目的增加，听众可以有选择地收听自己感兴趣的节目，特定的节目有相对固定的听众群。

(3) 广播广告的主要类型和规格

电台主要提供四种广告时段：

◎ 节目广告：电台划出一段固定的节目时间，其节目名义上由广告主提供，广告主可以在节目中插播广告，节目广告一般收费较高；

◎ 插播广告：在节目之间播出的广告；

◎ 电台广告节目：在一个固定的时间段里连续播放数家广告主的广告，插播广告和电台广告节目通常按照一般的标准收费。

◎ 报时广告：在报时的间歇播出广告，报时广告既是广告，也提供报时服务，听众的关注度比较高，广告价格也相对较高。

广播广告一般有 60 秒、30 秒、15 秒、5 秒等规格，录播的广告时间有严格限制，但由播音员或节目主持人现场播音的广告，时间限制则没有那么严格。

(4) 广播作为广告媒体的优劣势(见表 8－7)

表 8－7 广播作为广告媒体的优劣势

优势	
成本	无论是按单位接触成本还是按绝对成本计算，广播都是最合算的媒体。另外，广播广告的制作成本非常低，如果在电台直播广告，广告主往往无需花任何制作费。
到达率和频次	在各种媒体中，广播的到达范围最广，可以在受众的家里、车里、办公室、后院，甚至在他们忙碌的时候到达他们，广播所具备的无线和移动特点使广告讯息到达的受众人数超过了任何其他媒体，广播的低成本给广告主提供了频繁重复地发布讯息的机会。
目标受众针对性	广播可以按目标受众的地理范围、人口统计特征和消费心理，有选择地针对他们。地方电台的传输范围比较狭窄，这反倒给广告主到达小范围地域内的受众创造了最佳条件。
灵活性和适时性	广播是最灵活的媒体，因为广告主可以在离截稿期非常近的时候交稿。有了这种灵活条件，广告主便可以不失时机地利用特殊事件或特定竞争机会。
创意机会	虽然广播在感官刺激上比较单一，但它仍然具有强大的创意效果，广播广告完全可以做到让听众产生无限联想，从而极大地影响消费者对品牌的认知和态度。另外，如果某种音乐形式能够吸引受众收听某家电台，那么他们通常也愿意收听用他们熟悉的音乐制作的广告。

续表

劣　势	
受众不够专心	受众常常将广播当做背景声音,一边干其他事情一边听着舒服的背景音乐,这种专注程度很难达到广告传播所要求的那种水平。
创意局限性	广播只有声音,缺少形象的支持,这必将严重影响创意的表现手段。如果广告主要向听众展示产品的包装和外观,或要依靠演示才能达到传播效果,那么采用广播媒体肯定不合适。广播信息也是转瞬即逝,因此不适合传播复杂的解释说明性信息和深度诉求。
受众分流	为数众多的电台频率都想吸引市场中的同一群受众,无形中造成了受众的严重分流,而受众分流则意味着收听任何一家电台的听众数目都会缩小。

4.电视媒体

电视是目前覆盖面最广、最大众化、影响力最强的大众媒体,也是最有效力的广告媒体。电视为广告主提供了两个非同寻常的机会:第一,电视的多样化传播可以使品牌的价值得到出色的创意表现,鲜明的色彩、流畅的动作以及华丽的音响效果,这些因素赋予了品牌别具一格的色彩;第二,一旦品牌表现准备妥当,便能够以非常低的单位成本传播给成千上万的观众。

(1)电视媒体的种类

按照传输技术的不同,电视可以分为有线电视、无线电视、卫星电视、图文电视、数字电视等类型;按照覆盖范围的不同,电视又可以分为全国电视和地方电视;按照播出内容的不同,电视可以分为新闻频道、体育频道、经济频道、电影频道、音乐频道、戏曲文艺频道、生活频道等。电视的专门频道与广播的专业电台一样,播出特定类型内容的节目,同样拥有稳定的观众群。

(2)电视媒体的传播特性与受众接收特性

电视与广播同属于大众媒体,采用电波作为信息符号的载体,因此都具有传播速度快、传播范围广、选择性差、保存性差、持续性差、信息稍纵即逝等特点。它们都面对着为数众多、层次复杂的受众群体。电视不同于广播的传播特性主要表现为以下几点:

◎ 集视听为一体,观众具有专注收看的特点;

◎ 电视节目虽然可以在一天的任何时间播出,但是观众接收的时间却比较集中,通常在晚上6:30－10:30左右,这一时段播出的主要是新闻和娱乐性节目,电视广告也常选择这一时段,因而电视传播呈现出黄金时间效应。

◎ 与广播媒体以个人收听为主不同,电视主要以家庭为收视单位。

(3)电视媒体的广告类型和广告规格

电视媒体提供的广告时段与广播媒体相近,有节目广告(特约播映、冠名节目)、插播广告、广告节目、报时广告等广告类型。与广播媒体不同的是，电视媒体通常根据时段和收视率的高低，将插播广告和广告节目划分为不同的等级，设定不同的收费标准。

电视广告有60秒、30秒、15秒、5秒等规格，但也有一些非常规的长广告。由于电视节目安排得非常紧凑，而且电视的播出技术相对复杂，所以电视媒体对广告规格的限制比较严格。

我国最主要的全国性电视媒体是中央电视台，随着卫星电视传播技术的发展，省级电视媒体也可以覆盖全国，成为事实上的全国性电视媒体。

(4)电视作为广告媒体的优劣势(见表8－8)

表8－8　电视作为广告媒体的优劣势

优　势	
创意机会	与其他媒体相比，电视最突出的优势在于它能用图像和声音传送讯息。作为视听合一的媒介，电视媒体适合再现形象、现场、过程。现场感强、形象真实、可信度高，可以给观众一种面对面交流的亲切感。电视能够直观地展示产品、产品的使用过程和使用效果，具有很强的说服力和感染力。随着清晰度和立体声技术的大发展，电视广告的效果也得到了提高。
覆盖范围	覆盖范围广。
单位接触成本	如果广告主针对的大众市场比较宽泛，那么，对于这种广告主来说，电视到达数百万目标受众的成本就比较合算。黄金时段和收视率高的节目可以到达无数家庭，这使得广告主的单位接触成本降到了极低的水平，这一点其他任何媒体都无法与之相比。
受众针对性	电视节目编排者们正在努力开发吸引小范围目标受众的节目，有线电视显然是最有针对性的电视媒体，有线电视不仅播出针对小范围的节目，而且也为吸引小部分受众而开办了电视台，如新闻台和旅游台。
信息短暂	与印刷广告相反，电视广告的图像和声音转瞬即逝，无法让讯息接收者反复琢磨，因而复杂的讯息便难以产生作用。为了克服这个缺陷，一些广告主不得不耗费巨资反复播放广告。
绝对成本高	虽然电视广告的单位接触成本在所有媒体中最低，但绝对成本却可能最高，这限制了一些企业对其的使用。当然，对于大型全国性消费品企业来说，考虑到电视广告的覆盖范围、到达率和重复率，电视广告的绝对成本还是可以接受的。
地理针对性差	虽然电视台可以让节目吸引特定的受众，但节目传输却无法那么准确地瞄准地理目标。如果某个地方性广告主只想到达某个城市市场，那么选择覆盖全省乃至全国的电视就显得到达范围过宽了。这无疑将增加广告主的费用，造成广告资金的浪费。
受众态度不利 专注程度差	自电视广告诞生以来，消费者们一直对广告的入侵表示不满。广告对电视节目无意而频繁的干扰破坏了消费者对广告的好感。为此，消费者经常寻找回避广告的方法，如搜索频道、去洗手间、到冰箱取东西或者与人交谈等。
杂乱拥挤	30秒、15秒、5秒等长度的广告形式以及大量的广告投放，大大增加了受众面对的广告讯息的数量，使得传播和劝服环境变得更加拥挤不堪。

数字媒体

互联网、多频道有线电视、视频点播以及交互式娱乐等传播形态不仅改变了媒介本身,也改变了广告策划活动所处的大众传播媒介环境,促使我们不得不重新思考广告策划所倚赖的媒介基础。数字化使得几乎所有的信息都可以采用同一种形式加以传播,因此大大加强了讯息的传递性与共通性。这为一种信息内容经由不同媒体渠道进行传播提供了更大的可能性,策划人员完全可以将网络、广播电视、电影、报纸杂志以及出版等多种传播形态整合为一体,全方位地立体传递讯息。比如,在一部电影正式上演前,策划人员就可以让互联网用户从网站上下载电影的预告片,查看拍摄花絮、影评等,从而使广告传播收到更好的效果。

大众媒介的特征表现为受众规模庞大、异质、匿名,讯息发送单向、不可逆,传媒机构组织庞大、叠床架屋;而数字媒体则表现为分众与窄播、互动与主动和媒介过剩。

1. 互联网媒体

互联网是富媒体的集合平台,是能诉诸视觉和听觉符号传播文字、声音、图片、运动图像的媒体,其传播能力和影响力已有目共睹。

(1)互联网广告的类型

互联网的广告类型比传统媒介丰富得多,目前经常应用的主要有以下几种:电子邮件广告、企业网站、横幅广告、插播广告、按钮广告、赞助广告、分类广告、关键词广告、目录广告等。由于互联网每时每刻都处在发展变化之中,因此新的互联网广告类型和形式也在实践中不断涌现。以下仅为最常见的一些形式:

◎ 企业官网:有些企业把自己的网站视为一条广告,但实际上其作用远不止于此,顾客、潜在顾客和其他利益相关者可以在此找到更多的有关企业、产品与服务及立场的信息;

◎ 旗帜广告:旗帜广告是最常见的网络广告形式,是横跨网页上方或下方的小公告牌,其被点击时会链接到广告主的官网或其他页面中;

◎ 插播广告:插播广告是在用户点击进入某一网站并下载网页时突然出现在屏幕上的广告,插播广告在创造品牌知名度方面作用较大;

◎ 搜索引擎广告:搜索引擎广告是植入网络搜索引擎中的关键词广告,给广告主提供被受众搜索到的机会;

◎ 电子邮件广告:电子邮件广告将广告讯息通过电子邮件的形式发送到特定用户的信箱中,收件人通过查阅邮件来获得广告讯息,一些专业公司专门收集电子邮件地址和文档,以便直接向特定的群体发送电子邮件;

◎ 社交平台广告:微信、微博、贴吧、豆瓣、知乎以及各个博客、网络论坛、社区等社交类型的平台都具有传播广告讯息的良好环境,广告主可以通过某一类主题找到相应的流量来源,并利用社交平台的社交关系与信息传播特点,让受众相信和关注广告主的讯息;

◎ 原生广告:原生广告是与页面内容紧密关联、融于整体设计且与平台行为一致的广告,用户会认为该广告属于页面(应用)的一部分,其形式包括信息流广告、搜索引擎广告、图文广告以及其他定制内容或互动形式的广告,它体现了讯息传达的一种方法与理念,其形式也在随着互联网和移动端广告的发展而不断创新;

◎ H5 广告:H5 是 html5(超级文本标记语言 Hyper Text Markup Language 的第五代更新)的简写,是基于这一互联网跨平台的网页编程语言而完成的数字广告形态,其动态且具备互动性的内容颠覆了传统的广告形态。H5 广告的制作相对简单,广告具有相对独立完整的内容形态,可应用文字、图片、视频进行内容的制作,是目前为止最为理想的声画传播方式,便于转发、触达、互动并获得数据反馈;

◎ 富媒体协作广告:网络平台具有富媒体的特征,广告形式多种多样,各种形式间的协作发布可以大大提高广告的效果,比如旗帜广告与特型视频广告、普通视频广告间的协作、通栏与网台联动广告的协作、通栏与流媒体广告的协作等。

(2)互联网广告的特性

作为广告活动的一种形式,互联网广告既具有传统媒介广告的主要属性,又具有更高的技术内涵、更独特的传播特性、更多样的传播手段。因此,较之传统媒介广告,互联网广告具有下列特有属性:

◎ 双向互动传播:如前所述,网络的互动性使广告受众不再单纯地接受广告讯息,而是可以参与广告讯息的传播活动,与广告讯息发布者即时、双向、一对一地沟通;

◎ 无区域性:互联网将巨大的地球连接成一个数字化小村庄,互联网广告在互联网这个虚拟的"全球数字化小村庄"中能够不受地域、国界等地理因素的限制,在极短的时间内将广告讯息发送到世界的各个角落;

◎ 富媒体:Web 技术与广告结合后,互联网演变为实时、动态、交互的富媒体世界,互联网广告运用文字、声音、图片、色彩、动画、音乐、电影、三维空间、虚拟视觉等技术,推动着互联网广告的发展。

(3)互联网受众的测量

与传统广告媒介相比,测量网络广告的成本效益面临着固有的难题。为了让网络这个广告媒体的潜力得到充分发挥,广告主必须找到相应的测量工具,以便对网络媒体和传统媒体的成本效益进行比较。

众所周知,网络广告除了旗帜广告、按钮广告形式外,还有电子邮件广告、赞助式广告等形式,它们在评估方法和技术上并非完全一致,在此只对旗帜广告等网络广告的基本术语及效果评估进行说明:

◎ 用户(User):指在特定一段时间内访问网站的各种“人”(新用户通过注册来确定),同一个用户每次登录,动态 IP 都会发生变化,所以如果一个用户 30 天内每天访问同一个网站,网站便会将他计为 30 个不同的访客;

◎ 页面(Page):指“传送到所要求的网站的页面”,但如果下载的页面有好几页,那么访问者就不一定会仔细阅读整版页面,同样,页面也无法充分反映它有多少访客;

◎ 广告曝光次数(Advertising Impressions):广告曝光次数又叫“印象数”,指网络广告所在网页被访问的次数;

◎ 点击次数与点击率(Click & Click-through Rate):指网络广告被点击的次数,它可以客观准确地反映广告效果,点击次数除以广告曝光次数,就可以得到点击率(CTR),这项指标也可以用来评估网络广告的效果,是评估广告吸引力大小的一个指标;

◎ 网页阅读次数(PV,Page View):当用户点击网络旗帜广告后,即进入了介绍产品信息的页面,访客对该页面的一次浏览称为一次网页阅读,所有访客对这一页面的总的阅读次数便是网页阅读次数,这个指标可以从侧面反映网络广告的吸引力大小;

◎ 转化次数与转化率(Conversion & Conversion Rate):“转化”指受网络广告的影响而购买、注册或索取信息的行为,转化次数指受网络广告的影响而购买、注册或索取信息的次数,转化次数除以广告曝光次数即得到转化率。

2. 手机移动端媒体

(1)手机移动端媒体的优势

手机移动端媒体已经渗透到人们的生活中,并日趋发展壮大。移动端媒体之所以能够得到迅速的发展,其主要原因在于移动端媒体具有其他媒体难以比拟的独特优势——比电脑普及,比报刊的互动性更强,比电视更为便携等:

◎ 自由移动性强;

◎ 地理覆盖面极其广;

◎ 富媒体应用形式多样,沟通手段丰富;

◎ 生活功能丰富多样。

(2)手机移动端广告的种类

手机移动端已经开发出了丰富多彩的广告形式,广告主的广告诉求可以通过用户浏览的新闻网页、手机游戏、视频网站、购物平台、社交圈、APP 等页面呈现出来,手机移动端的广告形式多样,其展现出的表现方式和互动性是其他任何传统媒体都无法比拟的。手机移动端广告的主要类型包括:

◎ 旗帜广告:旗帜广告是最普遍的移动广告展现形式,它可以使用静态图形及动画图像,一般在 APP 的底部或者顶部出现,尺寸较小的对用户的干扰影响也较小,其广告讯息呈现重点突出,不足之处主要是较易被人忽视;

◎ 插屏广告:插屏广告通常在用户第一次点击某个功能页时弹出,形式相较旗帜广告更大气美观、视觉冲击力更强,是目前比较有效的精准广告推广形式,广告点击率、转化率也高于旗帜广告等广告形式,缺点是误点概率大,比较影响用户体验;

◎ 开屏广告:在用户打开 APP 时,开屏广告以全屏静态或动态方式出现 3 – 5 秒,主要适用于品牌广告,对于广告主来说是一种广告效果最大化的广告形式,基本上可以独占广告发布页,用户浏览广告时不会受到任何干扰;

◎ 积分广告:这种广告形式主要是通过下载注册赢取部分积分或优惠,以流量导流的方式把自身一部分用户流量导向目标 APP,实现流量变现,其优点是可以实现与用户的互利共赢,缺点是在信誉度不高的情况下,有可能会影响品牌形象;

◎ 信息流广告(Feeds Ads):这种广告伴随着信息而出现,用户在浏览信息时会不在经意间浏览到广告,不易识别,常出现在以 TimeLine 信息为主的内容列表里,其优点是不影响用户的操作行为,缺点是如果内容定位不精准,会让用户产生厌烦情绪。

(3)手机移动端广告的优劣势

手机移动端广告的优劣势主要包括以下几点(见表 8 – 6):

随着数字媒体广告得到越来越多的广告主的青睐,评估网络广告的真实性和提高投入产出率(ROI)便成了众多广告主关注的焦点。网络广告投放的精准性、广告效果评估的深入性以及在线营销的效率等关键因素,开始成为广告主关注的重要问题。为此,广告投放应尽力做到以下几点:

◎ 定量投放:按照印象投放,如果广告主按 CPM(千人成本)购买了某广告位 10 个 CPM,可设置系统平均到全天播放10,000印象数,其余时间不计数;

◎ 定时投放:在某一时间段播放,假设广告主购买了某广告位上午某时段的广告,则该时间段全部播放该广告主的广告,其余时间不播放;

表8－6　手机移动端广告的优劣势

优　势	
互动性	手机移动端广告具有非常好的互动性,受众可以马上对广告做出反应,因此可以延长广告与目标受众的接触时间,增强广告的“黏度”。
便携性	手机具有强烈的个人属性和便携性,可以全天候影响受众。
抗干扰性	手机移动端广告直接把内容送到目标受众的眼前,排除了一般广告过程中存在的干扰和噪音,从而保证内容即时、完整和高效地送达。
针对性	手机移动端广告能够进行一对一的沟通,针对消费者的特点开展个性化服务,根据目标消费者的潜在需求针对性地传播,有利于广告价值的发挥。
产业链及商业模式不成熟	WAP流量收费制约着手机移动端广告的发展。
表现手段单一	手机移动端广告收入细分市场中以短信为主,盈利渠道较为单一。
内容包装创意不足	手机移动端广告缺少独具创意的内容包装,尚未在多媒体组合中充分发挥自己的广告作用。
效果评估标准与市场不规范	手机移动端广告无声无息、直接到达终端用户的个人化发布特点使得广告主对广告效果的监测提出了非常高的要求。另外,因为手机移动端广告的相关信息可以被记录,因而用户担心泄露自己的个人隐私。这些因素要求手机移动端广告必须构建格外严谨的监测体系。

◎ 定向投放:针对需求锁定不同的目标受众,针对地域、关键词、用户行为等进行投放;

◎ 频次控制投放:为防止过多地播放某些面积大的广告,对用户造成干扰,可以通过系统设置,每天只对该用户播放3次。

(4)广告的程序化购买

广告的程序化购买(Programmatic Buying)可以利用技术手段,帮助广告主进行优质广告资源的交易和管理,从而实现跨媒体、跨终端(电脑、手机、平板、互联网电视等)的目标人群精准定向和频次控制。程序化广告(Programmatic Advertising)即通过此类方式进行投放的广告。

在广告的程序化购买中,为实现对目标人群的精准到达,需要在设置广告活动时选择人群标签(Tag)。这既可能是广告投放平台的自有标签,也可能是来自第三方DMP(Data Management Platform,数据管理平台)的标签。标签一般包括性别、年龄、行业、收入、婚姻状态、教育背景、兴趣爱好等指标。为每个用户打标签时,媒介策划人员通常会基于用户识别号、用户行为、时间、地点、终端等不同维度、不同属性进行综合分析,并标记该用户在各个维度上的属性特征,同一个用户也可以对应多个标签。

程序化广告的价值体现在两个方面：

(1)从程序化广告覆盖的广度和深度上，以提升品牌知名度、品牌美誉度、消费忠诚度等为目的，可以达成目标人群的精准定向；

(2)可以实现优质跨屏媒体资源的自动化、数字化售卖与采购，同时保障品牌安全与广告可见度。

随着程序化广告的快速发展和日渐成熟，广告主对程序化广告的接受度与认可度也越来越高，品牌广告的购买量正在加速从传统媒体直采转向程序化购买模式。

广告程序化购买可以分为三种类型：品牌告知、效果广告和品效合一。品牌告知型的投放可以提升品牌知晓度，通过反复曝光广告引起受众的注意和兴趣，在受众大脑中形成记忆，提升品牌的知名度、美誉度、忠诚度，从而影响受众的购买决策。效果广告的投放锁定直接效果，提升转化率和投资回报率(ROI)。品效合一的投放则是达到品牌知晓度和直接效果的有效融合。但是，在实际的程序化购买中，很难做到品牌知晓度和转化效果的完美结合，通常会有主次之分。

广告的程序化购买主要有四类交易模式：

◎ 公开竞价(Open Action，即 Real-time Bidding，RTB)；

◎ 程序化保量(Programmatic Guaranteed，简称 PDB)；

◎ 私下竞价(Private Auction，简称 PA)；

◎ 首选交易(Preferred Deal，简称 PD)。

其中，RTB 和 PDB 是广告主常会选择的方式。在选择交易模式的过程中，广告主会对排期购买优质流量和控制预算有所考虑，对此，RTB 和 PDB 各有优缺点。RTB 可以随时选量，但购买的是库存流量，价格、质量以及能买到的展示量级都无法保证。PDB 保价保量，可以优先采购流量并确保排期，但是有限的订单流量也可能无法满足投放 KPI(Key Performance Indicator，关键绩效指标)。因此，很多时候要将 RTB 和 PDB 结合越来投放，以便在保持优势的前提下互补不足。

为广告主和广告代理提供服务的程序化购买供应商主要有三大类：需求方平台(DSP：Demand-side Platform 或 Trading Desk 交易桌面)、媒体供应方(AdX：Ad Exchange 广告交易平台或 SSP：Sell-side Platform 供应方平台)以及广告服务和数据管理供应商。

◎ 需求方平台——是提供给甲方的跨媒体、跨平台、跨终端的广告投放平台，需求方可以根据自身广告投放的需求选择服务方式；

◎ 媒体供应方——媒体供应方分为第三方开放平台(AdX 或 SSP)和大型媒体私有平台(AdX 或 SSP)，第三方开放供应平台的流量来源是各种大中小网站或 APP，而大型媒体私有供应平台包括视频、门户、社交、工具类等，流量来源是媒体自有网站

或 APP;

◎ 广告服务和数据管理供应商——提供广告服务和数据管理的供应商,其中包括专业监测服务公司以及第三方调研公司。

零售终端媒体

交易的发生通常都有明确的时间、空间和消费者主体,在这个空间(即零售终端,又叫售点)建立消费者沟通具有重大意义,因为这里既是消费者和产品见面并最后完成购买决策的地方,又是消费者接触大量信息的地方。因此,售点是唯一同时集广告、产品和消费者于一地的媒体。

零售终端除了大卖场、连锁超市、专业连锁店、便利店、百货店外,还有折扣店、加油站、机场销售点等新形式。对于一些非常依赖终端的产品(如快速消费品)来说,其品牌忠诚度越来越低,零售终端是消费者最易改变选择的地方,也是消费人口和产品消费最集中的地方,因此零售终端已成为广告主的必争之地。

要想在众多的竞争品牌中脱颖而出,除了产品、品牌和营销人员的努力外,广告主还要在零售终端拥有强大的支持工具。

1. POP 广告

POP(Point Of Purchase,即售点)广告起源于上世纪二三十年代,指在购买时间和购买地点发布的广告,POP 广告旨在诱导消费者产生参与动机和购买欲望并最终付诸购买行为。

广义的 POP 广告,指在经营场所、零售店的周围、内部及产品陈设处设置的广告物,如:商店的牌匾,店面装潢和橱窗,店外悬挂的充气广告、条幅,商店内部的装饰、陈设、招贴广告、服务指示,店内发放的广告刊物、广告表演,以及广播、录像、电子广告牌等。狭义的 POP 广告,则仅指在购买场所和零售店内部设置的展示专柜及产品周围悬挂、摆放与陈设的以促进产品销售为目的的广告。

与一般的广告相比,POP 广告的特点主要体现在广告展示和陈列的方式、地点和时间三个方面。

(1)POP 广告的分类

POP 广告种类很多,下面主要从 POP 广告设计的角度介绍三种不同的分类形式:

其一,按时间性进行分类。

POP 广告的时间性和周期性很强,按照不同的使用周期,POP 广告可以分为三大类:长期 POP 广告、中期 POP 广告和短期 POP 广告。

其二，按材料进行分类。

POP 广告所使用的材料也多种多样，根据产品不同的档次，可以使用从高档到低档不同的材料，常用的材料主要有金属、木材、塑料、纺织面料、人工仿皮、真皮和纸材等。由于纸材加工方便、成本低，所以在实际运用中最为常见。

其三，按陈列位置和方式进行分类。

根据陈列位置和方式的不同，可以把 POP 广告分为柜台 POP、柜台展示 POP、壁面 POP、吊挂 POP 和地面立式 POP 五个种类。

除此之外，还有橱窗 POP 广告、动态 POP 广告、光源式 POP 广告、店内广播、店内电视等零售终端广告形态。它们虽然不能归入上述的某一类型，但作为各具特色的 POP 广告形式，它们也是我们学习和研究过程中应该加以考虑的。

(2)POP 广告的价值

了解 POP 广告对消费者心理活动的影响，是用好这种广告手段的重要保证。POP 广告的重点是使消费者发觉并注意到产品的存在，比如，在超市的店门前、入口处、店内标明产品的陈列场所。此外，这些 POP 广告还必须要有吸引力，陈列产品的货架则要激发消费者的购买欲望，促使其主动拿起产品，最终实施购买行为(见图 8－4)。

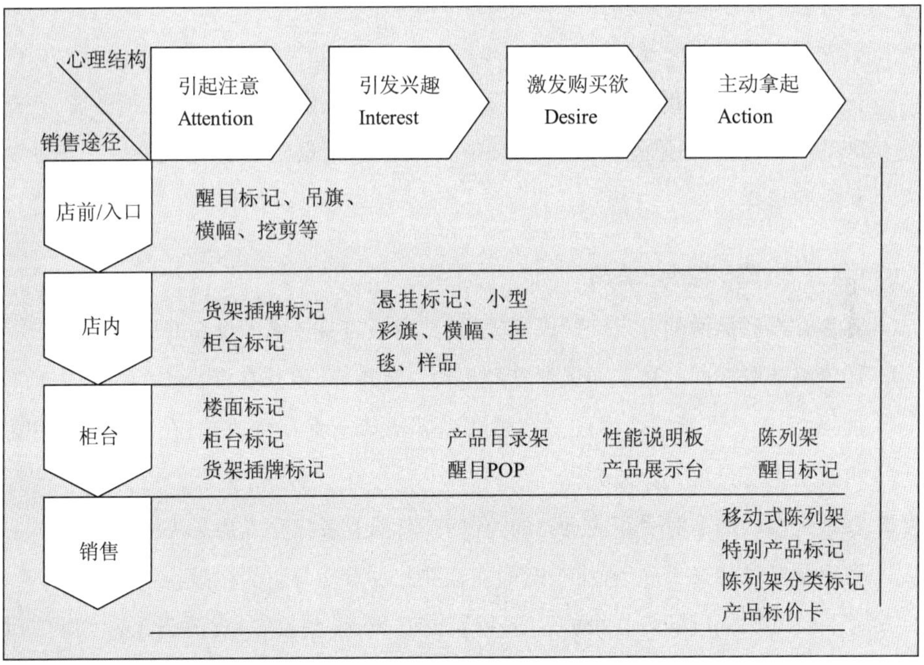

资料来源：摘编自《实践广告》(电通广告讲座教科书)

图 8－4　POP 广告对消费者心理活动的影响

2.零售终端联播网

零售终端如何与消费者沟通是品牌关注的焦点问题,而零售终端联播网的广告投放则为品牌的终端建设提供了一个很好的舞台。零售终端联播网指将液晶或等离子电视置于卖场零售终端,在消费者处于购物状态时直接刺激其购买欲望,影响其购买决策。与此同时,卖场电视则在最好的时机提高受众的回忆率,巩固其对品牌的忠诚度,在卖场内封闭的广告环境中,帮助其完成了最后一刻的决策和品牌选择。

(1)零售终端联播网的价值

◎ 在消费者进入零售终端完成最终的购物决策时,零售终端联播网作为网络化的强势媒体,可以有效地针对决策者传递讯息。由于在消费者处于购物状态时增加了品牌提示性广告,这种广告能在较好的时机更精准地提高受众的回忆率,巩固受众的品牌忠诚度,直接刺激他们购买;

◎ 零售终端联播网以视频、音频相结合为表现形式,比平面或立体的POP更具感染力,更能吸引消费者的关注,其屏幕与消费者的视平线平行,灵活的位置设置可以达到强制性收视的效果;

◎ 联播网的讯息承载容量较大,可以详细表达品牌的优势,且媒体形式高度统一,从而可以保证讯息(形象)传播无偏差,能够让消费者在一次购物中多点收视,确保其受到高频次的反复刺激;

◎ 在零售终端封闭的广告环境中,广告视频的出现可以动态地提示消费者,并配合POP广告,把促销讯息扩散到终端的各个区域,帮助消费者完成最后一刻的决策和品牌选择。

(2)零售终端联播网的缺陷

◎ 零售终端联播网的开发维护成本较高,其网络需要技术含量高的软、硬件的支持;

◎ 零售终端联播网的覆盖面虽然已经达到一定规模,但其在受众中的影响力仍有待加强,无论是在覆盖选择还是在播放内容选择上都有待改善,在发布时间和内容组合上也有待进一步研究;

◎ 零售终端联播网对受众注意力的控制有限,消费者在完成购买决策的过程中,在零售终端既忙碌又专注,很难长时间注意并驻足看完身边的视频;

◎ 零售终端联播网的广告投放过分注重如何"到达"消费者,对消费者的实际"反馈"控制较少;

◎ 由于播放的广告内容和其他传统媒体上出现的内容几乎一样,所以零售终端联播网的广告讯息在强制性和重复性上稍嫌不足,其小范围、高达到率的广告模式可能在本质上与大众媒介广告并无多大区别。

其他媒体

虽然印刷、电波和网络媒体是最重要的广告媒介，但如何有效地运用各种辅助性媒体(Support Media)也是媒介策划中的一个关键问题，广告主可以运用辅助性媒体巩固或扩大经由主要媒体发布的广告讯息。下面就介绍一些常见的辅助性媒体。

1.户外广告

户外广告(Out-of-home Advertising)指出现在户外开放空间中的各种广告，户外广告媒体则是搭载这些广告的媒体。户外广告媒体一直被视为四大媒体之外的第五大广告媒体，也是最包罗万象的一类广告媒体。

(1)户外广告媒体的种类

户外广告媒体的分类比较复杂，按最直观的分类，可以分为固定位置的户外媒体和实物户外媒体两种。户外广告媒体中被用得最多的是固定位置媒体，主要有大型广告牌、霓虹灯、电子翻板、LED 电脑看板、电子显示屏等。实物户外媒体主要有气球、充气艇、充气模型、条幅等，它们一般充当临时性广告媒体，不是户外广告媒体的主要类型。

在户外广告中，楼宇广告近年来得到了长足发展。楼宇广告指在家庭以外，安装在办公楼、商城、宾馆以及休闲娱乐场所中的平面广告或视频广告展示系统，其中包括楼宇户外超大液晶屏、电梯等候区液晶电视、等候区及电梯内部的框架广告等。与常规广告相比，楼宇广告能精准地锁定企业主、经理人和白领等消费潜力较大的阶层，具有良好的强制性触达效果。

(2)户外广告的特点

◎ 户外广告媒体主要设置在城市的商业区和主要街道的醒目位置，能够到达数量较多的受众；但由于到达的都是流动人群，广告在他们的视野中往往一闪而过，他们关注的时间非常短；加上受众视野的限制，户外广告不得不使用大幅画面和大号字体，因此户外广告的信息容量有限，不适合承载复杂的广告讯息，适合传播提醒性信息。

◎ 户外广告发布时间较长，广告讯息能够通过长时间的暴露而收到累积效果。

◎ 户外广告适于配合较长期的广告战略，不适合做适时性广告。

◎ 户外广告一次性投入较大，但有效时间也较长，比起昂贵的电视广告，价格仍属低廉，适合配合其他媒体广告进行长期诉求。

(3)使用户外广告媒体应注意的问题

第一,根据品牌在不同时期的市场状况,确定广告投放的方式。

在产品上市期采用漏斗式发布方式①,注重覆盖面,形成视觉冲击力。在品牌成熟期采用平行式发布方式,以点带面,提高知名度。在品牌巩固期遴选目标消费群,强化品牌,保持美誉度。

第二,注重广告发布效果的经济性分析。

广告主在选择发布位置的时候,往往过分注重某些"繁华"指标,如人流量、车流量等,认为这样的位置发布效果一定好。这其实是一个误区:繁华区遮挡率较高、价格高,广告效果的经济性说不定还会打折扣。

第三,注重广告画面创意设计与媒体特点相结合。

户外媒体广告的创意设计除与发布数量、发布位置等因素相关外,还应与媒体属性相结合。户外媒体通过视觉冲击力来展开广告诉求,因此要求其创意设计的元素简单、色彩艳丽明快,同时要有层次感,要使受众在100米、50米、近距离,可以依次看到不同层次的内容,从而完成"吸引—近观—细看"三个步骤。

2.交通广告

交通广告(Transit Advertising)指投放在交通工具上的广告,而对于交通广告媒体的归属,则有两种看法:一种将它视为户外广告媒体的一个类型,一种将它视为一种单独的广告媒体类型。

由于交通广告媒体既包括呈现于开放空间中的站台媒体、道路沿线媒体,也包括封闭空间中的车厢媒体、站内媒体,因此不能将其一概视为户外媒体。随着交通工具的日益发达和完善,交通广告媒体已经成为一种包含多种类型、自身特点鲜明的独特的广告媒体类型,因此我们更倾向于将它视为一种独立的广告媒体类型。

(1)交通广告媒体的种类

交通广告媒体有以下几种类型:

◎ 交通工具外部媒体:如公共汽车的车身、地铁车身、出租车顶灯等;

◎ 交通工具内部媒体:如火车车厢电视播放系统、飞机机舱视频播放系统、地铁车厢广告牌、出租车内液晶屏、安全提示板、车内吊环、座椅背面等;

◎ 交通工具站点媒体:如公共汽车站灯箱、火车站内外电视墙、候车室座椅、灯箱、机

① 所谓"漏斗式"发布方式,就是在投放之初加大数量,形成超强覆盖,然后依次递减,以保持受众的记忆,从而提高广告的回忆率。

场内外广告牌、液晶电视播放系统、灯箱等;

◎ 车票媒体:如火车票、地铁车票、飞机票等;

◎ 交通路线媒体:如高速公路旁的大型路牌、铁路沿线的墙壁等。

(2)交通广告媒体的特点

◎ 乘坐某一交通工具往来于特定线路的人群一般比较固定,因此交通媒体是一种接触频率高的媒体,且接触对象比较稳定,能发挥不断强化和提醒广告讯息的作用;

◎ 交通广告媒体费用低廉,但是难以制定完善的发布计划,因此适于做其他广告媒体的补充;

◎ 交通广告媒体接触的是快速流动的受众,受众关注时间短、关注程度较低,加之车厢摇晃不定,车内乘客阅读距离不一,因此适于发布简洁的广告讯息;

◎ 交通广告媒体持续时间长,适于发布长期提醒性广告;

◎ 由于乘客等车、乘车时往往无所事事,因此站点媒体和车内媒体可以发挥强迫阅读的作用;

◎ 由于人流量大,交通广告媒体较难清洁维护,因而可能影响广告讯息的准确性和企业的形象。

(3)利用交通广告应注意的问题

◎ 交通广告适宜建立和保持品牌认知,但不适于篇幅较长的广告,因而在画面设计上应做到醒目、简洁;

◎ 交通广告适于低卷入度的产品,发挥即兴提醒品牌和促销的作用;

◎ 交通广告张贴的位置应适于乘客观看和阅读;

◎ 由于公共汽车线路固定,因此广告主应研究不同线路受众的成分,选择适用的公共汽车和有针对性的广告。此外,如果要在通过少数民族和宗教人士聚居区的车辆上发布广告,还要特别注意民族及宗教禁忌,以免引起不必要的麻烦。

3.直邮广告

直邮广告(Direct-mail Advertising)指通过邮递直接送达潜在对象的广告,直接邮寄广告媒体与数据库营销结合后,已成为一种既承担广告讯息传播功能,又承担直接销售功能的广告媒体和营销手段。

(1)直邮广告的主要种类

◎ 销售信函(Sales Letter):销售信函是一种最常见的直邮形式,通常随手册、价目表或回执卡一同邮寄或以电子邮件的方式发送给收件人;

◎ 商业明信片(Postcard):商业明信片指用于公告减价信息、折扣信息或增加客流量的明信片;

◎ 商业回执(Business Reply Mail):商业回执是收件人在不付邮资的情况下即可做出反应的一种印刷品或电子信件;

◎ 折页(Folder)和手册(Brochure):折页和手册为带照片或插图的广告印刷品,一般为四色印刷。手册比折页内容更丰富,折页有时可当作商店的橱窗陈列或招贴;

◎ 内部刊物(House Organs):由企业、行业协会或商业机构出版的内部出版物;

◎ 目录(Catalog):刊登或描述某生产厂家、批发商、零售商所售产品的目录及照片的印刷品;

◎ 电子邮件(E-Mail):这里指以电子手段发送的广告讯息。

(2)直邮广告的优劣势(见表8-10)

表8-10 直邮广告的优劣势

优势	
针对性强	覆盖集中,到达广泛。人人都设有信箱,因此,广告主可以利用直邮百分之百地到达指定地区内的家庭。直邮邮寄名单可以按职业、地区、收入或其他特征将人们分类,以协助广告主直接与最有购物动机的消费者进行交流。
灵活	创意空间独一无二,只受广告主才能、预算和邮政法规的约束。直邮的制作与发行都非常快。
便于控制	预先印制的直邮邮件使广告主能控制发行量和图像还原质量。
人性化冲击力	广告主可以根据特定受众的个人需求、欲望和希望设计直邮品而又不冒犯潜在消费者和现有顾客。
专一性	不受竞争对手的伤害。
反应率高	在所有广告媒体中,直邮的反应率最高,约15%的反应在第一周内出现,因此广告主能够迅速判断广告是否成功。
可证实	有利于测试收件人对产品的接受度和对定价、优惠条件、文案、销售说明等的反应度。
成本低	可以通过电子邮件的方式执行,从而降低印刷成本和投递成本。

续表

劣　势	
成本和投递不确定	在所有媒体中,直邮的单位成本最高。大众媒介有精确的发布时间,但邮政服务不保证三类邮件的投递时间和准确度。
缺少内容支持	直邮必须在没有评论内容和娱乐内容的情况下抓住并保持读者的注意力,因而难度很大。
态度不利	很多消费者把直邮广告看成垃圾,自然而然地把它们弃之一旁,而且他们还认为邮购的产品退货太难。
环保意识的抵制	有些消费者认为直邮广告不过是在制造垃圾、浪费资源。

4.广告礼品

广告礼品(Specialty Advertising Items)必须符合三个条件:首先,它们通常包含赞助人的标志,有时也许还要包含相关的宣传信息;其次,标志和信息一般出现在有用的或装饰性物品上;再次,这些物品通常像礼物一样免费赠送,且不附带赠送条件。

第三个特性将广告礼品与赠品区别了开来:赠品(Premium)指带有赞助人标志,为了促使消费者购买相关产品或服务而"免费"或打折提供给消费者的物品。比如,你在麦当劳因为购买了一杯大号可乐而获得"免费"的纪念品,那件纪念品就是一件赠品。

(1)广告礼品的种类

可以用作广告礼品的物品种类数不胜数,但大部分可以纳入以下五大类中:衣服、书写用具、办公配件、日历、玻璃器皿或陶器。T恤、咖啡杯、小徽章、贴花纸、笔记本、小台历、钢笔、铅笔、鼠标垫、卡片夹、收纳盒、便笺本、尺子等都是受欢迎的广告礼品。

(2)广告礼品的优劣势(见表8-11)

表8-11　广告礼品的优劣势

优　势	
有针对性	广告主可以有针对性地制作广告礼品,可以决定是否通过邮局寄送,是否只在本地派送,是否由推销员送给目标受众。总之,这些物件的分发可以得到认真的监督,从而确保成本效益,使广告讯息确实到达潜在消费者。
时效长	广告礼品可以保留较长的时间,例如,中国银行的挂历至少可以在一年的时间内日复一日地述说中国银行的优点。
受欢迎	广告礼品有助于建立好感,人无论长幼,都喜欢收到礼物。因此,如果广告礼品有品位、有用处,便可以使人对品牌产生好感。

续表

劣势	
表现难度大	和其他许多辅助性媒体一样,广告礼品也存在着空间有限的问题。相对于人们每天接触到的大量信息,咖啡杯、卡片夹以及其他礼品物件由于体积较小,很难详细表现品牌的优点。
构思难度大	在林林总总的物品中挑选广告礼品是一件复杂且费时的工作,因而广告主在决策时必须小心谨慎,因为一旦礼品接收者将品牌名称与他们视为垃圾或廉价玩意儿的物品联系起来,品牌的形象就可能贬值,反而不利于广告主。

5. 电影广告

电影是与电视、报刊同等重要的大众媒体。这里所说的电影广告,是由非电影机构的广告主,以推广其商品、服务、品牌形象、活动等为广告目标,以电影观众与潜在电影观众为广告受众,通过电影及其衍生媒体投放的贴片广告与植入广告。

电影广告种类较多,其中植入广告是主要的电影广告形式。电影植入广告指通过电影作品中的道具、场景、情节、台词等来传达品牌讯息的一类广告。广告讯息结合在电影情节中,与电影内容浑然一体,传播实效性强,可以唤起观众内心的认同感。

贴片广告是另一种主要的电影广告形式,一般在影片正式内容开始前播映,有独立的广告内容。根据不同的经营方,电影贴片广告还可以分为片方贴片广告、发行方贴片广告、院线贴片广告、影院贴片广告等。

另外,广告主还可以利用影院放映场地举办广告活动,在影院投放海报/公告牌、悬挂场地横幅、展示产品、派发传单、赠送广告礼品等。相关广告活动的主要受众是观影人群,广告到达准确。

练　习

一、请解释以下概念

户外广告媒体　手机媒体　楼宇广告　内部刊物　商业信函　交通广告媒体
直邮广告　零售终端媒体　漏斗式发布　广告礼品　赠品　媒介目标
讯息力度　千人成本　单位收视成本　到达率　频次　毛评点　有效频次
起伏式排期　脉冲式排期　连续式排期　有效到达率　广告占有率　媒介组合
集中式媒介组合　分散式媒介组合　媒介购买

二、简答以下问题

1. 制定媒体策略的思路有哪些?

2. 媒介目标策略的主要内容是什么?

3. 媒介排期的主要模式有哪三种？这三种排期适用于什么情况？

4. 什么叫媒介的质与量？

5. 对媒体进行量的评估时，主要指标有哪些？

6. 媒体选择的判断角度有哪些？

7. 报纸媒体的传播特性和受众接收特性有哪些？

8. 杂志媒体的传播特性和受众接收特性有哪些？

9. 广播媒体的传播特性与受众接收特性有哪些？

10. 电视媒体的传播特性与受众接收特性有哪些？

11. 报纸作为广告媒体具有哪些优势与劣势？

12. 杂志作为广告媒体具有哪些优势与劣势？

13. 广播作为广告媒体具有哪些优势与劣势？

14. 电视作为广告媒体具有哪些优势与劣势？

三、实践活动

1. 了解适用于超市的各种促销手法，并拟定三元酸奶20 * * 年北京（或某当地城市）春节期间的促销活动方案。

2. 为惠普某款家用打印机完成下一季度北京地区市场（或当地市场）的广播广告排期（假设此期间广播广告投放频次为300、广播频道或节目选择为3种），并解释如此规划排期的理由。

补充阅读

1. 陈俊良. 广告媒体研究：当代广告媒体的选择依据[M]. 北京：中国物价出版社，1997.

2. 贝尔奇等. 广告与促销：整合营销传播视角（第9版）[M]. 郑苏晖，等译. 北京：中国人民大学出版社，2014.

3. 孙黎，徐凤兰. 新媒体广告[M]. 杭州：浙江大学出版社，2015.

4. 刘鹏，王超. 计算广告：互联网商业变现的市场与技术[M]. 北京：人民邮电出版社，2015.

5. 梁丽丽. 程序化广告：个性化精准投放实用手册[M]. 北京：人民邮电出版社，2017.

6. 艺恩数据客户端

7. 易观千帆客户端

8. 微信公众号：收视中国（SHOUSHIZHONGGUO）

9. 淘宝大学：https://daxue.taobao.com/

10. 腾讯大学：http://daxue.qq.com/

第九章

广告效果的控制

本章学习目标

☑ 理解什么是广告效果,理解广告效果发生的范围和过程。

☑ 掌握如何测定广告表现的效果。

☑ 了解事前、事中、事后广告效果测试的基本思路。

☑ 掌握如何测定广告媒介的效果。

☑ 掌握如何测定广告的销售效果。

☑ 了解如何进行网络媒体的监测。

☑ 了解如何进行网络舆情监测。

☑ 掌握品牌认知效果的测量方法。

☑ 了解 ARF 模式和 DAGMAR 理论。

☑ 学习如何针对整个广告活动过程设定和测定广告效果。

了解广告费用是否真正得到了有效的利用通常是比较困难的。这是因为企业在营销活动的任何环节都可能出现问题,比如:市场数据不可靠、业绩标准不准确、广告预算计划书编制不当、决策时间不清晰、管理激励机制未得到相应重视等。如果以最后的销售结果作为衡量广告目标是否完成的标准,那么我们就必须强调:任何被忽略的其他市场运作因素都可能成为销售的阻力。因此,好的广告决策并不是说要找到一种神奇的方法并做到分毫不差,而是要在整个组织架构内实施一个稳定、共享的策划方案,通过各部分的合力来创造市场价值。

那么,广告效果具体指的是什么?它是如何发生的?又是通过什么方法测定检验的?这正是本章所要讨论的内容。

第一节　广告效果的界定

笼统地讲，**所谓“广告效果”，指广告讯息在传播过程中刺激和引起的直接或间接变化的总和**。广告主利用媒介传播某条广告，会给受众带来各种变化，也会给企业带来某些经济效益，同时还会给社会环境带来一定的影响，这些都可以称为广告的效果。

广告效果发生的范围与过程

1. 广告效果发生的范围

广告可以在多个层面产生作用，比如个人、团体、广告活动、销售、经营、区域社会、宏观经济、国际社会等，具体内容如表 9－1 所示：

表 9－1　广告效果涉及的范围

广告效果的范围	广告效果的种类
个人（接受方） ↓ 集团 ↓	沟通效果（包括购买行动）
广告范围 ↓	媒介效果，媒介、表现效果、广告费、广告支出效益
销售范围 ↓	促进流通的效果（整顿销售环境——吸引力，制订销售计划等）
经营范围 ↓	销售额乃至市场销售效果、利益、其他（非经济的）效果
区域社会 ↓	经济、社会、文化的效果
国民经济 ↓	经济、社会、文化的效果
国际环境 ↓	经济、社会、文化的效果

有了对广告效果范围的共同界定，我们才能真正了解广告影响受众的程度，才不会满足于仅仅知道有多少人看过某个广告。我们要持续不断地分析有多少人接触到广告，他们对广告的理解和记忆是如何变化的，广告对促成购买有多大的作用等。此外，我们不仅要测量传统的广告媒体，还要关注与特殊事件相关的广告活动，如慈善活动、音乐会和各种体育比赛等。由此可见，广告所引起的“变化的总和”不是单纯的，而是包含了各种因素的。但如果将所有的因素都加以考察，实际上又是不可能的。因此，对于广告效果，通常

的做法是将一定的因素加以限定,再进行测量考察。

在广告活动过程中,我们关心的广告效果问题主要体现在媒体发布环节、广告表达环节、销售促进环节以及整个广告策划思路上。这些也正是我们下面将要学习的主要内容。

2. 广告效果发生的过程

广告效果是如何发生的?为了回答这个问题,我们不妨重新考察一下企业进行广告活动的一般情形。

企业之所以向广告公司或媒体支付费用,是为了通过媒体,将有关的信息,如商品性能、质量或企业形象等,传递给消费者,从而引起消费者的行动,如购买商品、对企业产生好感等。在这一过程中,广告主(企业)实际上扮演着信息传播者的角色,而消费者则是信息的受传者,广告效果就是在传播者与受传者之间的信息传递过程中产生的。从广告引发消费者注意,到消费者对产品产生兴趣和尝试欲望,并最终采取实际购买行动,我们可以看出受传者受信息影响的过程是一个递进的过程(见图9－1)。

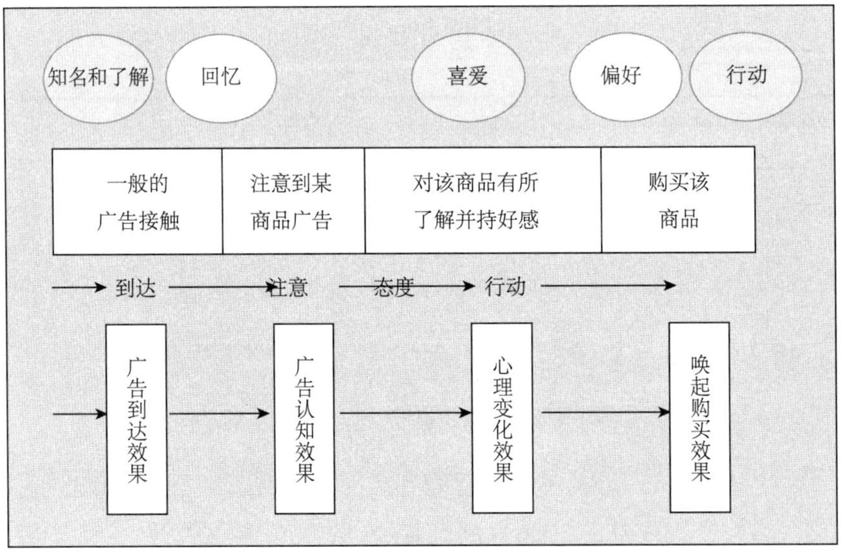

图9－1 广告效果的发生过程

由此可见,广告效果的发生过程一般可以划分为四个阶段:到达阶段、认知阶段、态度阶段和行动阶段。

(1)到达阶段

"到达"(Reach)指报纸、电视等广告媒体与消费者(受传者)接触,到达率通常又称为"广告媒介的覆盖率"(Coverage)。广告产生效果的前提是消费者订阅登载特定内容的报纸和收看到附带广告的电视节目。

(2)认知阶段

“认知”(Recognition)指消费者(受传者)在有条件接触广告媒体的基础上,关注并能够记忆广告的若干内容。这时实施的广告效果测定和分析一般以“事前—事后”调查的方式进行,广告实施后给消费者留下的印象深浅和记忆度,往往是衡量该阶段广告效果的一种尺度。

(3)态度阶段

“态度”(Attitude)的改变指通过接触和认知广告,消费者(受传者)对商品产生好感并产生购买这种商品的欲望,这是消费者采取实际购买行动的预备阶段。这个阶段被称为“态度变化阶段”。我们一般通过问卷调查、实验室测试等方式来掌握消费者在接触广告之前、之时与之后的态度变化。

态度的变化通常要经历下列过程,虽然对这一过程的描述有多种版本,但万变不离其宗(见图9-2)。

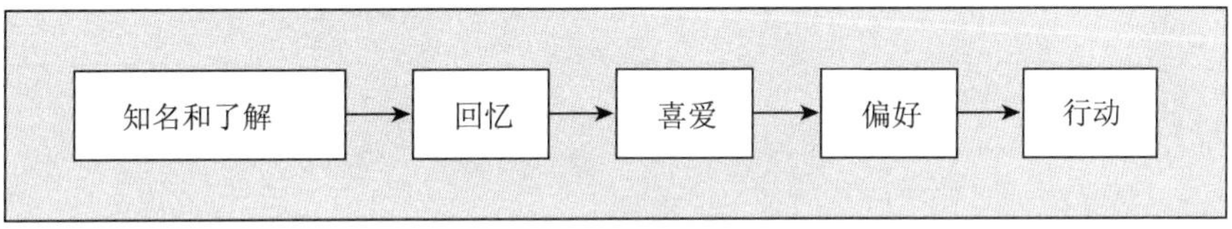

图9-2　受众态度变化过程

“知名和了解”指受众知晓或了解做广告的品牌或广告讯息本身。如果是新产品或不为人知的产品,其广告的目的可能就是使消费者知道某品牌的存在,那么知名度测定的因素就包括知道广告讯息或认知某产品的人数、广告的主题以及广告承诺的利益等,通常可以量化表示。

“回忆”测试受众对广告讯息的记忆度。这时,如果受传者掌握了某品牌的明确信息,说明广告收到了非常好的效果。回忆测试的方法包括:无辅助回忆法(如你记得最近有什么汽车的广告播出吗?)和辅助回忆法(如你记得最近看过奔驰的广告吗?)。如果在无辅助的情况下受众能回忆出品牌名称,则说明广告效果很好。当然,回忆测试也有一些缺陷,比如,回忆与购买行为之间不一定有直接关系——由于以往广告的影响,消费者回忆起的可能是以前的广告讯息。

“喜爱”指受众对产品持肯定的感觉或印象,但这并不意味着他们一定会购买某种产品,因为他们可能同时喜欢许多品牌,但只购买其中的一种或为数不多的几种。测定“喜爱”的一种方法是请消费者在某一类产品中提出几个可以接受的品牌。这项测试对广告主具有重大意义,因为他们有时会想当然地认为持有利态度的人比持不利态度的人更有可能购买自己的产品,但实际上并没有证据表明有利的态度就一定会导致消费者改变自己所选择的品牌。事实上，态度测试结果显示，消费者的购买行为往往受其情绪的影响。

“偏好”指在一切条件相同的情况下，广告讯息可以为品牌创造获得受众认同的条件，使消费者在众多选择中有所偏好并可能购买。这项测试主要测定消费者在过去、现在及未来的品牌使用习惯，如：你通常购买什么品牌？你上一次购买的是什么品牌？你下次打算购买什么品牌？这项测试主要以事前测试和事后测试为基础，测定消费者在品牌习惯上的变化，以确定广告的效果。

受众态度的改变过程可以通过广告发布的事前和事后对比调查加以了解，这主要体现在对媒体投放环节和广告表现环节的效果控制上（见图9－3）。

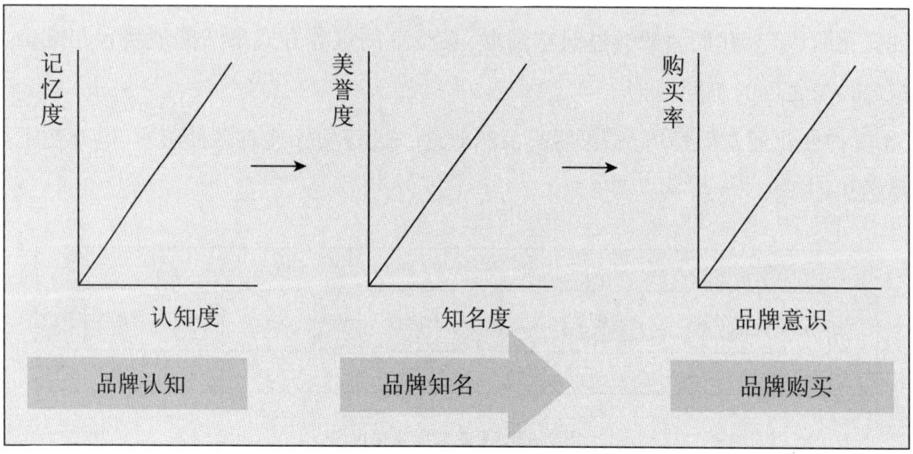

图9－3 广告对品牌的作用

（4）行动阶段

“行动”（Action）指消费者购买商品或响应广告诉求而采取的有关行为，是一种外在的、可以把握的广告效果。对这个阶段的广告效果分析应小心慎重，因为购买行为的发生与广告之间的关系有时是直接体现出来的，有时则是间接体现出来的。例如有些商品，其潜在消费者虽然接触到了有关广告，但他们并没有产生购买的欲望，直到发现朋友或亲属拥有这种商品时才产生购买欲望。这种结果与其说是广告的作用，不如说是参照人群的作用。

体现在行动阶段的广告效果较难判别，由此，我们将研究的重点放在销售与（促销）广告的关系上。

广告效果的测试时机

根据测试时间的不同，广告效果测试可以分为广告发布前测试、广告发布中测试及广告发布后测试三种。有些测试需在广告正式发布前完成，有些则需在广告战役进行中或广告战役结束后完成，广告策划人员可以根据测试目的的不同而决定测试的时间（见表 9 – 2）。

表 9 – 2　广告效果测试阶段说明

表现层面			媒介层面	沟通层面	销售力
	概念测试	文案测试	广告接触	沟通效果	销售力
评估时机	提交完稿之前		广告发布之中/之时	广告发布之后	广告发布之后
评估内容	品牌主张、诉求点、广告代言人等	文案、文稿、故事版、录影带	注目率、视听率、点击率、精读率、理解度、记忆率等	认知、回忆、态度等	（使用牵引率等统计指标）不同广告支出、媒介、诉求策略对广告效果的影响

1. 发布前测试

在广告形成阶段，广告策划人员的主要工作是确定广告应该“如何说”的问题。广告发布前测试又叫“事前测试”，即在制定了广告草案后，在广告战役实际展开之前对其进行检验，以帮助广告策划人员选择方案或进行局部修正。广告公司一般会为此进行概念测试和文案测试。

广告发布前测试具有以下两大优点：

◎ 与发布后测试相比，能以相对较低的成本获得反馈，此时广告主还未投入大量资金发布广告，事前测试可以帮助广告主及时诊断、消除广告中的沟通障碍，有助于提高广告的有效性；

◎ 可以预测广告目标的实现程度，例如，假设广告战役的主要目标是提高品牌的知名度，那么这个目标就可以在事前测试中加以测定。

但广告发布前测试也存在着一些缺点，主要有以下几点：

◎ 发布前测试大多是在被测试者看了一次广告后进行的，无法测出他们在接触多次广告后或在其他营销活动配合的情况下的反应，因此得到的是个别广告而非整个广告战役的效果；

◎ 发布前测试可能会延误时间，而许多广告主认为，抢先占领市场会给自己带来压倒竞争者的独特优势，因此他们常常为了节省时间、确保这种地位而放弃测试；

◎ 发布前测试效果与实际效果往往不一致，例如，否定性诉求广告在发布前测试中往往得分不高，但实际效果却可能很好；相反，幽默、轻松、娱乐性广告在发布前测试中得分往往高于其实际效果。因此，对广告的发布前测试结果要加以分析。

2. 发布中测试

发布中测试就是在广告活动进行的同时对广告效果进行测试,目的是测试广告发布前测试时未能发现或确定的问题,以便尽早发现问题,及时加以解决。这种测验大多是在实际情景中进行的。

发布中测试主要有以下两个优点:

◎ 与发布后测试相比,它能及时收集反馈信息,并能依据这些信息发现广告沟通中的各种问题,然后迅速有效地加以纠正;

◎ 由于发布前测试是在人为情境中、在较小范围内进行的,而发布中测试是在实际市场中进行的,因而与发布前测试相比,其所得结果更真实、更有参考价值。

3. 发布后测试

广告发布后测试又叫"事后测试",即在整个广告活动结束后对广告效果进行测试。它根据既定的广告目标来测试广告结果,因而测试内容视广告目标而定,主要测试内容包括品牌知名度、品牌认知、品牌态度及其变化、品牌偏好及购买行为等。现在,发布后测试几乎已成为大型广告主和广告公司的惯例。

与发布中测试一样,广告发布后的测试也是在自然情景中进行的,其作用主要是:

◎ 评价广告策划是否达到了预定的目标;

◎ 为今后的广告策划提供借鉴;

◎ 如果采用了几种广告方案,则对不同广告方案的效果进行比较。

如果从测试广告效果的目的来看,广告发布前测试、发布中测试与发布后测试的最大差别在于:发布前、发布中测试的作用是诊断,旨在发现并及时消除广告中的沟通障碍;发布后测试的作用则是评价广告刊播后的效果,旨在了解广告实际产生的效果,以便判断工作的成效,为今后的广告活动提供一定的借鉴。

4. 测试注意事项

在进行测试时,必须注意一些重点事项的安排。

首先,测验样本中的被测试者必须是该广告产品的目标消费者。因此,用男性被测试者来评估女性日用产品的广告,或以工薪阶层消费者作为被测试者来测试高档轿车都是不妥的做法。除此之外,被测试者的人数还必须达到一定的量,人数太少,测验结果就很难令人信服。

其次,要给定恰当的测量指标。能否正确判定一条广告是否有效,在很大程度上取决于测试时所使用的指标,而测试指标又取决于广告目标或测试目的。广告目标不同,选定的评估标准自然也不同。如果广告的目标是让消费者认知一种新产品,那么,评估标准就应该是该产品在目标消费者中的知名度；如果广告的目标是提高目标消费者对广告品牌的好感，那么，评估标准就应该是消费者对这个品牌的态度。

再次，要做好事前—事后测试计划。事前—事后测试即在广告正式投放前进行测试，了解目标消费者在广告发布之前对广告品牌的认知与态度；然后再在广告发布后进行测试，将两种测试的结果进行比较，两个结果之差就是整个广告活动的效果。没有事前测试，就无法确定广告发布后的测试结果是早已有之，还是本次广告活动带来的，也无法确定广告活动的效果到底如何。事前—事后测试的思路与 DAGMAR 模式（Defining Advertising Goal for Measured Advertising Results）①的操作思路非常一致，是广告目标管理方式中的重要环节。关于 DAGMAR 模式，我们稍后将专辟一节加以探讨。

第二节　广告表现效果调查

在广告的策划、创意、制作与媒介发布等诸环节中，广告代言人、广告讯息、广告媒体等都对广告的效果具有重要的影响，而这些因素（变量）又是广告主可以控制、操纵的。因此，广告主必须对其中的每一个变量单独进行效果试验、检验，以便及时纠正其中的不利因素。

在广告制作表现阶段，广告作业会涉及诉求点的创意提炼、文案撰写、设计制作、模特挑选等细节。在这些繁复的工作中，即使操作没有偏离广告策略，但如果表现和制作都没有达到有效传播的要求，那么就要及时测试广告效果，以便随时纠正偏差，以免步入歧途，造成资金、时间和精力的巨大浪费。

广告表现效果调查的目的

无论是测试广告的概念、文案还是代言人，都离不开两个重要的指标：传达力和说服力。

前者表明了广告的传播效果，具体指广告从众多广告中脱颖而出并被消费者记住的

---

① DAGMAR 模式：1961 年，美国企业管理顾问、广告专家科利（Russell. H. Colley）在《为衡量广告效果而确定广告目标》一书中提出了 DAGMAR 模式，即“为度量结果而确定广告目标”（Defining Advertising Goal for Measured Advertising Results，DAGMAR）。他认为，广告的成败与否，应视它是否能在正确的时间、以恰当的成本，有效地将想要传达的讯息与态度传达给恰当的人。因此，在广告活动尚未展开之前，应先测试市场状况，然后以测试所得之值作为基准点确定必须达到的广告目标，按照所设定的目标展开活动。广告活动完成后，再进行一次市场调查，判断广告是否达到了预期的目标。DAGMAR 模式的建立，为制定广告目标和测试广告效果奠定了良好的基础。

能力,其中包括广告回忆指标、记忆力指标和沟通效果指标等;后者则表明了广告为品牌创造有利印象的能力。

1.测试概念

在广告策划的决策阶段,我们首先要决定应该向广告诉求对象说什么。广告讯息的内容和诉求方式是影响广告效果的重要因素,因而是广告评估的一项主要内容。有鉴于此,在诉求点等主要广告概念形成的阶段,广告主就可以开始进行概念测试。同时,概念测试也是寻求和确定品牌价值主张的有力工具。

概念测试的主要思路是:从消费者的角度测量品牌的价值主张是什么?广告传达是否清楚?广告讯息是否提供了受众最关心的内容?例如,在测试中,我们可以关注"XXX广告有没有提供能诱导消费者尝试该产品的理由"。待广告在媒体上发布之后,我们就只能测量受众记住了多少广告讯息,他们对品牌价值主张理解到什么程度,是否记住了广告口号或广告品牌等。到这个环节,一旦发现广告在概念或表达方式上有缺陷,再要想进行弥补就得花费大量的金钱和人力了。

2.测试代言人

作为一种广告讯息来源,广告代言人对广告效果有着重大影响。广告代言人是否可信、是否具有说服力、其形象是否与广告产品形象相符?这些问题都会对广告效果产生直接而重大的影响,因而必须加以测试。

周润发对塑造"百年润发"的品牌形象可谓功不可没,但更多的广告虽然付出了昂贵的代价利用明星,但其测试结果却表明,明星对于这些广告主的讯息并未产生有利的、有力的影响。而且,一旦明星出现负面新闻或魅力衰减,他们不仅会使广告讯息的吸引力、影响力逐渐减少,甚至还有可能产生副作用,削弱甚至伤害广告主的品牌形象。因此,要及时测量广告代言人对广告效果的影响。

3.测试文案

在文案(脚本)作为完成的广告讯息投放前,要想判断它是否能达到广告主的预想目标,就必须在广告发布前用科学的方法进行测试,在判断出效果最佳的广告文案之后再进行大规模的投放,以免重大的经济损失。

广告文案测试主要测试广告的创意、文案、故事板、影像等,文案测试的对象首先是目标消费者,因为只有目标消费者对广告的反应才是最重要的因素,完全依赖创意小组的判断、个人经验和个人直觉未免风险太大。

4.测试社会影响

如果说广告过去对社会生活的影响可能微乎其微,那么今天的广告对人们日常生活的影响已经达到了不容忽视的地步。广告表现的社会效果测试关注广告发布后可能对社会某些方面产生的影响,包括正面的与负面的,如社会观念、生活价值观、消费观念、文化和民族宗教等。

广告表现的社会影响之所以演变成了一个重要的广告测评指标,是因为在新媒体环境下,每个接触讯息的人不再仅仅是受者,他同时还具有发送讯息的能力,足以成为传播者。在社交媒体大发展的今天,一旦表达不当的广告发布出来,其所产生的社会影响便可能非常严重,甚至可能引发与审美、策略、消费观点、社会文化、社会责任等问题相关的负面话题,给广告主带来极为不利的影响。

广告表现效果的测试方法

1. 小组讨论法

小组讨论法指由七八人组成小组,在轻松的气氛下,在主持人的引导下自由讨论的测试方法。主持人以能把握会场的心理专家为宜。测试时,要求被测试小组的成员对广告表现内容进行评论,如提供两条不同表现的广告,然后让他们对广告一一进行评论。概念测试常采用此法。

小组讨论法通常要先备妥提问的项目,然后由主持人逐一提出供小组成员讨论,并将之录音或记录在案,同时也可以利用单面玻璃或隐秘式麦克风,观察小组成员的表情及发言情形。至于小组成员,则以同质者为佳,例如年龄、嗜好、学历、职业等因素的同质,以免造成沟通上的障碍,影响讨论的气氛。

这种方法可以使每一个小组成员自然流露其潜意识的动机,可以激发思考,可以防止个人面谈时的过度夸大,可以减少人力。不过,在实施过程中,要考虑发言机会的均等,在选择受测验的对象时要慎重,各项准备工作也要周全。

小组讨论法具有多种功能,所以广泛地应用。比如在测试文案时,按照研究目的选择小组成员,然后向其展示广告作品,请他们对广告表现内容进行评论,按照座谈会大纲进行讨论。比如问一些问题:看过广告片后您的第一感觉是什么?请描述一下您看到了什么?您认为这条广告想表达什么主要信息?广告片里有哪些不明白的地方?有哪些不喜欢的地方?

2. 认知列表法

人们普遍认为,受众会在接触广告之时或之后产生某些思维或认知活动,认知列表调查法的目的就是探明广告所引起的具体认知。概念测试常采用此方法。

这种调查的关注重点是已经完成或快完成的广告在消费者心里引起的认知活动。一般的做法是:调查人员将被测试者分成小组,让他们观看广告,广告观看活动结束后即刻要求被测试者写下他们在看广告时心里产生的所有想法,然后从中了解潜在受众如何理解广告并做出反应。

之后,调查人员可以运用多种方法对这些反应进行分析。一般说来,调查人员会采用简单的计数方法计算被测试者感觉“好”与“恶”的比例,还可以记录被测试者将自己与广告联系起来的次数——即“哪里对我有好处”或“什么看上去像我想要的东西”,并比较不同的广告在播放(展示)过程中产生的这类数字。

这种测试可以在实验室中进行,也可以在自然情景中进行。我们可以通过相关测试,比较、评价候选广告方案,然后在若干个备选广告方案中选择出最佳的一个。

3.语句完成法

语句完成法指利用不完全的提示、刺激来发现潜意识动机的方法。实施语句完成法时,调查人员向被测试者提示不完全的或未完成的语句,然后由被测试者按照自己的意思完成句子,借此了解其动机。语句完成法也是概念测试时常采用的方法。

在语句完成法中,如果测试回答的范围受到限制,就是限制完成法;如果不受限制,就是自由完成法。

下例为针对轿车的自由完成式调查问题:

(1)轿车是____________________

(2)最适合的轿车颜色是____________________

(3)拥有轿车时,最让人感到困扰的是____________________

(4)将轿车命名为____________________,理由是____________________

(5)拥有轿车时,最让人感到满意的是____________________

下例为限制完成式调查问题:

(1)来一交露营,感觉就像____________________

(2)家庭主妇的工作是____________________

(3)包装精致的曲奇是____________________

上述语句的联想侧重于了解被测试者在感情、态度上的倾向及其注意的范围或对象等。

4.语句联想法

语句联想法指将一幅广告向被测试者展示几秒钟,然后收回广告,要求被测试者马上讲出或写下他当时想到的几个单词,然后将各个被测试者反应的单词汇总起来进行分析。

这种测试方法可以通过被测试者受到广告刺激时所产生的联想,判断受测试者看到广告时的心理反应,测定其对产品是否有好感。

联想可以分为以下几类:

◎ 心情联想:反应语包括主观的感情、好恶、愿望等,如干净、好、恶;

◎ 状况联想:反应语包括客观的性质、形态等,如“冬天——寒冷”;

◎ 叙述联想:反应语意味着客观的评价,如“小鸟——唱歌很好听”;

◎ 动作联想:反应语叙述习惯性动作,如“吵架——打”,“白粉——擦”;

◎ 包容联想:刺激语与反应语有隶属关系,如“模型车——玩具”;

◎ 因果联想:刺激语与反应语为因果关系,如“打架——受伤”;

◎ 例示联想:反应语举出实例,如“算数——加法”;

◎ 要素联想:反应语表示刺激语的部分材料和构成要素,如“钟表——发条”;

◎ 场所联想:由场所联想到的东西,如“剧场——喜剧”;

◎ 共存联想:刺激语与反应语为共存关系,如“碗——筷”;

◎ 相反联想:刺激语与反应语为类似关系,如“红——春联”;

◎ 类似联想:刺激语与反应语为对立关系,如“战争——和平”;

◎ 印象联想:刺激语与反应语为印象关系,如“丝袜——女人的小腿”;

◎ 模仿联想:刺激语与反应语为模仿关系,如“地球——地球仪”;

◎ 同义联想:刺激语与反应语为同义语,如“电影——活动”;

◎ 添加联想:反应语是在刺激语上添加词句而成,如“蛋——煎蛋”;

◎ 间接联想:刺激语与反应语为间接关系,如“钟表——迟到”;

◎ 无意联想:刺激语与反应语毫无关联,如“钥匙——鞋子”。

5. 故事板录像测试

故事板录像测试是专门为试验电视广告粗稿而设计的。故事板录像测试通过故事板和配乐声带准备好广告片,然后在被测试者通过电视监视器看过故事板广告之后,逐一对他们进行面访。此时提出的问题会涉及广告的劝服力、喜爱度、可信度以及其他特点。故事板录像测试可以充当评判试验广告的依据。

6. 专家意见综合法

在广告作品或媒介组合计划准备完毕之后,广告策划人员通常会拿出几种可供选择的方案,请有经验的广告专家、权威人士、营销专家等对广告作品和媒介组合方式将产生什么效果做出多方面、多层次的预测。

7.机械测试法

研究人员对感知觉(包括模式识别)、注意、记忆、语言、思维与表象、意识与决策过程的研究为广告活动提供了全新的效果测试角度。认知科学的一些研究方法和研究工具,如反应时(RT)、脑电图(EEG)、事件相关电位(ERP)、正电子发射断层扫描技术(PET)、皮肤电流反应(GSR)、脑磁图(MEG)、功能性磁共振(fMRI)和眼动追踪等正在广告传播效果研究中得到探索和应用。常用的测试机械有眼动仪、瞬间显示器、fMRI、内隐联想测验等。

(1)眼动仪

眼动仪是一种记录和分析眼球运动轨迹及停顿时间的装置,也是心理学基础研究中完成视向心理测量的重要仪器。眼动仪通过追踪、记录人在处理视觉信息时的眼动轨迹特征(Eye-Movement Tracking),让调查人员清楚地了解受众注视广告时的先后顺序,对画面某一部分(兴趣区间)的注视时间、注视次数、眨眼间隔时间、瞳孔直径变化等,以此来分析观看者的心理活动。比如,对不同内容的注视时间等可以反映出被测试者的兴趣、意图和消费动机等。

眼动分析有助于广告主了解广告受众是否按广告制作人的意图去注视广告,是否漏看了广告主最为关注的重要讯息,如公司名称、商品名称及产品与众不同的特点、品牌标识等。这种分析还可以为广告设计者合理安排广告布局(重要讯息的位置)、插图和文案提供有用的依据,为评价广告设计效果提供客观的指标。例如,眼动研究曾揭示了一个重要现象:互联网的横幅广告或看起来像广告的讯息(例如红色的大字体)往往会被用户忽略。

(2)瞬间显示器

瞬间显示器是一种能够在较短时间内向被测试者显示广告物的装置。该装置的开闭处有类似照相机快门的机关,可按操作要求在1/1000秒至数秒间内向被测试者显示广告海报、实物广告这类信息。调查人员通过这种装置,可以测试被测试者在接触到瞬间讯息提示后对广告所产生的印象。

(3)皮肤电流反应法

皮肤电流反应法(GSR)根据人在感情变化时皮肤汗腺扩张出汗,造成皮肤电阻减小、电流容易通过这一生理反应来测定被测试者在看见广告讯息时在皮肤上表现出来的反应。调查人员在被测试者手指上夹上电极并通微量的电流,在他接触广告时,如果感情上发生变化,仪器便会在记录纸上记录皮肤电阻的微小变化。皮肤电流反应法可以单独使用,但在测量时往往还需要同时监测受试者的脉搏和呼吸变化。

(4)内隐联想测验

内隐联想测验(Implicit Attitude Test,简称IAT)由格林沃尔德(Greenwald)于1998年提出,这种测试法以反应时间(RT)为指标,给被测试者出示一组词(目标词和属性词),让其尽快辨别归类并按键反应,反应时间则被自动记录下来。通过一种计算机化的分类任务,调查人员可以测量被测试者自动联系两类词(概念词与属性词)的紧密程度,继而测量该个体的内隐态度等认知,目前该方法已被用来测量受众对概念的关联性认知。

(5)脑电图

近年来,基于脑电波(EEG)信号的信息测量分析方法异军突起,该测量方法可以通过连接大脑与计算机的互联装置,测量人们对焦点事物的关注度和情绪,目前在神经营销领域中属最常用的测量方法。

大脑中的每个神经元靠微量电流传递信息,当很多神经元都在传递信息时,大脑就会产生可以被机器记录到的脑电波,脑电波对大脑活动的记录可以在时间上精确到1毫秒。因此,脑电波的数据可以呈现出受众的注意力、情绪变化以及形成或唤起记忆方面的变化,从而帮助广告策划人员解决"怎么设计广告才可以抓住消费者的眼球?""怎样才能给受众留下深刻的记忆?"这类问题。

(6)fMRI

广告策划人员可以利用认知神经科学中的功能性磁共振(fMRI)技术,在发布新广告和开发品牌前对消费者的大脑图谱进行研究,了解他们对特定广告和产品的反应过程。

在fMRI测量过程中,大脑的哪个区域工作越活跃,那块区域就越亮。通过追踪这一过程,调查人员可以判断某一时间点被测试对象的哪个大脑区域处于激活状态,而不同的大脑区域则对应不同的人类情感/理性特征。

借助fMRI,对大脑的研究便可扩展至记忆、注意力、决策等环节。在某些情况下,fMRI技术甚至能够识别研究对象见到图像或阅读词语时的真实反应。有关技术在广告效果测试中的使用,将为概念测试、文案测试、态度测试等环节提供准确的结论。

在广告效果测试中,机械法是一种重要的测量手段,可以比较客观准确地记录消费者接触广告时的反应状态。但机械法也有其不足之处,比如,它不宜用于做大型调查,只能局限在实验室里进行。

8.仿真测试法

仿真测试就是将被试广告置于仿真状态下进行测试,主要有三种类型:影视广告测试、印刷广告测试和直邮广告测试。这些测试方法都尽量模拟真实的环境,因此测量所得的结果也更接近于真实。

(1)影视广告测试

分裂式有线传送系统通过有线网络,直接向同一市场内两组相似的家庭样本分别传输同一广告的两个不同版本,从而对这两个不同的版本进行测试。这种方法可以为广告的暴露提供高度真实的自然环境,调查人员可以控制广告讯息的传输频率、传输时间等因素,然后根据测量到的暴露度、回忆度和说服力等指标,对广告进行比较。

在影剧院测试方法中,调查人员可以在购物中心内或商业街附近的影剧院中对广告进行测试。参加测试的观众利用一种电子仪器表示他们对所放映广告的好恶。但影剧院测试有一个问题:我们难以判断被测试者表示的是他们对广告讯息的真实感受,还是对广告产品的真实感受,因此必须靠资深调查人员来解释调查结果。

(2)印刷广告测试

多胞胎版发行法是针对印刷媒介的一种测试方式。调查人员在两本(及以上)相同的杂志中分别放入同一广告的不同版本,在设计广告时附带一份回执卡,以此充当评估广告的依据,也可以采用赠券和免费电话号码的方式。这种测试方法以即时反应为一种试验标准,因而得到的反应真实度较高。

这种测试也可以采用仿真的广告载体来进行。例如仿真杂志,它含有各种内容和若干条仿真杂志广告,调查人员在仿真杂志中插入一条或几条受试广告,然后要求被测试者像平常那样阅读。这种测试通常在消费者家中进行,因此具有一定的真实感。被测试者阅读完毕后,调查人员向其提出与仿真载体内容和广告有关的问题,其中比较典型的问题包括被测试者对受试广告的回忆度、对广告及产品的感觉。这种方法最适用于比较不同的广告讯息。

(3)直邮广告测试

调查人员准备好直邮邮件的各种版本,然后将它们送到邮寄名录的不同细分组,引起最佳销售效果的版本就是好版本。

(4)OAT 测试

OAT 测试即广告脚本测试 Off Air Test。OAT 方法是宝洁公司和市场研究公司长期研究积累形成的电视广告效果测定方法,是为了保证新广告投放的有效性而进行的投放前测试,旨在通过测量消费者的购买潜力及其对广告的反应和记忆,来评估新广告是否值得投放,以及在值得投放的前提下该广告还有哪些方面有待改进,以便做到心中有数,确保广告讯息能有效地促进产品销售。OAT 测试方法除了可以对广告创意和文案脚本进行测试外,在最终决定要发布哪条广告片时尤其有用。

OAT测试也模拟真实的环境，主要测试三个核心指标：TPM（购买潜力测试值）、Reaction（消费者反应）和Recall（消费者记忆度）。调查人员通过测试了解目标消费者对广告的评价、对广告的记忆程度、对广告概念的理解和评价，以及广告对他们选择品牌有哪些影响。

第三节　广告媒介效果调查

ARF模式

1961年，美国广告调查财团（ARF）公布了自己的广告媒介效果评估模式，称为ARF模式，其主要内容如图9－4所示：

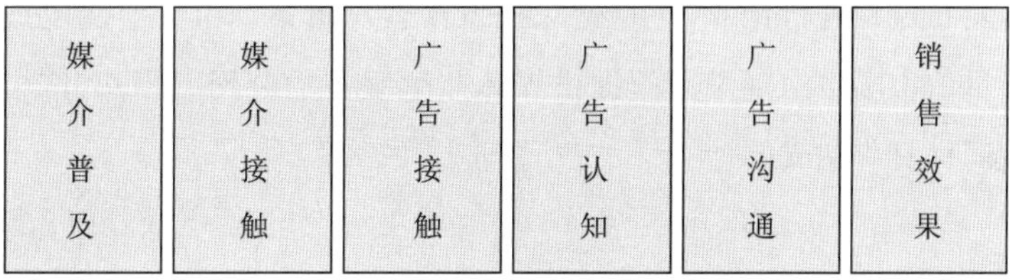

图9－4　ARF模式的主要内容

图中的“媒介普及”，在电波媒介中指收音机和电视机的总保有量或拥有收音机/电视机的总户数；在印刷媒介中则指报纸、杂志的发行份数或实际销出份数，这两部分构成媒介普及总数。

“媒介接触”指潜在听众、观众的总数。具体来说，电波媒介的接触率指特定时间内电视观众和广播听众的总数，或在特定时间内打开收音机/电视机的总数；印刷媒介的接触率则指包含传阅读者在内的读者总数。

“广告接触”指广告单位接触的听众、观众总数，以及受众接触广告单位的频次总数。具体而言，电波媒介的“广告接触”指收听、收看广告讯息的听众或观众的总和；印刷媒介的“广告接触”则包括报纸和杂志两个方面，报纸方面指报纸的读者总数乘以特定版面的广告注目率的积数，杂志方面则指某期杂志某广告的读者总数。

在ARF测试法中，纯粹体现媒介广告效果的指标有三个：媒介普及、媒介接触和广告接触，更高的效果指标则是广告认识、广告沟通和销售效果，它们不仅体现了广告媒介的效果，同时也体现了广告媒介和广告表现的综合效果。

通常，广告媒介效果评估更多的是直接针对图9－3中的前三项展开研究，而很难直接监测后三项内容所体现的广告沟通综合效果。

传统媒体渠道的广告效果监测

传统媒体渠道的广告效果测量重点是接触效果。在媒介公司的提案中,我们常能看到他们用曝光率、收视率、点击率等数据来证实广告投放的效果,但是,这些数据其实只代表了广告的可见机会,即广告被人看到的可能性有多大,是完全从媒体选择的角度来说明效果。

对广告发布前后媒体的真实效果,广告策划人员要采用一些实用的监测方法进行了解,监测内容主要包括发布过程、广告视听率、媒体环境与投放策略四部分。

1.广告发布过程监测

广告发布监测指监督和记录广告发布的结果。就电视媒体、广播媒体而言,广告是否在某时段发布过？如果没有即时的监测,一旦广告误播或漏播就很难发现。因此,广告公司必须对广告发布过程进行记录,并将记录提供给客户备案。由于监测电波媒体的工作量较大,所以,目前市场中出现了专门提供媒体监测服务的公司。当然,广告发布监测对于平面媒体也同样具有意义。

2.视听率调查

视听率调查主要计算接触到广告的人数,包括看到平面媒体广告和看到、听到电视与广播广告的人数。

在制订媒体计划前,策划人员了解的往往是以往某时段或某版面的视听率,而要想掌握某次广告发布的视听率,则需要及时进行了解。这部分工作主要体现在电视媒体、广播、杂志媒体上,尤其在视听率变化、不稳定的时候,更要进行监测。

调查人员可以直接通过电话听取被测试者对问题的回答,也可以用书面提问的方法进行调查,再辅以各种机械(包括在实验室进行测定)来测量家庭的电视视听率。目前比较常用的方法有机械调查法和日记调查法。

(1)机械调查法

机械调查法是收视率调查中较常用的方法之一。调查公司将测量仪安装在电视机内,借此对电视视听率进行测量。该装置通过电话线与调查机构的计算机相连,按设定的时间自动记录电视节目的收视状况,然后由计算机汇总统计、出具报告,或向需要的客户提供统计数据。

(2)日记调查法

日记调查法将调查表发给样本家庭,并告知其电视收看或广播收听的记录方法,让其在调查表上记录收看(听)的日期、时间、台名以及节目名称,再由调查员按时回收。

通过视听率调查,我们能够对以下几个问题做出判断,并及时纠正失误(见图9－5)。

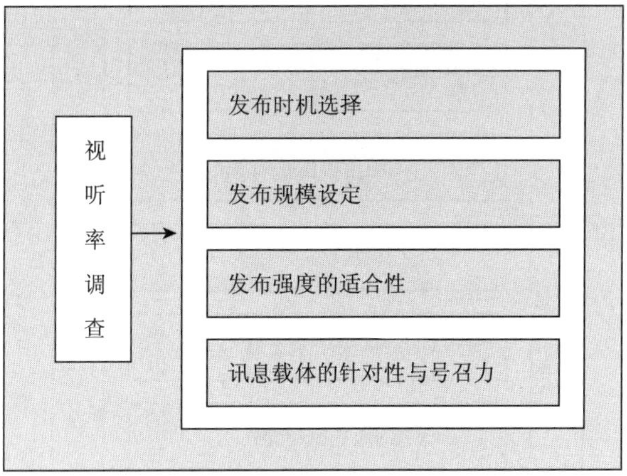

图9－5　视听率调查的内容

3.媒介环境监测

无论广告讯息发布在哪个广告媒体的哪个版面或时间,都必然会与该媒体该版面或时段附近的其他内容产生一定的关联,这些内容也会在一定程度上影响广告讯息的效果。所以,对广告发布的媒介环境进行监测,了解其对广告讯息的影响,对广告避免媒介环境的不良影响具有十分重要的意义。

媒介环境中有两种因素可能会影响广告讯息的效果:一是广告版面或时间附近的媒体内容,比如某时段的电视连续剧或电视栏目的内容,报纸广告附近的新闻报道、评论文章的内容。如果在某汽车广告的版面上有关于交通事故的大篇幅新闻,就有可能对该广告的效果产生一定的负面作用。

二是广告播出(刊出)的时间内或版面上同时还有大量其他产品或品牌的广告,这也可能对广告讯息产生一定的不利影响。比如该时段广告讯息量过大或经常出现竞争对手的广告、广告版面内的广告质量普遍不高等,这些都是在对广告讯息发布环境进行监测时需要注意的问题(见图9－6)。

一旦发现广告讯息的发布环境中出现过多负面干扰因素,就要考虑及时更换时段、版面甚至广告载体。

4.广告媒体与投放策略

以往在制定媒体策略的过程中,媒体投放的决策依据大多是对收视率的估计和对媒体质量的评估,但是,不同的媒体到底会对广告发布产生哪些效果?不同的广告讯息投放频次会有什么作用?这些具体而宝贵的评估却没有得到充分的运用。所幸媒体投放经验

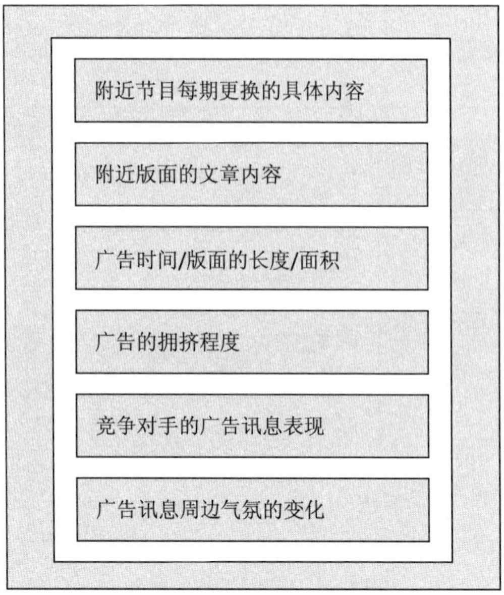

图 9－6　广告讯息发布环境的主要监测内容

还可以在一定程度上帮助解决这个难题。

在一个品类的产品或一个成熟的品牌投放广告之后,通过测量其广告媒介投放策略,可以解决以下几个问题:

◎ 记录和测量不同媒体的广告效果,判断哪个媒体最有效;

◎ 记录和测量不同投放频次的效果,判断最佳的广告频次,减少广告浪费;

◎ 记录和测量不同媒介排期对广告效果的影响;

◎ 记录和测量相似广告目标、投放行为的组合效果。

通过数据和经验,我们可以推测出不同媒体、不同投放频次、不同媒体排期等广告媒体策略的效果。例如,我们可以判断是连续投放广告效果好,还是分散投放广告效果好;保健品广告是一年四季投放收效好,还是集中在节庆等礼品购买集中期投放收效好。

网络渠道的广告效果监测

随着网络广告的快速发展,网络广告的效果监测也变得越来越重要。以往的广告调查主要关注"到达"和"注意"这两部分的效果,但网络广告的效果却与网络用户接触广告并与之互动的整个过程有关。在对网络广告效果进行调查时,调查人员将更全面地考察用户与广告互动的整个过程,比如:用户接触媒体行为的质与量,用户在广告投放后发生了哪些持续的接触和行为方面的改变。

1. 效果发生理论

网络广告效果的发生模式是广告策划人员关心的理论重点，其中主要有 AISAS 模式和 TIIAS 模式等。

AISAS 模式是电通广告公司（Denstu）针对互联网与无线应用时代消费者生活形态的变化而提出的一种消费者行为分析模型：Attention 代表注意，Interest 代表兴趣，Search 代表搜索，Action 代表行动，Share 代表分享。TIIAS 模式与此相类似：Touch 代表接触消费者，Interest 代表引发消费者兴趣，Interaction 代表消费者与品牌互动，Action 代表促成行动，Share 代表分享与口碑传播。

以上两个新模式大同小异，都突出了网络和社交媒体背景下传统媒体无可取代的全新传播理念——以生活者为主体的传播，消费者不仅可以通过网络主动获取信息，还可以作为发布信息的主体，与更多的消费者分享信息。这就决定了在测试数字媒体的广告效果时不仅要测试用户的接触行为、认知行为等因素，还要测试他们在一段时期内转化行动和扩散信息的能力。

2. 网络广告效果监测指标

如果将网络广告的效果评估局限于对网络广告流量本身的监测统计，我们就只能测量到广告本身的浏览/印象数、点击量、点击率、受众量、受众地理分布等一些简单的统计数据。这种孤立的广告效果评估方法不仅在受众、行为、消费、品牌等维度上存在数据上的缺陷，而且还因为测量局限于广告投放的瞬间，因而无法在广告与销售之间建立起动态的关系。

目前比较有效的网络广告效果监测指标主要有三种：广告的显示和点击、广告后续行为以及广告持续效果。

（1）广告的显示和点击

网络广告监测的基本指标有 PV、UV、浏览（量）、显示（量）、唯一显示、广告投放量、播放量、完整播放量、完整播放率、创意决策时间、点击（量）、唯一点击（量）、点击率、唯一点击率、千人成本（CPM）、单位成本（CPC）、广告频次、地域等常用指标。需要指出的是，网站的 PV 和 UV 不等同于广告显示（被观看和调用的数），更确切地说，它们代表的是广告的投放量（广告代码的调用数）和播放量（广告文件的播放数）。

（2）广告后续行为

广告后续行为指网络广告被点击后发生的行为，后续行为追踪主要分析广告使受众在质上发生了什么变化，技术统计上称为“营销点”。后续行为可以分为受众的网站访问时长（访问网站的停留时长）、访问深度（到达页面的属性，是引导页、产品页还是销售购买页)、访问广度(到达页面的不同频道属性),测量时往往辅以显示到达(率)、访问轨迹、跳出率、目标转化率、黏着度等指标。

(3)广告持续效果

广告持续效果指网络广告投播后一段时间(一般统计分析为4周)内产生的持续效果,广告持续效果分析就是对该时间段内的广告效果进行统计分析。互联网广告的易监测特性,决定了网络广告持续效果可以通过定量分析来完成。该分析的参数指标包括:显示到达(率)、持续拜访量、广告覆盖度、广告重合度、绝对唯一访客等。

3.网络广告效果监测的方法与组织

对网络广告效果进行监测时大多采用网站媒体及网络广告投放方自己提供的数据,第三方的监测数据在分析、应用上仍存在明显的弱点。因此,人们普遍认为网络广告的效果监测缺乏权威的第三方审计与认证,同时也长期被多种“数据造假”问题所困扰。

目前,网络广告效果的监测类型主要有两种:网络媒体监测和网络舆情监测。

(1)网络媒体监测

◎ 通过服务器终端统计访问人数:网络媒体方及网络广告投放方可以通过网站服务器数据生成并分析与广告效果相关的诸多指标。相关数据可以随时反映在什么时间、有多少人访问过广告主的广告页面,有多少人点击过广告图标,有多少人访问过载有旗帜广告的网站;

◎ 通过广告评估机构:由专业的第三方网络调查公司对固定样本的在线数据进行调查,提交与广告效果相关的数据;

◎ 通过网络广告效果评估软件:有多种网络广告管理软件(监测系统)拥有网络广告报价和效果评估集成工具,可以监测投放了广告的网页的浏览量和指定网络广告的点击量,并提供浏览者查阅的时间分布和地域分布,从而帮助广告主调整自己的网络广告策略;

◎ 通过用户反馈量:一般来说,如果广告投放后广告对象反映比较强烈,反馈量大大增加,说明投放的广告比较成功;反之则说明投放的广告不太成功。

目前,广告主在网络媒体上投放广告的依据主要还是网站提供的浏览量和点击率数据。随着广告主对数据真实性以及相关服务的要求越来越高,由第三方来为网络广告效果的评估提供公正、客观的数据已成为必然趋势。

(2)网络舆情监测

网络舆情监测通过搜索引擎、综合门户网站、垂直门户网站、论坛、博客、微博、新闻跟帖转帖、社交网站、视频、图片分享网站、资源聚合网站等监测网络广告所引发的用户反应和网络舆论。这里所讲的网络舆情监测主要监测广告、品牌、产品、服务、客户关系、生产线、企业领导人及其他公司的相关信息等，特别是监测消费者的舆论动向，如：

◎ 消费者对品牌或服务感觉怎样？

◎ 哪种网络话题可能推动或伤害品牌？

◎ 关于行业、公司、品牌都有些什么具体的话题？

◎ 哪些事件、趋势和议题可能影响行业或品牌？

◎ 对产品或品牌的线上线下活动，消费者有怎样的反馈？

◎ 哪些话题可能使品牌遭遇舆论危机？

网络舆论监测工具分为免费工具和收费工具两类，中小型企业可以采用免费的舆情监测工具，大型企业则可以购买专业的舆情监测软件。此外，企业还可以委托公关或舆情监测专业公司监测与分析某个命题或日常舆情。国内外也有许多种网络舆情监测工具和方案可供选择，如以下几种：

◎ 综合监测：比如利用百度和谷歌，通过关键词定期搜索一段时间内的网络信息，掌握相关的网络舆情；

◎ 监测主流网络媒体的新闻信息：比如订阅百度新闻，定期接收订阅邮件，掌握与命题或企业相关的媒体报道，同时了解竞争对手及业界状况；

◎ 监测论坛、博客、微博等社区信息：比如通过各个博客和微博网站、百度博客搜索等关键词搜索，掌握企业在社区中的相关话题，同时了解竞争对手及业界的相关话题；

◎ 搜索其他平台的信息：如通过百度和谷歌的视频和图片搜索功能，搜索图片和视频信息。

第四节　广告沟通效果调查

发布广告要求在两个层面上对沟通效果进行研究：一是广告讯息本身的沟通效果，二是广告讯息发布后目标受众对品牌认知的实质性改变。

广告认知效果测定

广告的沟通效果既可以在广告讯息发布的过程中加以测试，也可以在广告讯息发布结束后加以测试，主要的测试内容和方法包括认知测定、回忆度测定、态度改变测定等。

1. 认知测定

认知测定是让被测试者看一条广告,问他是否看过,如果回答“看过”,说明他对这条广告有所认知;反之则无。在对印刷广告进行测试时,调查人员将真正的广告拿给被测试者看,在对电视广告进行测试时,调查人员则要将脚本连同与之相配的图像一起拿给被测试者看,并可能问“你记得曾经看过图中的这条广告吗?”

2. 识别测定

识别度测试是在被测试者看完广告后测试广告是否已向其传递了正确的讯息,常见的做法是提供形象或商标,让被测试者识别,或将已经推出的广告作品或商品与其他广告或品牌混在一起,一一向被测试者展示,然后看有多少人能识别出已经推出的广告或宣传的品牌。

3. 回忆测定

回忆测试是在一定时间内测试被测试者对某一广告的记忆度和理解度。回忆测试包括纯粹回忆法和辅助回忆法,比如“你记不记得曾经看过联想电脑的广告?”就属于辅助性回忆。较大规模的调查还可以采用电话访问或家庭访问来完成。

有时,调查人员还可以真的把广告拿给被测试者看,并就广告的不同元素向他们提问,如标题和正文等。

4. 关联度测定

关联度测定指被测试者看完广告后,调查人员追问其看完广告后能联想到的与所看广告相关的一切事物。

5. 态度变化测定

典型的态度变化调查是在广告投放之前和之后对广告进行测试。调查人员从目标市场中请来一些被测试者,测试他们在接触受试广告之前和之后对广告品牌和竞争品牌的态度变化。

广播广告较少采用态度变化调查,这也许是因为大多数人把广播视为一种最有利于建立知晓度和回忆度而非影响态度变化的媒体。

品牌认知效果测定

消费者因为接触广告而形成了不同的认知、感受和判断,这些感觉和判断依次影响着消费者对广告的态度和对品牌的信念,又反过来进一步影响其对品牌的态度。

1. 品牌知名度测定

品牌知名度指知晓品牌的目标消费者的人数及其识别水平。品牌知名度有品牌识别和品牌回忆两个层次：前者测定在有提示的情况下，消费者是否能够分辨出某品牌名称；后者则测定在没有任何提示的情况下，消费者是否能够回忆出某品牌。测量时可以首先按一定的标准（如年龄或其他人口统计学特征）对目标消费者随机抽样，然后对被测试者进行个别访问或电话访问，询问的问题如：您能说出哪些手机品牌？您能说出其他的吗？您能记住X品牌产品的广告吗？在这张表中（表中包含许多品牌）您听说过哪种品牌？

与品牌知名度相关的概念还有品牌的"第一提及知名度"，拥有第一提及知名度意味着该品牌在人们心目中的地位高于其他品牌。当消费者产生购买某类产品的动机时，在消费者心目中排名第一、第二的品牌就有机会获得更多的销售机会。

2.品牌联想度测定

品牌联想度指能够联想到某品牌的人数及其联想水平。调查人员可以通过抽样测量了解目标消费者的许多问题，如：联想到某品牌的人数比例有多大？他们能否联想到品牌利益？他们能否联想到品牌的附加值？他们能否联想到品牌的理念？哪些人能够对该品牌产生一点、两点、三点联想？他们各占多大的比例？他们对该品牌有什么期望？通过了解这些问题，调查人员可以诊断该品牌的利益点或诉求点是否已经传播到位。

3.品牌美誉度测定

品牌美誉度指目标消费者对品牌的赞美和提倡程度。调查人员可以从指名购买率和品牌推荐率两方面来测量品牌美誉度。调查人员既可以安排导购记录每天指定购买该品牌的人数及其相关资料，然后计算出指名购买率；也可以通过邮递问卷或电话回访的方式调查消费者的购后满意度，调查他们是否有意或无意地向其他消费者推荐了该品牌，从而计算出品牌推荐率。

4.品牌忠诚度测定

品牌忠诚度指忠诚于品牌的人数及其对品牌的钟爱程度，测量品牌忠诚度的具体方法有比较法、频率测定法和货币测定法。

比较法根据某一消费者购买某类产品的历史资料，比较该消费者选择A品牌与其他品牌（B、C、D……）的次序，从而判断该消费者的品牌忠诚度。

频率测定法根据消费者选购某类产品品牌的历史资料，记下某段时间内该消费者购买这类产品的总次数T和选择某特定品牌的发生频率S，然后以S与T的比值（S/T）表示该消费者对该品牌的忠诚度。S/T的值越大，表示该消费者对该品牌的忠诚度越高；反之则越弱。

货币测定法通过销售试验，观察消费者对某特定品牌愿意支付的额外费用，以此来确定该消费者的品牌忠诚度。此处的额外费用既指购买产品多支出的现金,也指为购买该产品而多付出的时间成本和搜索成本等。

5.品牌跟踪

除了上述四种方法外,为了能够更好地确认时空变化条件下的品牌生存状况及发展状况,品牌跟踪(Brand Tracking)测定法也开始得到众多企业的关注。品牌跟踪法要求跟踪指定品牌的接触点时间和空间,以全面监测和分析品牌的生态变化情况和健康状况,进而评估品牌所处的生态环境。

品牌跟踪要调查五个方面的内容:品牌表现、品牌形象、品牌价值、广告的有效性以及消费者需求。其中,广告的有效性测量是结合广告支出的数据,对广告活动的有效性进行评估,其结论不但能帮助广告主权衡广告的投入和产出是否恰如其分,评估广告在提升品牌认知度方面是否有效,还可以帮助广告策划人员从品牌知名度、美誉度以及广告传达的有效性等多个角度对广告效果进行跟踪诊断。

第五节 广告销售效果调查

广告的销售效果即广告的经济效果,广告销售效果调查即以产品或服务的销售好坏来直接判断广告的效果。在广告讯息的传播过程中,广告效果是传播过程的终极体现:人们受广告的影响,实施购买广告商品或者响应广告的行动。因而广告的销售效果备受关注,尤其受广告主的关注。

由于销售效果是广告效果的一种体现,能反映广告对广告主营销状况的影响力度和影响结果,因此广告主将行动阶段的效果(如营销额之类)当作衡量广告效果的标准就是自然而然的事了。也因为如此,广告的"实效"逐渐成为评判广告决策的一个关键指标。而在衡量广告"实效"的诸多指标中,虽然销售(量)指标不是唯一的指标,但却是最直接、最有力的一个指标。

广告的销售"实效",可以采用三大类方法加以测定。

第一类:统计分析法

统计分析法运用统计学的有关原理与运算方法,推算广告费与商品销售的比率。统计分析法的主要方法包括广告效果比率法、广告效益法、广告费比率法、使用牵引率、PFA法、NETAPPS法和固定样本连续调查法七种。

1. 广告效果比率法

它表示销售量增加与广告费增加之间的比率关系，即在销售额不变的情况下，广告费增加的幅度越小，说明广告的经济效益越好。

2. 广告效益法

为了考察广告发布之后增加的销售额，可以计算单位费用的销售增加额，即每元广告费与广告发布后销售增加额之间的关系。这种方法能比较客观地反映广告的经济效果：广告效益得数越大，说明广告的经济效益越好。

3. 广告费比率法

这种方法计算每百元销售额的广告费代价，广告费比率越小，说明广告的效果越好。

4. 使用牵引率

使用牵引率是在广泛的领域里进行抽样，将所得样本分为两类：一类是对现有广告一无所知的人，从中找出使用该广告产品的人（即不知道广告但却使用产品的人），计算其百分比（X%）；另一类是对广告有深刻记忆的人，从中找出使用该广告产品的人（即既知道广告又使用产品的人），计算其百分比（Y%）。从上可见，假如不投放广告，则只有 X% 的人购买广告商品；一旦发布广告，则会有另外（Y－X）% 的人被广告吸引而使用产品。两组百分比之差便称为"使用牵引率"。

5. PFA 法

PFA 法（Plus for AD）主要用来测量广告投放后产生的吸引力。采用该方法首先要确知调查对象是否见到或听到过该品牌的广告，然后再问其是否购买过该品牌的产品。在取得确切数据后，可以通过以下公式进行计算：

$$\text{PFA 购买率} = \frac{\text{接触广告而购买的比率}}{\text{接触广告的总人数}} \times 100\% - \frac{\text{未接触广告但购买的比率}}{\text{未接触广告的总人数}} \times 100\%$$

或

$$\text{PFA 购买率} = \text{总人口数} \times \text{PFA 总比率}$$

$$\text{PFA 总比率} = \text{接触广告之人数占总人口的比率} \times \text{PFA 购买率}$$

6. NETAPPS 法

NETAPPS 法（Net Ad Produced Purchase，即纯广告销售效果法）由美国的斯塔齐（Daniel Starch）调查公司首创，它以销售量作为效果测定的指标，将商品的销售量与广告接触的关系用数学加以分析，计算广告效果指数 AEI（Advertising Effectiveness Index）。

该方法测量目标受众是否看过广告、是否购买过广告的商品，以此来分析广告所引起的购买效果。该方法从看到广告而购买的人数当中减掉因广告以外的影响因素而购买的人数,得到真正因广告而购买的人数,然后将这个人数除以全体人数,所得的值即广告效果指数(AEI)。

7. 固定样本连续调查法

该方法按简单随机抽样,抽出所要调查之人或家庭,然后对被调查人或家庭进行长期跟踪调查,比如给选中的家庭主妇发放购物日记簿,请她按照下列项目记录以下内容:

◎ 每日所买的日用品的品牌、包装单位、价格、数量、购买的店铺、赠品等;

◎ 阅读的报纸、杂志,视听的电台、电视节目等(媒体接触事项)。

调查员定期访问被调查家庭,收回日记簿,然后加以统计。此项资料能揭示各种商品的消费者的市场动向、需要量、长期动向、季节性变动以及其他短期变动。由于这种调查是针对同一家庭进行的连续调查,因而能较清晰地描绘出各品牌在某家庭中的使用率、市场占有率、品牌忠诚度等。

消费者固定样本连续调查可以用于广告效果评估。比如要研究某一报纸广告在某一时期的效果,调查人员便可以将所有样本户分为两组:接触该广告的家庭和未接触该广告的家庭,在投放广告之前和之后统计两组家庭购买新产品的数值,从中分析出广告的影响。

第二类:实验法

实验法以实际的零售店和销售地区为对象,在特定期间中,以广告商品的销售为中心进行测定。实验法可以测量不同广告支出、广告媒体和诉求策略对销售的推动作用。

1. 不同广告支出对销售的影响

实验法的重点在于了解广告支出与产品销售额之间的关系,其典型实例是美国杜邦公司 1960 年用实验活动进行的销售效果测定。该方法后来经过不断的修改和完善,逐渐成了销售效果测定的一种主要方法,现简要说明如下:

当广告费为 A 元时,销售量为 Q(A),那么 A 元广告支出所得的利润 P(A)可以用下列公式表示:

$$P(A) = U[Q(A) - V[Q(A)] - FC - A$$

其中:U = 单位价格

V = 每一单位之变动费

FC = 固定成本

本方法在选定广告实验市场及与其比较的非广告实验市场(控制市场)时要特别注意“实验”市场和“控制”市场,两者在市场规模、人口素质、商品分布、竞争关系以及广告媒体等各方面不能有明显差异。

2.不同媒体广告对销售的影响

在测量不同媒体广告对销售的影响时,回函测定法是较常用的方法。它是一种征询测量法,常用于单条广告发布后的效果测定,这种方法将消费者的回函率假定为广告引起销售的客观标准;个别征询测量指标则是消费者对广告做出反应的数量。免费试用样品量、商品目录索取量、悬赏应征来函量则均可用做测定的指标;而以往效果调查资料与本次指标之间的相关分析,则可以用做推定接触、认知、态度改进、行为改变效果的简便方法。例如某种商品的新品上市广告推出之后,在来函索取商品目录的30%的消费者中有多少人采取了购买行为。这两者之间的关系程度即可用做广告效果的推断根据。

3.不同诉求策略对销售的影响

将同一媒体的接触者随机分为几个组,在各组接触者中分别插入不同的广告。以《北京青年报》为例,假定其发行量为500万份,在其中250万份中刊登A广告,在另50万份中刊登B广告。然后以组与组之间的不同表现,即接触A、B两种不同广告的两组读者之间的讯息接受差异,推测销售效果的差异。

第三类:观察与访问法

广告对销售量效果的影响不是一蹴而就的,因此广告在投放后的短时期内不一定会产生立竿见影的作用。再加上各种因素的相互影响,因而广告效果会表现出一定的复杂性和滞后性。这样,从销售指标上研究广告的实效就面临着相当的难度。

在这种情况下,不妨采用观察与访问法来解决这个难题。观察与访问法为解决这个难题提供了最为简单的途径:从意向上判断广告投放是否对销售产生了明显的正向带动作用。

运用观察与访问法,调查人员要到现场直接观察、访谈,凭借视觉、听觉等感觉器官及现场访谈来搜集语言及非语言的行为数据。因为是直接在现场观察和访谈,因而观察与访问法可以让调查人员在真实的购物环境中第一时间获得消费者对广告影响的反馈的第一手数据。这种调查方法虽然没有样本量的支持,但仍然能够向广告策略制定者或企业说明一个很重要的问题:正在投放或已经投放完毕的广告有没有对消费者的实际购买决策起到良好的作用?

第六节 DAGMAR 理论在广告效果测试中的应用

在广告活动的整个过程中,DAGMAR 理论为我们考察广告效果提供了思路和措施,指导着我们从广告活动的启动直到完成,在整个活动中始终关注广告的效果。

DAGMAR 理论的主要内容

1.关于目的与目标

"目的"与"目标"的含义是不同的。"目的"是概括的、笼统的;而目标则是限定的、具体的。因此,广告目标必须以数字具体表明在特定的标的市场、在一定的期间内,广告必须收到什么效果。

该理论认为,所谓的广告目标就是沟通的目标,而不是单纯的营业额目标。广告不能对增加营业额负责,而要对广告讯息的"未知—认知—理解—确信—行动"等目标负责。

2.关于广告目标与市场营销目标

该理论认为,**广告目标源自市场营销目标,而市场营销目标则源自企业的总目标。上层目标与下层目标之间为目的与手段的关系**。因此,可以假设,如果市场营销目标是使市场占有率从 10% 提高到 20%,则广告目标宜设定为使产品知名度从 50% 提高到 60%。

3.关于"沟通光谱"

该理论将接受广告的人的心理变化作为判断广告效果的依据,将广告讯息引发的消费者心理变化分成五个阶段,即"未知—认知—理解—确信—行动"。这五个阶段又被称为"沟通光谱"(Communication Spectrum)。面对某一产品,消费者首先是从未知的状态进入知道名称、表示关心的状态,然后进入一睹为快的状态;随后理解产品的效用、性能、使用方法等;进而与其他同类产品比较,认为该产品优于其他产品;最后才采取购买行动。因此,广告目标的设定也基本上应该从这五个阶段去考虑。

该理论从信息传播影响态度变化的视点,考察和分析广告效果的发生过程,强调广告的效果是在信息传播过程中产生的。这个传播以未知为起点,再由认识到行动,要经历如下几个环节(见图 9-7):

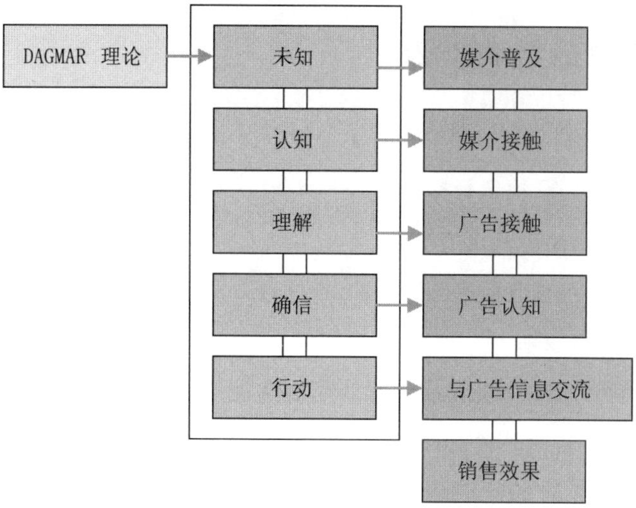

图 9－7　DAGMAR 理论的广告效果发生过程

这个沟通光谱的起始层级是“未知”（Unawareness）。在这个环节，消费者尚未听说过某商品和公司，或者商品信息的传播力度和广度尚不足以让消费者认得或记得该品牌或公司的名称。广告将从这个最底层的基础开始，努力将消费者推向下一个层级——认知（Awareness）。

在“认知”之后是“理解”（Comprehension）。在这个环节，消费者不但知道了这个商品或服务，还认识了这个品牌的名称、包装和商标，可能还对这个产品的用途和用法有了一定的了解。

接下来是“确信”（Conviction）。在这个环节，消费者已经确信该品牌能满足自己的某种需求。

最后，如果上面提到的广告努力终于开花结果，消费者就可能产生购买欲望乃至付诸购买行为。

到了最终阶段，销售能否真正完成已经超过了广告的能力范围。例如，顾客指明要买的款式刚好缺货，或者顾客嫌以旧换新的折价太低，或者销售人员未能即时追踪顾客的节奏，或者顾客觉得价格太高，等等。但即使因为这样那样的原因销售未能最终完成，广告还是引发了消费者一定的行动，如光顾零售店、索取信息、讨价还价等。

广告如果能有效地推动消费者顺着沟通光谱的层级层层向下运动，直至消费者最终付诸购买行为，便算是功德圆满了。

4. 关于管理

该理论认为，在广告活动未展开之前，广告主应先测试市场状况，以所测定之值作为基准点确定必须达到的广告目标，然后再按照所设定的目标展开活动。在广告活动完成后，广告主要再次进行市场调查，判断广告是否达到了预期的目标。

DAGMAR 理论的实施步骤

DAGMAR 理论的应用可以贯穿广告策划的全过程,具体的实施步骤如下:

第一步:调查基准点,决定目标;

第二步:使关系者实施既定的目标;

第三步:针对目标,整合所有辅助活动,发挥合力;

第四步:测定广告效果。

例如,某公司在广告活动实施前先做了事前调查,即基准点调查(Bench Mark Survey),结果显示:"不知道广告产品者"占消费者全体的 20%;"已知道广告产品但尚未达到理解阶段者"占消费者全体的 50%;"已理解广告产品但尚未达到确信阶段者"占消费者全体的 20%;"已达到确信阶段但未采取购买行动者"占消费者全体的 10%。

实施广告活动后,再次进行广告效果调查。结果显示:"不知道者"为 0%;"已知道者"为 10%;"已达到理解阶段者"为 20%;"已达到确信阶段者"为 30%;"已达到行动阶段者"竟高达 40%。因此,广告的效果就可以从事前调查与事后调查的对比中显示出来:

	未知阶段	认知阶段	理解阶段	确信阶段	行动阶段
基准点调查	20%	50%	20%	10%	0%
广告事后调查	0%	10%	20%	30%	40%
广告效果数字	-20%	-40%	0%	20%	40%

可以看出,"行动阶段"中上升的 40% 就是广告产生的效果之一;效果之二是将 20% 的"不知道者"推到了"理解阶段"以上;效果之三是将"确信阶段"从 10% 提高到了 30%。

DAGMAR 理论的核心在于设定广告目标而非营业额目标。换言之,营业额目标是否能达成并不是广告的目标,但是否能实现信息的有效传播则是广告的目标。

DAGMAR 理论的优缺点

DAGMAR 理论为设定广告目标和测定广告效果提供了一个很好的基础,作为判断广告效果的最佳操作模式之一,它具有明显的优点:

◎ 可以使广告的目标更加明确,从而减少浪费,排除不必要的信息;

◎ 给广告制作指明方向,有助于酝酿策略和创作广告;

◎ 可以使广告活动的目标得到量化,便于测定效果。

但是,尽管 DAGMAR 理论具有上述优点,它也不可避免地有自己的缺点,对其的批评主要有以下几点：

◎ 心理变化模式在实际消费者身上并非始终如此规范，他们的心理变化不仅表现为直接的、逐渐的推移，也常常表现为螺旋的、迂回的推移，例如，“行动—接受—认知”这种逆向推移；

◎ 广告也会引发销售额的变化，而 DAGMAR 理论却不以销售额的变化为考察广告效果的指标。

对广告效果的研究，有助于我们发现广告主到底需要投入多少费用来发布广告，这恰恰是广告主在广告战役展开之前最为关心，但同时也是广告代理商最难以回答的问题。广告效果的测量作为一个经验性的指标，可以帮助我们说服广告主接受账单。不仅如此，广告效果还能以数字的形式，在某种程度上让广告主了解广告支出与消费者认知和态度变化之间的直接联系，从而影响广告主对未来广告策略的设定。

广告活动的效率，是反映广告专业技能和专业水平的核心。因此，在广告活动中，通过记录各个作业环节的广告效果，对比其广告费用的投入水平，并使之能反过来指导广告活动及策略的展开，对于提高广告操作的专业技能十分重要。

练 习

一、请解释以下概念

广告效果　效果发生过程　概念测试　小组讨论法　语句联想法　语句完成法
机械测试法　内隐联想测验　认知列表法　仿真环境中的测试　日记式调查法
ARF 模式　认知测定　识别测定　回忆测定　关联度测定　态度变化测定
品牌知名度测定　品牌联想度测定　品牌美誉度测定　品牌忠诚度测定
观察与访问法　沟通光谱　DAGMAR 理论　基准点调查

二、请简答以下问题

1. 广告效果发生的范围与过程。
2. 什么是事前—事中—事后测试？
3. 效果测试的注意事项有哪些？
4. 传统媒体渠道的广告效果监测涉及哪些内容？
5. 网络渠道的广告效果监测涉及哪些内容？
6. 如何进行网络媒体监测？
7. 如何进行网络舆情监测？

8. 如何进行品牌认知效果测量?

9. 媒体广告效果要监测哪些内容?

10. 广告效果测定采用的统计分析法包含了哪几种测量方法?

11. DAGMAR 理论的实施步骤是什么?

三、实践活动

以“伊利×酸奶北京市200×年广告策划活动”为模拟条件,设计贯穿活动始终的广告效果监测方案。

补充阅读

1. 杜卡. 广告目标与效果测定[M]. 郭贞,译. 呼和浩特:内蒙古人民出版社,2003.

2. 程世安. 广告调查与效果评估(第2版)[M]. 上海:复旦大学出版社,2015.

3. 达克沃斯基. 眼动跟踪技术:原理与应用(第2版)[M]. 赵歆波,等译. 北京:科学出版社,2015.

4. 麦奎尔. 受众分析[M]. 刘燕南,等译. 北京:中国人民大学出版社,2006.

5. 林斯特龙. 买[M]. 赵萌萌,译. 北京:中国人民大学出版社,2009.

6. 朱国玮. 神经营销学:认知、购买决策与大脑[M]. 长沙:湖南大学出版社,2012.

第十章
广告预算

本章学习目标

☑ 掌握广告预算的主要类别。

☑ 了解年度广告预算的制定方法以及广告预算的分配方法。

☑ 明确广告活动中广告费用的发生类别,掌握影响广告预算设定的主要因素。

☑ 学习用表格的方式展示为某次广告活动拟订的广告预算。

☑ 了解广告代理公司和广告媒体的收费方式和收费内容,并熟悉报价方式。

在不理解广告活动价值的人当中,广告也许会被当作一种支出,是一种会增加成本、减少利润的行为,而不是一种投资。

一般的预算涉及收入与支出两大要素,但广告预算却只有支出却很难记收入,其收益只能在企业销售、市场占有率或利润率上最终体现出来。因此,一般意义上的广告预算就是企业从事广告活动支出的费用。

制定合理的广告预算,以及围绕可行的广告预算开展广告活动,是广告策划是否具有实施意义的重要指标。而广告预算的匡算,则是企业广告活动得以顺利开展的保证。

那么,如何判断企业年度广告预算额?如何为企业分割广告预算?如何围绕预算额开展有效的广告活动?这些,就是我们必须掌握的基本技能。

第一节　企业年度广告预算的设定

对企业来说,广告费用既不是越少越好,也不是多多益善。广告活动的规模和广告费用的大小,应与企业的生产和流通规模相适应,要适度。把广告费用的支出当成是一种浪费,这是一种偏见;但只管做广告而不问其经济效益,盲目地投入广告费,也是一种不明智的行为。

广告预算有时是指在一个年度内,按销售额或实现的利润额的一定比例提取的广告预算总额;有时是指按照不同的商品、地区、媒介和不同的广告期限分别计算分配的广告预算。前者是企业的年度广告预算,后者是针对一次或一组广告活动所做的广告预算,两种广告预算的制定方法和指标是存在差异的。

企业的年度广告预算是企业为进行广告活动而投入的年度预算,其决策者往往是企业的实际负责人而非市场部门或媒介部门的负责人。通常,企业在一个年度结束之前,会根据企业与市场的各种因素决定来年将要在广告活动中支出多少广告费。这一数额基本保持稳定,费用会在各产品线和品类之间或地区之间进行分割,而后还会在各种广告活动、媒介投放和制作中进行分割。大多数情况下,如果企业认为市场有变化的需要,也会根据实际情况缩小或扩大广告费的投入。

设定广告预算的方法

设定企业年度广告预算并不是一件一劳永逸的工作,每一年,企业都要根据市场、竞争者以及消费者的变化,设定切合自己实际的广告投入预算。在设定年度广告预算方面,不同规模的企业、不同类型的企业都有自己较为稳定、习惯的做法,这里主要介绍几种常见的年度广告预算制定法。

1. 量力而行法

尽管这种做法在市场营销学中并没有正式定义,但不少企业都一直采用这种方法。按照这种方法,企业确定广告预算的依据是他们所能拿出的资金。也就是说,在其他市场营销活动都优先分配到经费之后,若有剩余再供广告之用。

企业根据自己的财力来决定广告支出多少并没有错,但应该看到,广告是企业的一种重要促销手段,企业做广告的根本目的在于促进销售。因此,企业在设定广告预算时,应考虑要花多少广告费才能完成销售指标。所以,严格地说,量力而行法在某种程度上存在着片面性。

2. 支出可能额法

这是一种根据企业的财务承受能力而确定广告预算的方法。在经济繁荣时期,利用可支出资金发布大规模广告有利于新市场的开发,有利于抓住开发市场的良机。有些企业甚至为此不惜超出自己的财务承受能力而投入大笔广告资金。

3. 百分率法

该方法以一定期限内的销售额或利润额的一定比率来确定广告费用数额,共分为三类:根据销售额、根据利润额或根据预测可能增加的销售额或利润额来设定广告预算。

第一种,销售额百分率法,即企业按照上年度销售额实绩的一定百分比来确定广告支出。也就是说,企业按照每完成100元销售额需要多少广告费来确定广告预算。在美国,汽车公司一般以每辆汽车预估价格的某一固定比率作为确定广告预算的基础;而石油公司一般以每加仑汽油价格的某一固定比率确定广告预算。这一方法具有以下几个优点:

◎ 表明广告支出将随企业所能提供的资金量的大小而变化,这可以促使管理人员认识到企业的所有支出都与总收益的变动有密切关系;

◎ 促使企业管理人员根据单位广告成本、产品售价和销售利润之间的关系去考虑企业的经营管理问题;

◎ 有利于保持竞争的相对稳定,如果各竞争企业都默契地让自己的广告预算随着销售额的一定百分比变动,就可以避免广告战。

不过,这一方法也有一些缺点:

◎ 将销售额当成广告预算的基础,因果倒置;

◎ 用此法确定广告的支出,是基于可用资金的多少而非广告发布时机的好坏,容易失去有利的广告机会;

◎ 容易导致广告预算随每年的销售波动而增减,有可能与广告的长期方案发生冲突;

◎ 无法选择某一固定比率,而是随意确定一个比率;

◎ 如果不同产品或不同地区的比率相同,会造成预算分配不合理或主次不分。

第二种,利润额百分率法,即企业按照上一年度利润额实绩的一定百分比来确定广告支出。采用利润额来计算较销售额更为恰当,因为利润是企业经营成果的最终表现。但是,一旦企业没有利润,出现亏损,此法就失去了可操作性。利润额百分率法除上述与销售额百分率法的区别外,其他优缺点与销售额百分率法基本相同。

第三种,预期销售额或利润百分率法,即企业按照下一年度的预计销售额或利润的一定百分比来确定广告支出。

4. 单位销售法

该方法以商品的一件、一箱或同类商品的一定数量为单位,规定每个销售单位支出多少广告费,再乘以预测销售数量,得出总的广告费预算。这种方法对生产、销售多种商品的企业或零售商而言手续繁杂、难以运用,但是对于生产标准化和专业化产品的厂家来说,则是一种极其便利的方法。

5. 预期购买者数量法

该方法预定对每位购买者支出一定数量的广告费,以此为单价,乘以预期购买者数量来确定次年度的广告费支出。预期购买者的数量须经过市场调查,或按历年购买者增长率的统计数字计算。每人支出的广告费单价,一般引用上年数字;逢物价支出变动,则每人广告费单价应相应变动。

6. 竞争对抗法

竞争对抗法是确定各种产品、各种商标广告预算的一种现实的经验方法,即把该产品的广告费提高到足以对抗竞争对手产品广告费的水平。这就要求广告策划人员调查主要竞争对手的广告费数额,掌握竞争企业商品的市场占有率,计算对手单位市场占有率支出的广告费数额。

由于竞争对抗法是比照竞争者的广告支出来确定本企业的广告预算多少,因此采取这种方法的一般都是实力雄厚的大企业。

不过,这种方法存在五个问题:

◎ 不管竞争对手的广告费是否合理,都要追随;

◎ 竞争对手之间的广告费有可能彼此攀比;

◎ 有可能丧失本公司的盈亏条件和调整机会;

◎ 确定广告预算的模式不明确;

◎ 整个行业的广告费数额越大,本企业的广告费也越大;反之,则越少。

竞争对抗法有两种具体的操作思路:一是市场占有率法,一是增减百分比法。

市场占有率法要求先计算竞争对手的市场占有率和广告费用,求得单位市场占有率的广告费,再乘以本企业预计的市场占有率,便得到本企业的广告预算。例如,假如竞争对手的市场占有率为25%,它的广告费总额为500万元,则其每1%的市场占有率要支出广告费20万元。本企业下年度预计的市场占有率为30%,则广告费应为600万元。

增减百分比法即用竞争对手本年度广告费比照上年度广告费增减的百分比,作为本企业广告费增减的百分比参考值。

采用竞争对抗法的前提条件是:

◎ 企业必须掌握竞争对手确定广告预算的可靠信息,只有这样才能随着竞争对手广告预算的变化而变化;

◎ 竞争对手的广告预算能代表企业所在行业的集体智慧。

但事实上,上述条件有时并不具备,比如,有时竞争者采用的广告预算确定方法并不科学,各企业的广告信誉、资源、机会与目标并不一定相同,这时就不适宜采用竞争对抗法。

7. 目标达成法

该方法根据企业的总目标和销售目标,具体确定广告目标,再根据广告目标的要求设定广告预算。这是一种比较科学的方法,能够适应企业经营的变化而灵活地制定广告预算。

广告目标可以分为对商品的认知—了解—确信—行动四个阶段,越往高层次走,越要求广告发挥更大的功能。如果以其中某一阶段为广告目标,那么就要确定达到这一目标所需的各项广告费用。为了提高每一个阶段的目标成果,必须确定为实现特定目标需要什么广告内容、广告媒体、频次与期间、刊播范围等,然后计算每项广告活动需要的广告费以及各项广告费用之和,这就是达成特定阶段目标的广告预算。比如,为了增加商品的知名度,就要扩大广告的视听率。假如广告目标设定要增加 10 万名女性看广告,经调查计算出每增加 1 名女性接触广告平均要花费 0.1 元钱,1 个月预计重复 10 次,则每月广告费为 10 万元。具体操作步骤如下:

◎ 确定市场占有率:假设企业想获得 8% 的市场占有率,而行业市场的产品全部使用者人数为 5000 万人,则企业必须吸引 400 万人经常购买该企业产品;

◎ 确定本企业广告要接触的市场百分比:假如企业希望自己的广告能接触 80% 的市场,即 4000 万人;

◎ 确定已知本品牌的消费者接受广告劝服而试用产品的人数比例:设定企业希望让已知本品牌的顾客中 25% 的人试用本企业产品(这是因为企业估计所有试用者的 40%,即 400 万人,可能成为忠诚的使用者,而这正是企业的目标市场);

◎ 确定每 1% 试用率所需的广告频次:企业估计对每 1% 的人口进行 40 次广告展露会带来 25% 的试用率;

◎ 确定必须购买的毛评点数:假设企业期望对目标市场人口中的 80% 进行 40 次暴露,则购买的毛评点数应为 3200;

◎ 根据购买单位毛评点的平均成本,确定所需的广告预算:假设 1 毛评点的平均成本为10,000元,在产品上市的第一年共需要 3200 毛评点,则共需花费32,000,000(= 10,000 × 3200)元。

由于目标达成法以广告目标为基础来确定广告预算,因而便于检查广告的实际效果。目标达成法的缺点是没有从成本的角度出发去考虑广告目标是否值得追求。

8. 投资利润率法

该方法将广告支出视为一种投资,是长期广告战略经常采用的一种预算方法。

广告活动的作用可以概括为树立信誉、促进销售、提高利润率,因而广告预算是一种双收益的长期投资。广告不仅能增加目前的销售,同时还可以不断提高企业的声誉、增加将来的销售,因而广告预算具有长期战略投资的性质。信誉是企业的立身之本,不断重复的、持续的广告能增强消费者对产品的信心,进而影响、诱导他们付诸购买行为。广告费的长期积累,相当于企业的一种无形资产。

利用投资利润率法确定广告预算,先要确定因广告促销而带来的预计利润增长额,再从以往的资料中推算出广告的投资利润率,然后计算出广告预算。

9. 任意增减法

这是根据上期实际支出的广告费,再根据实际情况任意增加或减少资金来确定本期广告预算的一种方法。

分配广告预算的方法

在制定年度广告预算之后,还要对之进行进一步的预算分配。各个企业均有自己不同的市场目标、销售任务、销售范围以及销售对象,因而其广告预算的分配标准也不一样,这将直接影响到企业的广告效益。掌握了分配思路,就可以提高广告费的使用效率。下面就简要介绍六种常见的广告预算分配方法。

1. 按广告的商品分配预算

在广告商品种类较少而分配地区又较多的情况下,企业一般按商品来分配广告预算,以便集中宣传主要商品品类。由于不同产品的行业发展前景不同、市场占有率不同、竞争状况不同、所处生命周期阶段不同,其销售潜力、利润水平以及其在产品体系中的位置也不尽相同。因此,企业在分配广告预算时应有所侧重,不能一视同仁。

2. 按广告的媒介分配预算

广告媒介费用一般占整个广告预算的70%—90%,而广告讯息的传播效果又主要是通过媒介效果来体现的。因此按照广告媒介的不同来分配广告预算是企业常采用的一种方法,它又可以分为在不同类媒体间分配广告预算和在同一类媒体内分配广告预算两种方式。

3. 按广告的地区分配预算

如果商品品类较多而销售地区较集中,企业一般按广告的不同地区分配广告预算。此时,应根据各个地区对商品的现时需求和潜在需求、市场细分、目标市场的分布以及市场竞争等因素合理分配广告预算。

4. 按广告的时间分配预算

对于一些季节性强的商品和一些新上市场的产品,企业还经常采用按广告发布的时间来分配广告预算的方法。因此,就有了长期性广告预算和短期性广告预算、突击性广告预算、均衡性广告预算以及阶段性广告预算等不同的时间分配形式。

5. 按广告的机能分配预算

为了便于对广告财务进行管理和监督，企业还经常采用按广告的不同机能分配广告预算的做法，将广告预算按广告媒体费、广告设计制作、一般管理费和广告调研费等项目进行分配。

6. 按广告对象分配

按广告对象分配指企业按照广告计划中的不同广告对象，即广告产品的消费者，分别确定相应的广告预算。一般来说，B2B 广告可以少分配广告费；而以终端消费者为对象的广告就应该多分配广告预算。

在预算分配的实际操作中，可以根据企业产品、市场等的实际情况，合理规划分配的原则与方法，有时还可以将几种方法综合起来使用。

第二节　广告预算的编制

广告活动既可能是策划的一次广告活动，也可能是开拓某区域市场的广告推广活动；既可能是季节性的广告攻势，还可能是新品上市的广告计划或根据突发事件推出的广告活动。作为单独的、以“次”为单位的广告活动，它要求广告策划人员结合企业年度广告费用的投入，根据广告活动的实际需要，安排自己的广告预算。

广告预算的种类与内容

1. 广告预算的种类

要确定某次广告活动的预算，首先要判断广告活动的种类，明确想要完成的广告活动设定的任务以及广告费用的主要投入方向，继而拟定广告费用。下面是确定广告预算任务类别时依据的部分分类标准。

(1) 长期广告预算和短期广告预算

根据广告预算计划期限的长短，广告预算分为长期广告预算和短期广告预算。在这里，长期和短期的区分一般是一年以上或两年的叫长期预算，短于该期限的叫短期预算。

在短期广告活动中，具有季节性、节日、销售淡旺季等性质的广告活动值得注意。

(2)不同地区的广告预算和总体预算

根据地区的不同,广告预算还分为针对全国性广告的总体预算和按不同地区分配的广告预算。

(3)新产品广告预算和已有产品广告预算

这种广告预算按广告产品的新旧之别确定广告预算。如果再进一步阐述,这种广告预算方法是把广告发布的时间置于该产品的生命周期中加以考虑,使广告预算因产品所处生命周期的不同而不同。

(4)产品广告预算和企业形象广告预算

企业形象广告预算是为有计划地树立企业印象或企业信誉而设定的广告预算,因此,类型不同,确定广告预算的方法也不同。

(5)侧重不同媒介的广告预算

广告活动侧重的广告媒体不同,其设定预算的结果也大不相同。

2. 广告预算的内容

广告预算的内容主要包括广告活动所需的各种费用,项目繁多、环节不同,搞清这些问题,是编制广告预算的基础。按照划分标准的不同,广告预算涉及的项目大致分为两类。

(1)按活动项目

按照活动项目,广告预算涉及以下内容:

◎ 广告调查研究费:包括广告相关的调研、咨询费用,购买统计部门和调研机构的资料所支付的费用,以及实施广告效果监测所需支付的费用等;

◎ 广告创意、设计、制作费:主要包括广告设计人员的报酬,约占广告费用总额的5%—15%;

◎ 广告媒介费:购买媒体时间和空间时所需支付的费用,包括购买四大传统媒体、网络广告、手机广告、户外广告、POP广告、商品目录、宣传手册、电影广告、楼宇广告、交通广告等发生的费用;

◎ 实施各类活动的费用:包括销售终端广告活动、现场活动、各类赞助活动等的场地费、材料费、人工费、组织费等;

◎ 广告部门行政费用:包括广告人员的工资、办公费、广告活动经费、公关费、其他营销活动协调费等。

(2)按预算主体

按照广告活动的主体,广告预算还可以划分为:

◎ 直接广告费:直接用于广告活动的设计制作费和媒体费用;

◎ 间接广告费:企业广告部门的行政费用;

◎ 自营广告费:广告主本身所用的广告费,包括本企业的直接与间接广告费;

◎ 他营广告费:企业委托广告公司代理广告活动的一切费用;

◎ 固定广告费:自营广告的人员组织费用及其他管理费用;

◎ 变动广告费:因广告实施量的大小而发生变化的费用。

尽管如此划分,但在广告费用支付的一些具体事项上,人们还是遇到了一个问题:对于企业、组织来说,哪些具体支出属于广告费,哪些不属于?对于一些难以认定的部分,要根据企业、组织的惯例,以及工商、税务部门的政策来具体确认。

影响广告预算的主要因素

广告的作用在于向上拉动市场对产品的需求。企业大多希望只花实现销售目标所需的最低金额便收到成效,也就是追求预算的效益最大化。但是企业怎样才能知道支出的金额是否适当呢?如果企业的广告预算过低,则收效甚微;但预算过大又会造成浪费,而有些钱本来可以派更好的用场。因此,制定广告预算时必须考虑以下因素。

1.目标市场的大小及质量

接近小型目标市场既简单又便宜,太多的支出是无效的,甚至会产生反作用;反之,接近大市场则既复杂又代价高昂。比如,北京、上海这类大市场的媒介成本远高于济南、南昌这样的小市场,所以前者的广告预算也相应比较高。

品牌目前拥有的消费者数量对广告费用的安排也会产生较大的影响。以每一受众印象成本为基础,如果一个品牌的消费者数量比较大,那么在送达广告讯息时,选择人口数量大的消费群体就比人口数量少的消费群体更为合算。

消费者在产品理解度和品牌忠诚度方面的差异,也可以导致企业需要不同的广告费用。同第三点"目标市场销售份额"相类似,我们可以初步这么认为:认知度和品牌忠诚度较高的产品所需的广告费相对较少。

2.潜在市场规模与地区分散程度

产品或品牌的潜在市场规模越大,其潜在消费者分布的地域就越分散;分布密度越小,广告费用就越高。

3. 目标市场销售份额

目标市场销售份额,也就是我们经常说的市场占有率,是影响广告投入的一个重要因素。这主要体现为市场占有率高的产品由于本身已经具备较高的知名度,所以在进一步开拓市场时,所需的广告投入比市场占有率低的产品少,因而有“市场占有率越是升高,广告密度越可降低”的说法。

4. 竞争的力度和市场喧嚣的强度

竞争者的数目与实力对达成某些广告目的所需的广告费大有影响。例如,如果市场上有很多竞争者,而这些竞争者又都大力投放广告的话,那么光是让受众接触到品牌的讯息就可能会要求比正常广告投入更多的广告费。一个竞争激烈的市场,通常也是一个要耗费大量广告费的竞技场。

对于广告主整体而言,广告媒体的机会是有限的,媒体中充满了“杂乱无章”的广告讯息。杂乱就意味着有很多广告讯息在针对同一位受众,虽然这些讯息可能并非直接针对某品牌展开竞争,但肯定是在竞争这一位受众的注意力。

竞争和杂乱不会缓和,将来极可能给广告策划人员造成更大的问题。如果某品牌选择进入广告极为拥挤的电视媒体,则其预算往往会高于以同业杂志为主的媒体。

另外,市场领导者的一举一动对市场竞争的影响也是明显的。因此,广告主和广告策划人员也必须密切关注市场领导者的广告投放意图和力度。

5. 行业中产品竞争手段的侧重

在不同的行业中,产品进行市场竞争的惯用模式通常有所差别。比如在彩电行业,由于利润空间不大,该行业的市场竞争手段以降低成本、降价促销等方式为主,所以其在广告费用的投入力度上会受到实际情况的限制,大多采用较为廉价的广告手段和广告活动。

在不同行业,品牌、产品质量、价格、服务等各方面的因素对企业决胜市场的价值不同,这就告诉了广告策略决策人员该如何去判断广告投入的力度和投放的方向。

6. 企业经验

那些注意积累经营经验和具有一定经营历史的公司可以根据经验,判断在某种发展速度下广告费投入的力度该有多大。另外,根据经验,他们也可以比较轻松地判断一定规模的广告活动的预算。

7. 广告计划中选择何种媒体或广告形式

不同的行业，其产品适宜在不同的媒体上投放广告，比如在电视媒体和广播媒体上投放广告的费用差别非常大。而不同的广告形式，其费用的差别也比较大。如果在制订广告计划时已有现成的广告媒体和广告形式管理规则，那就应该适当参考这一问题。

8. 预期销售额和销售利润

如果是新产品上市或企业对拓展市场有特别的期待，可以根据预期的销售额和销售利润状况去计算广告费的投入额度。

9. 企业的财务承受能力

不同企业的财务状况有所差别，因此广告策划人员应该根据企业的具体财务状况，拟定可行的广告投放预算。

10. 产品所处生命周期

一个品牌在其生命周期中的位置，对其广告及广告费大有影响。例如，处在导入期的品牌可能比在成熟期中已为人熟知的产品需要更多的版面或时间来传达讯息。

11. 产品的市场区域及其特点

不同的市场区域间存在着大小、轻重、贫富、交通是否便利等方面的差别，这些都可以成为分配广告费用时的判断依据。对于企业重点开发的区域，广告策划人员可以根据区域间的差别和区域市场开发的经验来判断广告费投入的额度。

12. 产品风险和可替代性

产品对某品牌所承担的风险，既对广告所应该使用的类型与风格有很大的影响，同时也对设定适当的广告预算有所影响。

消费者对某品牌所承担的风险，可以通过两种方法来判断：(1) 以产品实际花费为准的资金风险；(2) 消费者购买后，产品是否能够满足其需要或解决问题的风险。

在各品牌之中，当广告成为主要的差异点，无需消费者承担多少风险时，通常广告支出就相当高。

13. 广告频次的影响

广告频次也对广告预算的大小具有极大的影响。广告讯息通常要达到最低重复量后，消费者才可能记住品牌和广告讯息。大体上，大多数消费者认为讯息至少要暴露

3次才能让他们产生记忆。但也并非全都如此，讯息特征、暴露时机等差异也可能导致不同的结果。因此，广告策划人员必须认识讯息频次对广告成功的重要意义。

14. 产品品牌所处市场地位与沟通阶段

当一个品牌已经在市场中树立起强大的正面影响，或已获得很好的品牌联想后，提升其认知、好感度的任务就不再需要强大的攻势了，维持性的日常沟通无疑能节省大量的广告费。

15. 广告的黏性

广告的创意特点会影响广告预算。可以设想，在投放量相同的情况下，平庸的广告获得的认知和好感度通常也是平庸的。精彩的创意可以增加广告的黏性，引发受众的兴趣与好评；另外，为增加广告的黏性而创意设计广告，也是当前互联网广告必须考虑的一个重要因素。

16. 创新沟通方式与内容

一些依据经验得出的实践方法可以作为设定广告预算时必须结合考虑的的操作要点。比如，在数字媒体环境下更多地利用社交媒体、口碑传播、植入广告、软文传播、手机终端互动等手段，便可以有效地吸引受众，同时降低广告费。

表示广告预算的方法

在年度广告预算和广告运动的预算中，通常要利用图表的形式表示广告预算的项目列支、分配和项目内费用分配等内容。项目列支通常指广告费用的类别，如：市场调查费、广告设计费、广告制作费、媒介购买费、广告机构办公费及人员工资、广告促销费、公关活动费、其他杂费等。项目分配指列支项目内的费用分配，是广告预算列支项目的明细，或不同工作阶段的广告费用分配情况。项目内费用分配则是对预算数字分配的说明。在广告预算书后，还可以附加相关文字说明，对广告预算书中的内容进行解释，如表10-1所示。

根据需要，广告运动的预算设定有形形色色的分割方法，因而在广告策划书中也需要有多种多样的表现形式。表10-2是描述广告费用分割和发生阶段的一种常见表格。必须指出的是，策划书对广告费的陈述形式是可以不断丰富、发展下去的。

表 10－1　广告预算表示方法

<table>
<tr><th rowspan="2">列支项目</th><th rowspan="2">列支分配</th><th colspan="2">费用的分配</th><th rowspan="2">总计</th></tr>
<tr><th>数量/费用</th><th>执行时间</th></tr>
<tr><td rowspan="4">市场调查费</td><td>文献调查</td><td></td><td></td><td></td></tr>
<tr><td>实地调查</td><td></td><td></td><td></td></tr>
<tr><td>数据分析</td><td></td><td></td><td></td></tr>
<tr><td>……</td><td></td><td></td><td></td></tr>
<tr><td rowspan="5">创意设计费</td><td>报纸</td><td></td><td></td><td></td></tr>
<tr><td>杂志</td><td></td><td></td><td></td></tr>
<tr><td>互联网</td><td></td><td></td><td></td></tr>
<tr><td>户外</td><td></td><td></td><td></td></tr>
<tr><td>电视……</td><td></td><td></td><td></td></tr>
<tr><td rowspan="5">广告制作费</td><td>平面广告制作</td><td></td><td></td><td></td></tr>
<tr><td>网页和 FLASH 制作</td><td></td><td></td><td></td></tr>
<tr><td>电视广告片摄制</td><td></td><td></td><td></td></tr>
<tr><td>H5 制作</td><td></td><td></td><td></td></tr>
<tr><td>……</td><td></td><td></td><td></td></tr>
<tr><td rowspan="5">媒体购买费</td><td>电视</td><td></td><td></td><td></td></tr>
<tr><td>互联网</td><td></td><td></td><td></td></tr>
<tr><td>杂志</td><td></td><td></td><td></td></tr>
<tr><td>报纸</td><td></td><td></td><td></td></tr>
<tr><td>……</td><td></td><td></td><td></td></tr>
<tr><td rowspan="5">促销费用</td><td>场地</td><td></td><td></td><td></td></tr>
<tr><td>人员</td><td></td><td></td><td></td></tr>
<tr><td>广告单页</td><td></td><td></td><td></td></tr>
<tr><td>广告赠品</td><td></td><td></td><td></td></tr>
<tr><td>……</td><td></td><td></td><td></td></tr>
<tr><td>……</td><td></td><td></td><td></td><td></td></tr>
</table>

表 10－2　广告预算的费用分配说明

阶段			天数	分配比例	月平均(万元)	总金额(万元)
第一阶段	告知阶段					
第二阶段	导入阶段	2019.2－4				
第三阶段	推广阶段					
合计						
特殊媒体贯穿整个告知\导入阶段						
总　计						
说　明			特殊媒体费用支出包括节目赞助、网络、户外等,整体费用仅为前期规划,实际费用(另案)以具体执行为准。			

第二阶段广告费用使用说明					
城市	媒体	位置/规格	2011.2	2011.3	2011.4
北京	BTV－1	A1 15’			
	BTV－2	插剧 15’			
	北京晚报	1/2 版			
费用					
南京	南京一套	一档剧插 15”			
	扬子晚报	1/2 版			
费用					
杭州	浙江卫视	一档剧插 15”			
	钱江晚报	1/2 版			
费用					
长沙	湖南卫视	插剧一 15”			
费用					
费用总计					
备注	网络及其他媒体将根据各目标市场具体情况另行制定				

第三节 广告公司与广告媒体的收费

广告公司的收费

对于广告客户来说,广告成本主要分为两大块:来自广告代理公司等代理服务公司收取的费用和媒体为投放广告收取的费用。

我国广告业从恢复开始,广告公司的收费方式主要是代理费和成本加成,如果是媒介投放,则收取总投放额的一定比例;如果是策划和实施促销活动,则收取合理的利润比例。不过,这两种收费方式近几年却遇到了挑战,传统广告业依托"大众媒体、大众市场、大众消费",靠广告总量庞大而制胜的法宝已经遭到了"市场的细分化、需求的多样化、媒体的多元化、利润的分散化"等新法则的打击,越来越多的广告主和广告公司开始接受月费制等新的收费模式。

广告行业在代理广告业务时采取什么收费方式,是广告主和广告公司谈判的焦点,直接关系到双方的利益。在目前的组织形态下,广告服务组织的收费制度主要有以下几种。

1.月费制

月费制指合作双方通过合同确认,广告主每月以固定费用的方式向服务商支付报酬,其费用的设置以基本报价为核心,由谈判议价来决定。如:服务小组一共有多少人?分别是什么级别?每个级别对应多少小时费?计算每个人要在这个项目或客户上投入多少工作小时即可得出费用总额。

当广告主的营销部门越来越强大,管理的内容越来越多时,它实际上就在发挥整合营销的职能了。为了更好地管理各个职能部门,广告主最好将业务分包给不同的广告公司,自然是以项目制的形式外包,因此针对广告公司的付费方式就是项目费制。

对于广告主来说,月费制更有安全感。月费相当于广告主购买了若干固定的人员及其固定的时间为自己服务,一旦广告主发现问题,至少有人能随叫随到。而对于广告代理商来说,月费制的好处是其稳定性,代理公司可以有固定的收入,从而可以雇佣人数相对固定的员工。

2.佣金制

按照我国法律规定,我国广告业实行的是广告代理制,广告代理公司为广告主全面代理广告业务,向广告主提供以市场调查为基础、以广告策划为主导、以创意为中心、以媒体发布为手段,同时辅以其他促销手段的全面服务。实行广告代理制,可以使广告业内部形成良性运行秩序,最大限度地发挥广告主、广告公司与媒体的长处。对于广告代理公司来说,其收入可以分为两大类:来自媒体代理的佣金和来自媒体代理以外服务内容的收费。

按照国际惯例,广告公司为客户代理媒介广告,一般向广告主收取媒介返还佣金的一定比例。在我国,这个比例在1988年1月开始施行的《广告管理条例实施细则》中有如下规定:承办国内广告业务的,佣金为广告费的10%;承办外商来华广告的,佣金为广告费的15%。这样,无论广告作品的效果如何,10%—15%的佣金都能从根本上维持广告公司的利润水平,这也是广告代理公司推行代理制的根本原因。

3.成本加成制

广告公司在为广告主提供媒体代理以外的其他服务时,比如调查、制作等,可以按成本加成的方法收取费用。这种定价法是在实际发生成本的基础上,加上一个合理的利润额作为该服务的价格。

(1)调查费

如果进行消费者调查、产品市场测试、中间商调查、广告效果调查等活动,一般需要专项费用支出,支出项目大致包括以下几种:问卷设计费、问卷印刷费、调查人员报酬(包括访员和督导员)、样本购买费、礼品费、问卷数据输入费、数据分析费、调查报告编写费,等等。有时,客户会根据成本加成制,与广告代理公司或调查公司确定一笔调查费,在调查实施完毕后,费用的结余即为广告代理公司或调查公司的利润。

(2)策划费

传统广告公司的业务模式通常以策划、创意、设计、媒介代理为基础,并向外延伸出公关、市场调查、市场研究等业务。随着广告市场的发展,传统的广告作业模式已经发生了一些变化:广告代理公司在为客户服务时不再被动地接受客户投放某条广告的"要求",而是要与客户就"解决方案"进行深度沟通。在这个环节,传统的佣金制收费模式就很难体现代理公司的劳动付出,由此便产生了收取整体策划费的需求。

这就意味着一个项目可以向客户收取两部分费用:一是策划咨询费,一是执行费。但目前只有在策划方面享有一定信誉和品牌的广告代理公司才有可能收取这笔费用。

(3)制作费

制作费发生的环节包括平面广告制作、电视广告制作、广播广告制作、网络广告制作、户外广告制作、电影广告制作、促销活动、展览制作、广告礼品制作等。

制作费用可以按照实际发生的费用,加上广告代理公司或制作公司的利润来计算。在制作质量高、制作人员经验水平高的情况下,利润比例可能会相应调高。有时,在与广告制作公司谈判制作费用时，也可以以一口价的方式成交。本阶段的预算可以采用表10－3的格式。

如果广告客户将制作活动和媒体发布同时委托给同一家广告代理公司，设计制作又比较简单（如一般的报纸广告），他们有时就会将广告公司视为免费的制作公司，迫使广告公司以最低的成本完成设计制作。

表10－3 制作预算明细

<table>
<tr><th>设计任务要求</th><th colspan="4">××××年－×月－××日</th></tr>
<tr><td rowspan="6">××产品××卡片</td><td>项目</td><td>单价</td><td>数量</td><td>小计</td></tr>
<tr><td>版式设计</td><td></td><td></td><td></td></tr>
<tr><td>图片购买</td><td></td><td></td><td></td></tr>
<tr><td>修图、调色</td><td></td><td></td><td></td></tr>
<tr><td>排版完稿——A4</td><td></td><td></td><td></td></tr>
<tr><td>文案（中文）</td><td></td><td></td><td></td></tr>
<tr><td>项目合计</td><td colspan="4">¥</td></tr>
<tr><td>税金××</td><td colspan="4">¥</td></tr>
<tr><td>服务费××</td><td colspan="4">¥</td></tr>
<tr><td>总计</td><td colspan="4">¥</td></tr>
</table>

（4）创意费

广告代理公司的一项重要服务是提供创意方案，但有些客户不太愿意支付创意费用，认为广告公司已经有了佣金收入，就应该免费提供创意。事实上，也确实有广告代理公司为了获得客户的广告发布代理权而奉送广告创意甚至广告制作。

对于一些在创意方面享有良好信誉和品牌的广告代理公司以及专业创意公司来说，收取广告创意费是理所当然的事情。广告公司收取的创意费主要是人工成本，通常按团队的工时计价，设置一定的收费标准。

4.绩效收费制

绩效收费制即按广告效果付费的方式，也就是按照销售额的百分比提取服务费。这种收费方式将广告公司的收费与广告主的市场回报或消费者反馈紧密挂钩，因而受到了越来越多广告主的欢迎，并有望成为未来的广告收费趋势。比如2009年4月20号，可口可乐公司就宣布要采取按广告效果付费的机制，并将其用于旗下的400多个品牌。

5. 复合收费制

有些媒介公司采用月费制和佣金制并行的方式收取费用,有些公司则因为业务种类的复杂性,会针对不同的业务采用月费、佣金和成本加成等复合计费的方式收取费用。

广告媒体的收费

这里所说的广告媒体,不仅包括大众媒体,也包括一些新媒体,还包括类似销售场所但实际上发挥信息传播功能并收取一定费用的各类信息载体。

一般而言,媒体的主要收入来源是广告。媒体与广告代理公司之间在商业合作中习惯于先付款、后刊播,且媒体价格会随着节目和季节而局部浮动——媒体虽然有年度广告报价单,但具体情况仍需随时查询。

1. 传统媒体的收费

每一年度,广告媒体都会评估自己在广告市场中的价值,进而制定下一年度的广告报价单。媒体主要依据受众数量、受众质量、媒体质量、媒体市场情况等,在权衡媒体广告时间/空间供需关系的基础上,决定自己的广告市场价格。同时,也有部分媒体在基本估价的基础上通过招投标的方式,确定自己广告时间/空间的销售价格。

传统媒体广告时段、空间的计价方式多种多样,评估因素繁多,但基本上以收视率、目标人群质量指标为核心评估要素。从本质上来说,媒体传播所覆盖的受众数量、受众品质是其定价的重点。当然,除此之外,媒体的说服能力等要素也是不可忽视的重要指标。

表 10 - 4、10 - 5 为传统媒体的报价示例。

表 10 - 4　2018 年某晚报广告刊例价格(部分)

周三/周四/周五价格　导读·速览封面整版(24×29.5)120 万元											
版位	色彩	5.8×6.6 1/4 通	11.8×6.6 1/2 通	17.8×6.6 3/4 通	24×6.6 通栏	11.8×13.5 方通	11.8×16.2 1/4 版	24×10 1.5 通	24×13.5 双通	24×16.2 半版	24×36.5 整片
A 封面	彩色				202,000	228,000	320,000	320,000	418,000	498,000	
A 封底	黑白				670,00	750,00	112,000	112,000	143,000	185,000	338,000
	彩色				100,000	113,000	166,000	166,000	212,000	258,000	458,000
A2	黑白				67,000	75,000	112,000	112,000	143,000	185,000	338,000
	彩色				100,000	113,000	166,000	166,000	212,000	258,000	458,000
A3	黑白				71,000	82,000	122,000	122,000	158,000	198,000	368,000
	彩色				105,000	121,000	176,000	176,000	228,000	280,000	498,000

续表

周三/周四/周五价格 导读·速览封面整版(24×29.5)120 万元											
版位	色彩	5.8×6.6 1/4 通	11.8×6.6 1/2 通	17.8×6.6 3/4 通	24×6.6 通栏	11.8×13.5 方通	11.8×16.2 1/4 版	24×10 1.5 通	24×13.5 双通	24×16.2 半版	24×36.5 整片
A4	黑白	13,500	27,000	40,500	54,000	63,000	92,000	92,000	119,000	152,000	280,000
	彩色				850,00	96,000	143,000	143,000	188,000	228,000	408,000
A5	黑白	14,500	29,000	43,500	58,000	68,000	96,000	96,000	126,000	163,000	298,000
	彩色				91,000	103,000	150,000	150,000	196,000	242,000	438,000
A6 - A13	黑白	13,000	26,000	39,000	52,000	61,000	88,000	88,000	114,000	146,000	268,000
	彩色				79,000	89,000	133,000	133,000	178,000	218,000	388000
A 普通版	黑白	11,500	23,000	34,500	46,000	52,000	77,000	77,000	96,000	125,000	228,000
	彩色				68,000	76,000	117,000	117,000	152,000	188,000	348,000
B 封面	彩色				86,000	98,000	145,000	145,000	188,000	230,000	438,000
B 封底	黑白				49,000	56,000	82,000	82,000	105,000	135,000	250,000
	彩色				73,000	83,000	125,000	125,000	163,000	203,000	378,000
B 普通版	黑白	10,000	20,000	30,000	40,000	43,000	69,000	69,000	88,000	112,000	208,000
	彩色	15,000	30,000	45,000	60,000	68,000	102,000	102,000	132,000	168,000	308,000
C/D 封面	彩色				82,000	93,000	136,000	136,000	175,000	218,000	418,000
C/D 封底	黑白				48,000	54,000	81,000	81,000	101,000	130,000	238,000
	彩色				70,000	79,000	120,000	120,000	156,000	195,000	358,000
C/D 普通版	黑白	9,500	19,000	28,500	38,000	42,000	68,000	68,000	86,000	108,000	200。000
	彩色	14,000	28,000	42,000	56,000	65,000	93,000	93,000	121,000	155,000	288,000

表 10-5 2018 年某电视台某频道广告刊例价格(部分)

有效期:2018 年 1 月 1 日 -2018 年 12 月 31 日					单位:人民币元/次	
播出时间	5 秒	10 秒	15 秒	20 秒	25 秒	30 秒
周一至周日约 06:30 - 07:00	16,000	24,000	30,000	40,800	48,000	54,000
周一至周日 约 07:00 - 08:00	19,000	28,000	35,000	47,600	56,000	64,000
周一至周日 约 12:00 - 12:25	36,300	55,000	68,000	92,500	108,800	123,000
周一/周五 约 12:30 - 13:00	36,300	55,000	68,000	92,500	108,800	123,000
周一至周日 约 18:00 - 18:30	80,000	120,000	150,000	204,000	240,000	280,000
周一 约 18:35 - 19:25	85,000	128,000	158,000	214,900	252,800	288,000
周五 约 18:35 - 19:25	80,000	120,000	150,000	204,000	240,000	280,000

续表

有效期:2018 年 1 月 1 日 - 2018 年 12 月 31 日					单位:人民币元/次	
播出时间	5 秒	10 秒	15 秒	20 秒	25 秒	30 秒
周一至周日 约 19:30 - 21:25	110,000	160,000	200,000	272,000	320,000	380,000
NBA 赛季时 周四 约 19:30 - 21:25	110,000	160,000	200,000	272,000	320,000	380,000
周一至周五 约 21:30 - 23:15	91,000	136,000	170,000	231,200	272,000	308,000
周一至周日 约 22:15 - 23:55	53,000	79,000	99,000	134,600	158,400	181,000
欧冠比赛日 周三、周四 约 22:15 - 23:55	53,000	79,000	99,000	134,600	158,400	181,000
周一至周五 约 00:00 - 03:30	20,000	30,000	38,000	51,700	60,800	68,800

2. 网络广告的收费

与传统的四大媒体及户外广告相比,网络广告具有得天独厚的优势,近年来增长速度惊人,越来越多的广告主开始将广告费转向网络媒体。网络广告的计费方式多种多样,大致可以分为三类。

(1)按展示计费

按展示计费分两种情形:一是按印象收费,一是按时长收费。

按印象计费关注用户的印象,包括 CPM(千次印象成本)和 CPTM(Cost per Targeted Thousand Impressions,目标用户千次印象成本)。

在网络广告中,CPM 取决于"印象"标准,通常理解为一个人的眼睛在一段固定时间内注视一条广告的次数。这种方式目前使用得较少,一些广告联盟的收费模式中有这样的方法。

按广告投放时长收费就是常说的包月广告或包天、包周广告费用。媒体一般主张按点击付费,但广告主因为不了解网络媒体的实际流量和每个有效点击的真实价值,为降低风险一般愿意按注册或订单数量付费。因此,按广告投放时长付费往往是双方谈判后的折中方案。

(2)按行动计费

按行动计费关注用户对广告讯息的直接反应,评估指标包括 CPC(Cost per Click,单位点击成本)以及 CPL (Cost per Lead,单位注册成功成本)。这种模式也分为两种计费形式:一是按单位点击付费,一是按注册用户付费。

按单位点击付费以每点击一次计费,这种模式是最常见的模式,但也有不少网络媒体并不乐于接受,因为按照这种计费方式,网络媒体很难从那些看了广告却并未点击的流量中获得收入。

按注册用户/抓取潜在客户的数量收费（CPL，Cost per Lead）即按每次通过特定链接注册成功后收费。

（3）按销售效果计费

按销售效果计费关注客户对广告讯息的销售反应，评估指标包括 CPS（Cost per Sale，单位销售额成本）、CPO（Cost per Order，单位订单成本）及 CPP（Cost per Purchase，单位交易订单成本）。

按实际销售金额比例收费即根据每个订单/每次交易的金额收取一定比例的费用，广告每完成一笔交易，网站运营商即可获得一定比例的销售额提成（或称佣金）。

按交易订单数量收费是广告主为了规避广告费风险而采用的一种付费方式，即只有在网络用户点击网络广告并进行在线交易后，广告主才按销售的笔数向网站支付费用。

表 10－6　网络媒体报价示例

<table>
<tr><th colspan="7">2017 年某网络视频平台贴片广告刊例价格（地域定向政策）</th></tr>
<tr><th rowspan="2">广告形式</th><th rowspan="2">市场分级</th><th rowspan="2">区域定向</th><th colspan="4">15 秒贴片（元/CPM）</th></tr>
<tr><th>PC＋移动端＋TV /PC＋移动端</th><th>PC/移动</th><th>IOS</th><th>TV/PAD</th></tr>
<tr><td rowspan="6">贴片</td><td>K</td><td>北京/上海</td><td>130</td><td rowspan="6">加收 10%</td><td rowspan="6">加收 30%</td><td rowspan="6">加收 50%</td></tr>
<tr><td>A＋</td><td>5 个城市</td><td>90</td></tr>
<tr><td>A</td><td>13 个城市</td><td>70</td></tr>
<tr><td>B</td><td>其他城市</td><td>50</td></tr>
<tr><td>省级</td><td>省级</td><td>45</td></tr>
<tr><td>—</td><td>全国</td><td>40</td></tr>
<tr><td colspan="7">说明：
1. 移动端＝手机＋PAD；iOS＝iPHONE＋iPAD
2. 5 秒/6 秒价格＝15 秒价格＊40%；30 秒价格＝15 秒价格＊200%
3. A＋（5 个）：广州、深圳、沈阳、南京、成都；A（13 个）：大连、长沙、武汉、青岛、杭州、天津、重庆、西安、苏州、宁波、合肥、济南、昆明
4. PDB 采购加收原则：（推送比－100%）＊40%＝加收系数，PDB 最低加收 10%（包含不退还情况）</td></tr>
<tr><td rowspan="3">定向加收</td><td colspan="2">【频道】定向：加收 10%</td><td colspan="2">【频控】小于周 1 次：加收 10%</td><td colspan="2">指定【时间段】：加收 10%</td></tr>
<tr><td colspan="2">指定【正一】：加收 20%</td><td colspan="2">指定【倒一】：加收 10%</td><td colspan="2">指定【中插】：加收 10%</td></tr>
<tr><td colspan="2">【互动】贴片：加收 20%</td><td colspan="2">定向【韩剧】子频道：加收 50%</td><td colspan="2">定向【美剧】子频道：加收 100%</td></tr>
<tr><td colspan="7">说明：5 秒贴片（6 秒贴片）广告独立计算位序，与 15 秒/30 秒的正倒一无关</td></tr>
</table>

3. 广告媒体的折扣

（1）刊例、折扣、合作广告

刊例价是媒体公开发布的广告形式和报价，但广告主、广告公司或媒介购买公司实际完成的购买价格通常低于媒体的刊例价(见表 10 - 7)。除此之外,媒体还会拿出不同的版面或时段套餐,为广告客户提供购买量上的优惠。

表 10 - 7 某电视台广告节目表(部分)

栏目名称	播出时间	刊例价(单位:元)		
		30 秒	15 秒	5 秒
生活面对面	19:59 - 20:44 (周一 - 周五)	25,000	15,000	7,500
季播节目 60″	20:01 - 21:01 (周六)	40,000	24,000	12,000
特别定制 30″	21:01 - 21:31 (周六)	40,000	24,000	12,000
幸福厨房	20:01 - 20:46 (周日)	30,000	18,000	9,000
生活 +	20:46 - 21:31 (周日)	30,000	18,000	9,000
美食地图一探到底	20:44 - 21:29 (周一 - 周五)	25,000	15,000	7,500
选择	21:34 - 22:19 (周一 - 周五) 21:36 - 22:36 (周六、周日)	20,000	12,000	6,000

在购买版面、时段或设定媒体计划时,广告公司应以购买量、付款信誉、合作关系等因素为依据,努力争取较好的折扣或利用经济的广告套餐降低广告主的广告费支出。

企业也可以采用多种手法,通过广告主之间的合作降低广告费成本。其中最常见的形式就是合作广告,即由两家以上的广告主共同发起,首先在目标受众、诉求、创意等原则上达成一致,在同一个版面和时段投放广告,以期在不削弱广告效果的基础上达到分担广告费的目的。

(2)媒体使用策略

对广告策略和媒体的选择,可以为经费不足的中小型广告主选择费用低廉的沟通渠道,降低其广告投入。

针对营销目标、目标消费者、产品或服务特点等条件,广告活动要紧密结合企业的资金投入条件,在制订媒体策略时选择成本效益高的预算方式。当然,这个方案不能以牺牲广告效果为代价。

在选择媒体渠道时,可以更多地利用新媒体环境下费用低廉的传播渠道,比如企业官网、社交网站、网络视频等;也可以多使用 DM 广告、传单、礼品、赠品、口碑传播、病毒式传播、合作广告等方式。

练　习

一、请解释以下概念

广告策划书　阶段性广告方案策划书

二、请简答以下问题

1. 广告策划书的价值体现在哪里？

2. 广告策划书都有哪些类型？

3. 完整的广告策划书的要点有什么？

三、实践活动

收集两份广告策划书，通过阅读，分析它们完成的质量。请解释为什么该策划书会这样分析和陈述。

附录 I
广告策划书的撰写

什么是广告策划书

以书面形式表现广告策划的意见,体现广告策略和广告计划的报告书,即"广告策划书"。广告策划书由广告策划人员根据广告策划的结果撰写,提供给广告客户审核、认可,是为广告活动提供策略指导和具体实施计划的一种应用性文件。

广告策划书通过分析阐述策略观点、陈述计划,说服其读者接受广告策划人员的策略方针,并认可为他们拟订的行动方案。广告策划书的读者一般为企业的负责人以及市场部、广告部的负责人等,它主要有三个用途:

1. 在广告公司内部,广告策划书的撰写标志着广告策划作业的结束。撰写广告策划书是为了将广告策划作业的内容和结果整理成正规的提案提供给广告客户。

2. 广告客户可以通过策划书了解广告公司策划作业的结果,检查广告公司的策划工作,并根据广告策划书判定广告公司对广告策略和广告计划的决策是否符合自己的要求。

3. 对于整个广告活动而言,经过客户认可的广告策划书是广告运动策略和计划的唯一依据。

广告策划书的格式

广告策划书的类型

广告策划书的种类多种多样,其中最为实用的分类方法是根据策划活动涉及的内容,对广告策划书进行分类。由此,广告策划书主要可以分为两种:一种是涉及环境、产品、消费者分析,进而制定广告策略，拟定媒介计划、表现策略，并进行预算分割的“完整广告策划书”；另一种是阶段性广告方案策划书，比如仅针对媒介策略、表现策略或广告活动设计等内容编制的广告策划书。

前者的内容要求完整地解决企业产品的市场问题：从市场分析开始，到提出市场及广告策略，再到提出广告推广方案，这一整套策划表述可以称为完整的广告策划书。

后者主要在企业已解决了市场和广告策略之后，在既定策略的基础之上，在促销方案、活动方案、媒介策划方案、表现方案等方面提供阶段性建议。与前者相比，阶段性广告策划书涉及的内容更为集中、更有针对性。但是要完成这两种类型的广告策划书，都必须体现出“发现问题—解决问题”的过程和观点，在分析观点和完善展示与计划等方面都应该精益求精。

完整的广告策划书的内容要点

广告策划书主要以文字和图表表述为主，以劝服为核心目的。撰写广告策划书是为了具体说明广告活动的战略思路、实施策略、操作步骤以及相关的背景和因素。在广告战略思路和操作细节都基本明晰的基础上，我们就可以着手撰写广告策划书了。

广告策划书并没有固定的模式，这里只提供一个参考性范本。在实战过程中，因为广告策划要解决的问题不同：有的要制定新的策略，有的要修订既有策略，而有则要在现有策略的基础上展开新的广告攻势，因此广告策划书在内容上的侧重点也有所不同。但是，由于一份完整的广告策划书必然会围绕着为企业的市场和广告推广而“发现问题—解决问题”，因此体现在策划书中，就可以看到内容的几个主要组成部分。

封面 目录 前言	……
正文	一、市场分析部分 二、市场和广告策略决策部分 三、表现策略部分 四、媒体策略部分 五、广告活动设计 六、预算分割部分
总结	……

其中，第二部分是广告策划书的核心。广告策划书的其他部分则可能因为个案的不同需要和撰写者个性的不同而有所差别，或轻或重，或有添加，但主要内容大体如此。

下面简要描述各部分的撰写要点和主要内容。在实际撰写广告策划书时，下面的几个部分可有增减、合并或分裂，如可增加公关计划、广告现场活动设计等部分，也可将最后部分改为结束语或结论，一切根据具体情况而定。

阶段性广告策划书的内容要点

阶段性广告策划书的策划内容应该紧紧围绕着策划的目的展开,比如,客户现在要求广告公司为其策划广告活动,此时策划书中大多只需要陈述相关的市场状况结论,进而提出合理的广告活动设想即可。围绕制定媒介策略工作而展开的策划书也是这样。缜密地描述媒介策略的思路以及计划,是这类策划书的重点工作。

有时,阶段性广告策划书的主要内容也会是完整策划书中的一部分,只是在侧重点和计划成熟度方面有差异。因为在整体策划书中,某些计划方面的陈述有时不需如此细致,而阶段性广告策划书大都更强调计划的执行力。

1. 广告活动设计

(1)广告活动的目标

(2)广告活动的时间

1)在各目标市场的开始时间

2)广告活动的结束时间

3)广告活动的持续时间

……

(3)广告活动的目标市场

(4)广告活动的诉求对象

(5)广告活动的诉求重点

(6)广告活动的计划

1)促销活动计划

2)公共关系活动计划

3)其他活动计划

……

(7)广告活动的表现(可提供设计草图、电视广告故事板、广告文案讨论稿)

1)广告的主题

2)广告的创意

3)各媒介的广告表现(平面设计、文案、电视广告分镜头脚本)

4)各媒介广告的规格

5)各媒介广告的制作要求

……

(8)广告媒介计划

1)广告发布的媒体

2)各媒体的广告规格

3)广告媒体发布排期表

……

(9)广告费用预算

1)广告策划创意费

2)广告设计费

3)广告制作费

4)广告媒介费

5)其他活动需要的费用

……

媒介策划书

广告要通过一定的媒体来传播信息。在广告策略方向明确、广告创意制作已经确定的情况下，广告客户可能会要求单独编制媒体策划书。选用的广告媒体不同，其广告费用、广告设计、广告策略和广告效果也不同。另外，在不同的时间、地点使用不同的广告媒体或采用不同的组合，广告效果也不同。这是客户最为关心的内容，因此媒介策划书更要在细节和可行度上下功夫。

媒介策划书的形式是将媒介计划写成书面材料，并辅以表格加以说明。表格式说明一般是将每一条广告的主体填在一个表格中。表格的横栏为月份，纵列为媒体名称，即分别填写每个月的媒体计划量。报纸媒体以栏数、行数为计量单位，电视广播媒体以秒/次为计量单位，其他媒体则根据相应的计量单位计算。以下仅介绍媒介策划书的主要内容。

1. 前言或摘要

媒介计划的基本策略和要素

2. 背景与情况分析

产品(劳务)的市场情况

营销目标与广告目标

创意方向

3. 媒介目的或媒介目标

对媒介策划将达成的目的或目标进行明确的、可行性的说明

4. 媒介策略

媒体的选择

媒体的组合

广告的日程频次安排

费用分配

5. 策划说明

媒介计划的执行要素

选择各种策略及媒体的理由

一切战术上的做法

……

文案应把所涉及的媒介计划清晰、完整、简洁地设计出来,其详细程度可根据媒介计划的复杂性而定。应该注意的是,上述五个部分不是一成不变的,可视具体情况增减。撰写媒介策划书的目的是为了让有关人员对媒体在广告运动中的具体运作及具体作用做到心中有数。

撰写广告策划书应注意的问题

客户对广告策划书的需要,即广告策划书的用途,是导致广告策划书出现不同内容侧重点的根本原因:比如某时期某地域范围内企业广告活动推行的基本原则,包括策略的提出、策略的重整、最优行动方案原则等。

在策划书中,有时需要我们通过策略分析提出策略上的"问题",随后运用媒介策划、创意等广告活动手段来"解决"这个核心"问题";在广告策略方向已经非常明确之时,则要针对策略的目标选用媒体,制定媒介策略,并完成诉求、创意、促销活动、公关等广告活动手段的设计和组合。这些都是这个广告策划书的工作核心。在实际工作中,我们要区别对待策划任务。

撰写广告策划书一般要求简短,避免冗长;要简要、概述、分类,删除一切多余的文字,尽量避免重复相同的概念,力求简练、易读、易懂;不要过多地使用代名词。广告策划的决策者和执行者并不在意是谁的观念、谁的建议,他们需要的是事实。广告策划书在每一部分的开始最好有一个简短的摘要,说明所使用资料的来源,以增加计划书的可信度。一般说来,广告策划书的长度不要超过两万字。如果篇幅过长,可将图表及有关说明材料以附录的形式提供给客户,供其进一步查阅。

下面是撰写广告策划书时必须注意的五个基本点:

(1)撰写的目的要明确;

(2)能体现出问题点所在,突出解决问题的核心观点;

(3)逻辑清晰,说理有理有节,避免冗长;

(4)语言流畅,表达有活力,易于阅读;

(5)资料使用充分,但观点突出,使用比例要合理,忌大篇幅引用资料,特别是企业已经熟知的资料。

附：

一份完整的广告策划书

（仅提供各部分的要点参考）

封　面

一份完整的广告策划书包括一个版面精美、要素齐备的封面，以给阅读者留下良好的第一印象。

公司及广告策划小组名单

在策划书中提供广告策划小组名单，可以向广告主显示广告策划作业的正规化程度，也可以表示一种对策划结果负责的态度。此名单可以放在封面，也可以单独占用一页。

目　录

目录应该列举广告策划书各个部分的标题，必要时还应该将各个部分的联系以简明的图表加以表示。这一方面可以使策划书显得严谨、规范；一方面也可以使读者能够根据目录方便地找到自己想阅读的内容。

前　言

前言部分应简明概要地说明广告活动的时限、任务和目标，必要时还应说明广告主的营销战略。前言是概述性质的，其长度从两段到两页不等。

前言还应该概述广告策划的目的、进行过程、使用的主要方法以及策划书的主要内容。此外，前言也可为广告策划书的读者提供背景介绍，确定策划和计划将要包含的内容，并指出策划中最重要的地方，比如营销计划所提供的广告讯息概述、广告目标概述、广告战略概述、广告预算概述等。

这是全部计划的摘要，目的是把广告计划的要点列出来，让企业最高层决策者或执行人员快速阅读和了解，使最高层决策者或执行人员对策划的某一部分有疑问时，能通过翻阅该部分迅速了解细节。这部分内容不宜过长，以数百字为佳。因此有的广告策划人称这部分为执行摘要。

正　文

第一部分　市场分析

这部分应该包括广告策划过程中所进行的市场分析的全部结果，为后续的广告策略部分提供有说服力的依据。

撰写的思路是:根据企业生存环境分析,判断企业的经营方向和市场方向;进而通过分析企业的产品,说明广告产品自身具备的特点和优点;再根据市场分析的情况,把广告产品与市场中各同类商品进行比较,指出消费者的爱好和偏向;据此进一步确定诉求点。如果有可能,也可针对广告产品的改进或开发提出建议。

一、营销环境和行业分析

这一部分列出经济、技术、产业政策、人口、文化、自然等环境中与广告战略有关的最重要的因素,然后说明各个因素的影响和重要性。环境因素不可能也不需要全都罗列出来。在撰写计划时,关键不在于详尽或包罗万象,而在于选择那几个真正能说明形势的重要因素,然后说明这些因素与目前的广告战略之间的联系。

1. 企业市场营销环境中的宏观制约因素或有利因素

(1)企业目标市场所处区域的宏观经济形势

总体的经济形势

总体的消费态势

产业的发展政策

……

(2)市场的政治、法律背景

是否存在有利或不利的政治因素影响产品的市场

是否存在有利或不利的法律因素影响产品的销售和广告

……

(3)市场的文化背景

企业的产品与目标市场的文化背景有无冲突之处

这一市场的消费者是否会因为产品与其文化有冲突而拒绝产品

……

2. 市场营销环境中的微观制约因素

企业的供应商与企业的关系

产品的营销中间商与企业的关系

……

3. 市场概况

(1)市场的规模

整个市场的销售额

市场可能容纳的最大销售额

消费者总量

消费者总的购买量

以上几个要素在过去一个时期中的变化

未来市场规模的趋势

……

(2)市场的构成

构成这一市场的主要产品的品牌

各品牌所占的市场份额

市场上居主要地位的品牌

与本品牌构成竞争关系的品牌是什么

未来市场构成的变化趋势如何

……

(3)市场构成的特性

市场有无季节性

市场有无暂时性

市场有无其他突出的特点

(4)行业的市场运行模式

4. 营销环境分析总结

(1)机会与威胁

(2)优势与劣势

(3)重点问题总结

……

二、消费者分析

1. 消费者的总体消费态势

现有的消费时尚

各种消费者消费本类产品的特性

2. 消费者分析与目标市场描述

(1)确认市场细分

(2)主要细分市场

(3)次要细分市场

(4)细分市场特征(地理、人口统计、消费心态、行为等)

3. 现有消费者分析

(1)现有消费群体的构成

现有消费者的总量

现有消费者的年龄

现有消费者的职业

现有消费者的收入

现有消费者的受教育程度

现有消费者的分布

(2)现有消费者的消费行为

购买的动机

购买的时间

购买的频率

购买的数量

购买的地点

(3)现有消费者的态度

对本产品的喜爱程度

对本品牌的偏好程度

对本品牌的认知程度

对本品牌的指名购买程度

使用后的满意程度

未满足的需求……

4. 潜在消费者分析

(1)潜在消费者的特征

总量、性别、年龄、收入、职业、受教育程度等

(2)潜在消费者现在的购买行为

现在购买哪些品牌的产品

对这些产品的态度如何

有无新的购买计划

有无可能改变计划购买的品牌

(3)潜在消费者被本品牌吸引的可能性

潜在消费者对本品牌的态度

潜在消费者需求的满足度如何

5. 消费者分析的总结

(1)现有消费者

机会与威胁

优势与劣势

重要问题总结

(2)潜在消费者

机会与威胁

优势与劣势

主要问题点总结

(3)目标消费者

目标消费群体的特性

目标消费群体的共同需求

如何满足他们的需求

……

6. 对企业既往定位策略的分析与评价

(1)企业的既往产品定位

(2)定位的效果

(3)对既往定位的评价

……

7. 新产品的定位策略

(1)从消费者需求的角度

(2)从产品竞争的角度

(3)从营销效果的角度

……

8. 对新产品定位的表述

新定位的表述

新定位的依据与优势

……

9. 提出品牌价值主张

10. 各目标市场的营销组合概述

(1)目标市场选择的依据

(2)目标市场选择的策略

广告计划应该是企业营销计划的直接延续,因而对品牌主张的说明可以使营销计划与广告计划直接产生明确的联系:品牌应该在目标细分眼中享有什么地位?广告策划人员要以企业的营销战略为依据对它进行说明,并以此指导所有的广告策划活动。

三、产品分析

1. 产品特征分析

(1)产品的性能

产品的性能有哪些

产品最突出的性能是什么

产品最适合消费者需求的性能是什么

产品的哪些性能还不能满足消费者的需求

(2)产品的质量

产品是否属于高质量的产品

消费者对产品质量的满意度如何

产品的质量能继续保持吗

产品的质量有无继续提高的可能

(3)产品的价格

产品的价格在同类产品中居于什么位置

产品的价格与产品质量的契合度如何

消费者对产品价格的认识如何

(4)产品的材质

产品的主要原料是什么

产品在材质上有无特别之处

消费者对产品材质的认识如何

(5)生产工艺

产品通过什么样的工艺生产

产品在生产工艺上有无特别之处

消费者是否喜欢用这种工艺生产的产品

(6)产品的外观与包装

产品的外观和包装是否与产品的质量、价格和形象相符

产品在外观和包装上有无欠缺

产品外观和包装摆放在货架上,是否能从同类产品中脱颖而出

产品外观和包装对消费者是否有吸引力

消费者对产品外观和包装的评价如何

(7)与同类产品的比较

在性能上有何优势,有何不足

在质量上有何优势,有何不足

在价格上有何优势,有何不足

在材质上有何优势,有何不足

在工艺上有何优势,有何不足

在消费者的认知和购买上有何优势,有何不足

2. 产品生命周期分析

(1)产品生命周期的主要标志

(2)产品处于什么样的生命周期

(3)企业对产品生命周期的认知

3. 产品的品牌形象分析

(1)企业赋予产品的形象

企业对产品形象有无考虑

企业为产品设计的形象如何

企业为产品设计的形象有无不合理之处

企业是否向消费者传达了产品形象

(2)消费者对产品形象的认知

消费者认为产品的形象如何

消费者认知的形象与企业设定的形象是否相符

消费者对产品形象的预期如何

产品形象在消费者认知方面有无问题

4. 产品的诉求点分析

(1)产品的卖点

(2)产品的诉求点

(3)消费者与产品诉求点的契合

……

5. 产品分析的总结

(1)产品特性

机会与威胁

优势与劣势

主要问题点总结

(2)产品的生命周期

机会与威胁

优势与劣势

主要问题点总结

(3)产品的形象

机会与威胁

优势与劣势

主要问题点总结

(4)产品的诉求点

机会与威胁

优势与劣势

主要问题点总结

……

四、企业分析与竞争对手分析

1. 企业在竞争中的地位

市场占有率

消费者认知

企业自身的资源和目标

……

2. 企业的竞争对手

对主要竞争对手的界定

竞争对手的基本情况

竞争对手的优势与劣势

竞争对手的策略

……

3. 企业与竞争对手的比较

机会与威胁

优势与劣势

主要问题点

……

4. 企业和竞争对手以往的广告活动概况

开展的时间

开展的目的

投入的费用

主要内容

……

5. 企业和竞争对手以往广告的目标市场策略

广告活动针对什么样的目标市场进行

目标市场的特性如何,有什么合理之处,有什么不合理之处

……

6. 企业和竞争对手的产品定位策略

7. 企业和竞争对手以往的广告诉求策略

诉求对象是谁

诉求重点如何

诉求方法如何

……

8. 企业和竞争对手以往的广告表现策略

广告主题的创意如何,有什么合理之处,有什么不合理之处

广告创意如何,有什么优势和不足

9. 企业和竞争对手以往的广告媒介策略

媒介组合如何,有何合理之处,有何不合理之处

广告发布的频率如何,有何优势和不足

……

10. 广告效果

广告在消费者认知方面有何效果

广告在改变消费者态度方面有何效果

广告在消费者行为方面有何效果

广告在直接促销方面有何效果

广告在其他方面有何效果

广告投入的效益如何……

11. 总结

竞争对手在广告方面的优势

企业自身在广告方面的优势

企业现有广告中应该继续保持的内容

企业现有广告的明显劣势

……

第二部分　市场和广告策略决策部分

本部分主要包括市场策略和广告策略两个层面的内容。通过上文的分析过程,本部分应从市场和广告两个递进的层面分别明确"问题在哪里"以及"如何解决问题",最终使提出的广告策略具有比较强的说服力。比如,根据产品定位和市场研究结果,阐明广告策略的重点,说明为什么及如何使广告产品在消费者心目中留下深刻的印象;为什么及用什么方法刺激消费者产生购买兴趣、改变使用习惯、选购和使用广告产品;为什么及用什么方法扩大广告产品的销售对象范围。有的广告策划书在这部分内容中提出增设或单设促销活动计划、公关活动计划等广告活动计划书,作为单独的一份文件提供给客户。

一、市场的策略

1. 结合上文分析结果

(1)结合市场和行业环境的要求

(2)结合消费者分析的结论

(3)结合产品分析的结论

(4)结合竞争分析的要点

……

2. 明确时间范围

3. 明确地域范围

4. 明确竞争范围

5. 明确速度

6. 明确获取市场的利益

7. 明确基本手段

(1)定位

(2)诉求

(3)信息传播的基本原则

……

8. 陈述市场目标和目的

……

二、广告的策略

1. 结合市场目标和目的

2. 说明广告目的

3. 说明广告目标

(1)对目标的量化表述:具体的数量或百分比

(2)实现目标所需的时间长度

(3)提升认知度、好感度、了解度等

……

4. 实现目标的基本思路

(1)广告投入力度

(2)时间范围

(3)地域范围

(4)基本方法

(5)步骤

……

第三部分　广告表现策略

一、广告诉求策略

1. 广告的诉求对象

(1)对诉求对象的表述

(2)诉求对象的特性与需求

……

2. 广告的诉求重点

(1)对诉求对象需求的分析

(2)对所有广告讯息的分析

(3)对广告诉求重点的表述

……

3. 诉求方法策略

(1)对诉求方法的表述

(2)诉求方法的依据

……

二、广告表现策略

1. 广告表现策略

(1)广告表现的风格

(2)各种媒介的广告表现:平面设计、文案、电视广告分镜头脚本

(3)广告表现的材质

(4)各媒介广告的规格、制作要求

……

2. 广告的诉求、主题

……

3. 广告创意策略

(1)广告创意的核心内容

(2)广告创意说明

……

第四部分　广告媒介策略

1. 对媒介策略进行总体表述

2. 界定媒介目标

(1)到达目标受众

(2)媒介发布的地理范围

(3)讯息力度

……

3. 媒介组合策略

(1)策略说明

(2)媒介选择的依据

(3)媒介的类别选择

(4)媒介载体选择

(5)媒介组合

(6)媒介效益

……

4. 媒介策略说明

(1)到达率和频次

(2)广告发布的持续性(连续式、起伏式、脉冲式)

(3)广告长短、大小

(4)广告发布时机

……

5. 广告发布频率策略

6. 媒介排期与购买

……

第五部分　广告预算分配策略

广告预算分配部分要提出广告支出的数目和具体的分配方案,是对广告活动经费的匡算和分配计划,也是广告策划整体方案的重要组成部分。广告预算分配部分要根据广告策略的内容,详细列出媒体选用情况及所需费用、每次刊播的价格,最好能制成表格,列出调研、设计、制作等费用。

广告预算书一般以图表的形式将广告预算的列支、计划和分配详尽地表示出来。广告预算书的格式及内容视不同业务需要所涉及的项目而具体拟定。一般纵列分为项目、支出内容、费用和执行时间，横栏为项目的明细分类，如市场调研费、广告设计费、广告制作费、广告媒体租金、服务费、促销与公关费等。广告预算书后一般还附加一段说明文字对预算书的内容进行解释。

广告预算书的格式和内容不可能千篇一律，要视具体的业务项目而定。有的项目也可具体化，如其他杂费支出一栏可以具体分为：邮电、运输、差旅、劳务等费用；也可增加项目，如广告机构办公费或管理费、人员工资或服务费等。

1. 广告预算分配

(1)不同媒体

(2)不同地域

(3)不同时间阶段

(4)不同活动

……

2. 广告预算明细

3. 广告预算的收费说明资料

……

第六部分　总结

广告策划书的总结部分应是鼓励性的，要观点突出、简明扼要。必要时，总结部分可以对双方的合作产生良好的预期，或对策划书的不足给予补救的机会。

(以上所列要点只提供了若干策略分析的参考要点，实际操作时，策划人员应该针对不同策划个案的不同要求，有选择地加以参考。)

附录Ⅱ

广告策略的分析要点

策略分析的正确性和有效性是广告运作的前提和基础。在制定和实施广告运作的策略之前,我们通常要通过策略分析,让专业人员更加明确企业状况。

广告策略的分析和设定是一项复杂和细致的工作,下面我们仅就通常使用的几个分析层次进行说明:

第一,分析有关总体环境对组织可能带来的影响。总体环境的发展变化通常会对组织的运行特征及产品的市场推广产生根本的触动,对此,我们要保持充分的敏感。

第二,从行业分析的角度掌握组织所处行业的特征。行业特征和运行模式可以作为制定广告策略的重要依据。以行业整体为着眼点,我们可以更加清晰地分析出行业成功的因素和发展方向。

第三,竞争分析主要着眼于组织与组织之间的市场竞争行为特征。我们必须深入了解它们之间的竞争焦点和竞争策略,以确保市场策略及广告策略具有现实意义。

第四,分析企业的产品,寻找产品的优势,了解从产品特征出发应该注意哪些市场及广告策略问题。

第五,确认消费者,把握他们的消费特征并了解他们接触信息的渠道。这是市场策略及广告策略制定过程中最为现实的一个环节,也是至关重要的一个环节。

需要注意的是,各步骤之间的关联性很强,比如,产品的特征与消费者的购买习惯及行业的某些运转模式之间存在某种关系。在实践过程中,广告策划人员要重点体会组织作为一个整体,在复杂的生存条件下,其市场策略所必须具备的完整性。

在广告活动中,广告策略的制定是在分析了广告策略之后,在基本了解市场的行业环境、竞争环境以及产品和消费者的契合点(产品诉求点与消费者细分——定位)后,通过判定所得出的结论。广告策划主要确定企业在开发市场过程中,面对竞争压力,为了达到拓展市场份额或获取某种市场优势的目的,应该采取何种定位和诉求、面对何种消费者、与消费者沟通哪些原则性问题。

附录Ⅲ

广告提案的要求

什么是广告提案

企业为了更好地完成某项市场和信息推广业务，通常会选择一家广告代理公司为自己服务。有时，我们可以看到只有一家代理公司候选的情形；而更多时候，企业还会通过比稿在若干家实力强大的广告代理公司之间进行选择。

在前者的状况下，广告代理公司会根据企业的任务要求，与企业通力合作，拿出自己的策划方案、创意方案或媒体策略方案等，并进行提案，以获得企业有关人员的修改意见或认可，最终实施方案。

而在后者的状况下，企业通常会提前一段时间向有业务关联或自己关注的广告代理商发出比稿通知。此后，企业的有关负责人通常会与有意参加比稿的每一家广告代理公司的代表见面，了解其基本运作程序。在这之后，企业往往会同时向这几家广告代理公司介绍基本情况，各代理公司可以自行决定参加提案的人选和人数，并在计划的时间内向企业进行提案，以争取本公司的方案获得企业的认可、得到执行。在比稿之后，有时也会由企业承担全部或部分的比稿费用。

对于企业来说，提案会是他们判断、选取最佳广告代理公司和方案的重要途径；而对于广告代理公司来说，提案会则是争取业务、展示实力的战场。所以，提高提案和提案会的水平，对广告代理公司的生存和发展来说至关重要。

那么什么是广告提案呢？

广告提案就是一份具体的报告，是借助视听媒介进行口头表述的一种方式，是力求透过理性思考与逻辑辩证，将一个概念转化成可被具体评估或操作的报告。提案可以传达大量的信息，可以提供非常具有劝服力的建议。

广告提案活动可以分为三部分:

(1)提案现场以多媒体为介质演示视听信息,以辅助口头表达;

(2)提案者在提案现场进行口头表达;

(3)准备书面计划书,在提案会后留给相关人员进一步阅读,其功能相当于对提案建议的细节记录和分析。

其中,第三部分内容就是我们经常提到的"广告策划书",其功能和样式类似于一份供听众在会后阅读理解的资料,作用非常大。在此,我们重点介绍提案准备过程中对前两部分的基本要求。

广告提案演示部分的基本要求

由于视听资料在吸引听众兴趣,展示逻辑、观点和资料方面的作用十分突出,因此,广告提案演示大多会运用电脑和投影仪制作 PPT 文件对讯息的文字、画面、影像部分进行编排演示。除此之外,一些辅助手段,如幻灯片、提案板、指示棒、实物展示架等物品也经常被用到。

提案演示的目的是配合提案者的口头表达,加强讯息传达的效果,使提案更有说服力。所以,我们更关心提高演示效果的一些基本问题。

关注主题、策划讯息

提案的规模是提案者事先必须有所准备的问题。提案会既有一对一的沟通,也有面对众多客户的大型演说。提案会的正规程度一般取决于观众的多少,人越多,提案的形式越正规。

关于提案会的规格,既有非正式的微型提案会和半正规的小型提案会,也有正规的大型提案会和一对一的提案会等几种类型。越是正规的提案会,需要的准备时间越多。

了解提案会的听众成员组成,对设计提案会的沟通方法至关重要。了解自己将要对谁做演示、讲演,明确谁负责制定决策、谁能影响决策人、谁另有企图、谁是朋友等因素,可以使提案者在沟通上获得更多的优势。

在准备讯息演示问题的时候,首先要解决的是如何根据提案会的任务,明确主要的提案观点,为企业找出真正的问题和解决方案。

其次,要明确表达思路的问题。这一思路不仅是演示部分的表达思路,同时也是口头表达部分的思路。在此,"以客户的观点接近他的问题"不失为一种有效的方法。

再次,在讯息的组织和表达风格的确定上应下大功夫。比如,在明确主题方面,一定要强而有力;在选取要点方面,要整理出最有力的事实和最好的概念,使之符合听众的理解和记忆习惯。

在提案的开头,可以尝试妙趣横生的手段,利用道具、故事、名人、问题、令人震惊的事实来吸引听众的注意力。在提案的结尾,可以利用业务咨询、概述要点、日程安排、幽默、传单等方式将提案会的气氛推向高潮。对于提案的提纲,要思路清晰、逻辑严密。

选择视听媒体

如果想保持听众的注意力，使他们理解复杂的讯息，记住提案者的发言，就要利用视觉资料。传递视觉资料的媒体主要有电脑和投影仪、幻灯、电视、提案板等。

以电脑和投影仪为媒体，可以通过 PPT 文件展示提案者的思路。这种方式简易可行、难度较小、沟通效果较好，很值得挖掘。PPT 文件的沟通方法即适用于人数较少的场合，也适用于人数较多的提案会，方式灵活，专业感较强。

幻灯片适合各种房间面积和观众人数，幻灯片的排列可以调整，视觉多样化，生动形象。但幻灯片的制作略嫌麻烦，特别是声音方面有缺陷，会使设计效果的丰富程度受到影响。

电视可以播放录像资料，可以作为主要视听媒体以外的补充媒体，适用于各种人数的场合，专业性强，但录像片的准备比较费工费时。

提案板更适用于单独的提案方式，更个人化，适合于谈话的环境，形式实在、不夸张。其弱点是略显笨拙，一般需要手写，其专业性可能会受到书写质量的影响。

创意和制作视听材料的注意事项

创意和制作视听资料时要注意以下几点：

(1)每一份视觉资料需要配合一个要点，切忌节奏混乱、扰乱思路；

(2)要像设计广告一样，图表要字迹清晰、赏心悦目、简洁紧凑；

(3)视觉资料的设计应该简单、稍大，能在一定的距离内让人看清楚；

(4)围绕关键词句设计视听资料，尽量少用文字说明，不要对视觉资料做过于详细的说明或修饰；

(5)尺寸、字号、标点、色彩、标识等规范连贯；

(6)注意使用图形化的手段，突出重要含义。

提案会上应注意的其他细节

在提案会上还应该注意一些其他细节，比如提案现场的席位布置和环境差别。

1. 提案会的现场席位布置

传统的提案会布置通常有一个供提案者演讲或就座的区域，他们要面对眼前的客户代表。提案公司负责人的座位通常挨着客户公司负责人，以便回答客户方的提问。双方座位的安排要尽量避免让人产生“我们对他们”的感觉，为此，可以将桌旁的所有人都交叉安排在一起，以拉近彼此的关系，建立一种紧密关系。同时，留出比较方便的位置给负责开关灯、分发资料和配合演讲的同事。

2. 提案现场的环境差别

提案场所相当重要，因为它能影响提案的格调，小型会议室、会议厅、礼堂、教室、宾馆房间、宾馆会议厅、候机厅、自己控制的环境、对方控制的环境等各有差异。有时，提案地点是无法控制的，但事前的充分勘察和了解却是必需的，也是值得的。

广告提案表达的准备工作

准备形象

提案者应该拥有激情、专业感、自信等良好的素质和形象,所以对外表形象和内在形象都要进行适当的准备。另外,对于声音、表情、肢体语言、着装等影响表达效果的要素,提案者自己应该有适当的了解和修正,以期达到最佳效果。

热身运动

提案会的热身彩排可以为提案者提供一次试演的机会,便于他将自己的表达与提案的形式结合起来。个人彩排和集体彩排都是有必要的,彩排后的修改更值得重视,但是彩排的次数不宜过多,以免消耗表达激情。

慎选提案人

一个提案会的提案者可以自始至终是一个人,也可以由几个人共同完成,每个人负责一部分。在前者的情况下,要求提案者注重个人的口头表达能力和对提案思路的深入了解;后者则要求同事间的密切配合,通过分派角色,加强提案会的效果。虽然采用不同提案者的做法可以减轻长时间提案的沉闷感,但几位提案人之间的表达风格不能差异过大,且观点、资料的使用不能重复甚至自相矛盾。

简洁和主题

口头表达要注意语言的简洁,重复要有原则,要尽量完整地表达出观点间的逻辑联系,以便突出提案要交流的主题。

控制注意力

每个人的注意力都会分散,不能保证在所有时间里都百分之百地集中注意力。但是听众的注意力一分散,就会遗漏某些内容。制造悬念是保持兴趣的好方法,不妨用以下办法在听众走神时重新吸引他们:

1. 停止演说:沉默可以缓和气氛,接着可以说:"在刚才讲述的内容中,最重要的是……";
2. 加快节奏:当听众被困扰在一堆数据和资料中时,可以略去一些细节,直接提出重点;
3. 活跃兴奋:可以发出敲击声或提高嗓门,刺激听众困乏的神经;
4. 挪动位子:从刚才的位置上走出来,通过走动活跃气氛;
5. 愉悦有趣:借故使用滑稽或夸张的语调说话;
6. 提出问题:但不要真的让人回答,而是让问题悬在空中,借此调动大家的注意力;
7. 休息片刻:在提案进行了一个小时后,可以稍作休息,以保持清醒。

导致广告提案失败的18个常见问题

1. 提案的观点或分析不正确，缺乏说服力；
2. 对表达未加以有效的组织，提案的表达缺乏逻辑性、方向性和主题思路；
3. 表达细节过多，导致主题思路不清晰；
4. 堆砌事实和数据，尤其在事实数据由客户提供的时候；
5. 没有在提案会的开始对问题做必要的简明摘要，说明研究方法、使用策略、承诺以及媒介等问题；
6. 以自我为中心，比如，听众不知道是该去阅读讯息的“展示”，还是去听提案人在“说”什么；
7. 对所推荐的观点缺乏有效的证实；
8. 过多地使用专门术语、缩略语或外语，导致听众疲劳、不解；
9. 提案人缺乏权威感、专业感、真诚感与亲和力；
10. 提案人着装不得体，致使印象分大减；
11. 提案人口齿不清，声音不饱满或过于尖利、不悦耳；
12. 演说节奏不当（过慢或过快），使听众昏昏欲睡；
13. 事先没有测试设备或准备替代方案；
14. 以非正式的方法或形象做提案；
15. 提案会时间控制失当，时间过长或过短，使听众难以进入状态或过于疲劳；
16. 多媒体使用过于繁复或制作过于粗糙；
17. 没顾及提案中主要观点或方案的可行性；
18. 为你自己而非听众准备了一个提案会，不了解“他们”需要什么。

119个问题与要点对照表

首要之事

1. 你准备摘要了吗？
2. 你收集情报了吗？
3. 你研究过与会的人吗？
4. 你了解自己的竞争对手吗？
5. 你知道潜在顾客的需要吗？
6. 你坚守基本规则吗？

7. 你计划包含一点惊奇在内吗?

8. 你能及时完成吗?

听众与提案者相配

9. 提案人数是否超过听众的人数?

10. 你与潜在顾客的地位相配吗?

11. 你找出全体与会者中的重要人物了吗?

12. 最好的提案者拥有一个戏剧性角色吗?

环境管理

13. 提案是在你的办公环境里进行吗?

14. 离开公司前,可曾检查电脑系统、电器插座、音响系统、幻灯机或投影仪的使用状况、灯光等?

15. 是否安排专业道具:挂架、广告稿和实物展示空间、讲台、指示棒、大头针、胶带、备用灯泡、笔记用纸、铅笔等?

16. 茶点怎样安排? 安排在何时?

17. 你想到有关座位的问题了吗?

18. 你避开华而不实的环境布置了吗?

19. 你预习过将在提案会上使用的有关设备,如幻灯片、影片或 PPT 文件的操作了吗?

设计提案会

20. 你将推销术与生意结合在一起了吗?

21. 你记得非正式比正式的难吗?

22. 你以自我利益做诉求吗?

23. 你用与众不同的方式处理潜在顾客的问题并取悦于他们吗?

24. 你提出了特别努力的证据了吗?

25. 如果你出席的是一个比较性的提案会,你表现得体吗?

26. 提案会的创意工作很重要吗?

27. 是由上司介绍本工作小组吗?

28. 你找到一种不寻常的方式讲述本公司的讯息吗?

29. 你想不想展示一张组织图表?

30. 你将你的长处与潜在顾客的需要挂上钩了吗?

31. 你是在展示有关的经验吗?

32. 你如何补充此种经验的不足?

怎样利用案例

33. 案例简明吗?

34. 这些案例有关联吗?
35. 案例复杂吗?
36. 视觉方面的插画极为重要。
37. 你选择了最新的案例吗?

怎样选择创作材料

38. 你挑选了有关联的广告吗?
39. 材料中包括了幽默与情感吗?
40. 你展示的材料种类对观众有吸引力吗? 比如,汽车对男性?
41. 展示一些著名的旧广告活动。
42. 小心使用长文案。
43. 慎用外国案例。
44. 不要展示标准广告影片选集:要针对每一位潜在顾客制作一个专集。
45. 你找到一种戏剧化的方式展示材料了吗?
46. 不要对每一条影片都做详尽的解释。
47. 不要试图使听众参与游戏。

怎样利用视觉器材

48. 记住念幻灯片或投影上的文字。
49. 不要背对听众。
50. 你彻底熟悉幻灯片或投影的文本与图表的顺序了吗?
51. 你预演过操作视觉器材了吗?
52. 用视觉器材你感觉舒服吗?
53. 用一支指示棒。
54. 你检查过字体的大小吗? 它们清楚易读吗?
55. 翻页的图表只适合听众人数少的场合。
56. 不要展示故事板。
57. 念标题,不要啰唆地念文案。
58. 特别小心地处理广播。
59. 注意灯光。
60. 每一位提案者尽量只用一种视觉器材。
61. 检查幻灯片或投影的图表和数字,纠正错误。

展示本广告代理公司的与众不同之处

62. 说明本公司的纪律。
63. 本公司的独特经验与技术。

64. 员工与客户的稳定性。
65. 描述与客户共同成长的经历与愿望。
66. 展示致力于创造的卓越性。
67. 说明本公司创意组织的实力。
68. 解释本代理公司的综合实力。
69. 使人注意本代理公司的国际管理监督者。
70. 说你深信第一流的生意。
71. 谈谈本代理公司的主管。

如何开始与结束

72. 准备做热身运动,但不是说笑话。
73. 使开始值得记忆。
74. 是否会用一部影片来开始?
75. 告诉他们"为什么你应该选我们"。
76. 结尾值得记忆吗?
77. 提出订货要求。
78. 是否会以一部影片来结尾?
79. 你对未了之事有组织吗?

发问时间

80. 鼓励发问。
81. 要真实、简明且切题。
82. 倾听问题。
83. 不要两面投机或胡扯。
84. 不要低估问题,要承认这些问题。
85. 让他们笑。
86. 不要诋毁竞争者。
87. 不要批评现在的广告。
88. 注意有无使人厌倦的现象。
89. 保证不要让所有提案者同时回答问题。
90. 不要提出不能兑现的承诺。
91. 准备一份客户名册。
92. 准备好应付常见的反对。

预演练

93. 预演练。
94. 再演练。
95. 预演不能太多。
96. 你用预演练来改变自己的形式吗?
97. 你缩减脚本了吗?
98. 你考虑过改变次序吗?
99. 记住民间要的做法是经由预演练而成。
100. 演练时不要照稿子念。
101. 注意掌握时间。
102. 使每个人都参加预演练。

怎样成为一位更好的演说家

103. 鼓励参加演讲课程。
104. 在录音机上注意听听自己的声调。
105. 在摄像机上注意看自己形象。
106. 自己编辑脚本。
107. 利用引语或值得记忆的措辞。
108. 做值得记忆的事情。
109. 小心使用幽默。
110. 站起来讲话。
111. 你设计出好的开场白了吗?
112. 你使对方解除警戒心或感到安心了吗?
113. 注意服装、习惯性怪动作或语言及双手。
114. 不要吸烟或嚼口香糖。
115. 一举一动要能表情达意。
116. 注意听众的心情变化。
117. 准备随机应变。
118. 学会利用自己的声调。
119. 不要期望鼓掌。

——参见〔美〕唐·舒尔茨等:《广告运动策略新论》

附录Ⅳ

提炼产品差异点的30种途径

1. 产品的原材料

仲景提出“药材好,药才好”的传播概念,突出产品的原材料优势,以期建立起消费者对其产品的信任感。潘婷洗发水宣称其成分中有70%是用于化妆品的,让人不能不相信其对头发的营养护理功效。

2. 产品的重量

有的家具产品在广告宣传中强调产品分量重,因为在消费者的眼里,分量重就是结实的表现。

3. 产品的大小

世界著名的甲壳虫轿车广告以一个“小”字风靡世界几十年。

4. 产品的手感

TCL电工通过李嘉欣告诉大家“手感真好”,因为手感好也是消费者自己判断开关质量的一个简单而又重要的标准。

5. 产品的颜色

普通的牙膏一般都是白色的,但如果出现一种透明的或绿色的牙膏,大家也许会觉得这款牙膏更好。高露洁有一种三重功效的牙膏,膏体由三种颜色构成,给消费者以直观感受:白色的在美白我的牙齿,绿色的在清新我的口气,蓝色的在清除口腔细菌。消费者有时候就是这样理解问题。

6. 产品的味道

牙膏一般都是甜味的,可是LG牙膏反而是咸味的,大家觉得这牙膏一定好。那么,如果有一种苦味的牙膏呢,情形会如何?

7. 产品的造型设计

世界著名的甲壳虫轿车就是凭借其新颖、奇特的外观造型,至今仍风靡世界。

8. 产品的功能组合

组合法是最常用的创意方法，许多发明都据此而来。海尔的氧吧空调在创意上就是普通空调与氧吧的组合。白加黑也是一种功能的分离组合，简单的功能概念造就了市场的奇迹。

9. 产品的构造

“好电池底部有个环”，南孚电池通过“底部有个环”给消费者一个简单的辨别方法，让消费者联想到电池的高性能。海尔“转波”微波炉的“盘不转波转”也是通过强调结构的差异来提高产品的价值感。

10. 新类别的概念

建立一个新的产品类别概念，最经典的案例就是“七喜”的“非可乐”概念。重新定义新品类概念，可以让消费者面对一个新品类的选择。

11. 副品牌名称的概念

品牌副名称是辅助建立品牌印象的重要方法，它可以直观地实现单类产品的品牌概念化，而且，好的副品牌名称能集中体现产品的特点，成为概念的集中点。如海尔洗衣机中的“小小神童”，将产品本身小巧方便的特性集中体现出来，比起用常规的技术编号宣传产品形象贴切得多，显然对市场是有效的。

12. 隐喻的概念

瑞星杀毒软件用狮子来代表品牌，以显示其强大的“杀伤力”；白沙烟用鹤来表现心旷神怡、自由飞翔的品牌感受。

13. 企业的规模与实力

企业在行业中享有的地位也是很好的传播概念，最经典当属美国那家自称第二的出租车公司：“我们是第二，所以更努力。”

14. 典故

企业的某个典故也能成为良好的传播概念，尤其是那些历史悠久的品牌。挖掘典故进行传播是一种有效的方法，如王致和的故事。

15. 价格概念

价格的概念在冲突明显、价格敏感的行业如手机、电脑、汽车等用得较多，也很有效，但在实际操作中要注意，不要让价格优势影响到消费者对产品品质的信任，因此还需借传播副主题或其他营销传播方法提高产品的可信度。

16. 事件概念

海尔的“砸冰箱”事件为海尔的口号“真诚到永远”的传播立下了汗马功劳，可见事件概念的传播也是威力巨大的。

事件行销要注意把握时机,如能与社会上的热点话题联系起来,则会收到事半功倍的效果。

17."恐吓"概念

让消费者认识到现状的"可怕"从而试图改变现状是一种常见的营销手段。英国的贝斯特牙刷大肆宣传自己的牙刷柔软、不伤牙龈,但市场反响并不好,经调查发现,原来大家并没有意识到自己用的普通牙刷对牙龈有什么危害,于是新广告先用一支普通牙刷在一只西红柿上刷来刷去,一会西红柿外皮就破损,流出了"血水"。这条广告"吓"坏了英国人,大家一刷牙就想到那只"流血"的西红柿,于是赶快换用贝斯特牙刷。

18.产品卖点(利益)的组合

产品功能(利益)的细分是营销传播概念的重要来源,但逆向思维下的重新组合也能产生有利于市场的好概念。在美国的香皂市场,象牙是柔和型、舒肤佳是除菌型,但李沃2000却打出了既除菌又保湿的概念,仅用了短短6个月就从各大巨头手中抢走了8.4%市场份额。

19.技术概念

有的时候,一个技术上的简单改进便可以成为营销者的概念利器。比如很多人都有免烫衬衣,但因为雅戈尔免烫衬衣是"神秘"的"VI免烫",所以大家觉得还是雅戈尔的好。

20.上市概念

过去,产品上市无非采用"隆重上市"这类概念。在新市场环境中,上市概念也开始各具特色,如:洗衣粉——洁净上市;饮料——清凉上市;家用锅炉——温暖上市;服装——动感上市;家居用品——温馨上市;方便面——弹跳上市。

21.专业概念

专业感是赢得消费者信任的主要来源之一,也是建立"定位第一"优势的主要方法。因此,制造专业概念也是提炼营销传播概念的有效方法,如:方太——厨房专家;中国移动——移动通信专家;九牧王——西裤专家。

22.建立"老"概念

历史悠久会给人以信任感,因此,以时间作为诉求点也是一种有效的方法。老字号一定要注意提炼自己的时间概念,如玉堂酱园——始于康熙五十二年、青岛啤酒——始于1902年、国窖1573——始于1573。

23.产地概念

许多产品具有产地特点,如北京的二锅头、烤鸭,山东的大花生,新疆的葡萄,还有我们常说的川酒云烟等。这些地域特色强烈的产品采用提炼地域概念的方法显然是很有效的。

大品牌在推出新品牌时经常用到该方法,上市初期强调出身收效不错,可以迅速赢得潜在消费者的信任。

24. 具体数字概念

越是具体，可信度越高。因此，挖掘产品或品牌的具体数字也是一种常用的方法，如“玉兰油7天”。

25. 服务概念

同样的服务，但如果有一个好的概念，则能加强品牌的美好印象。比如海尔的“五星级服务”就为其“真诚到永远”作出了不少贡献；另外还有“24小时服务”“钻石服务”等，都是不错的服务概念，可以在加强品牌美誉度方面起到不可忽视的作用。

26. 促销概念

同样的促销活动，如果冠以好的传播概念，则会带来截然不同的品牌感受，使促销活动增加“正义”的色彩。如某笔记本电脑品牌的降价促销概念为“笔记本普及运动”，家庭热能专家则为“暖居工程”。

27. 节日概念

节日是促销的好由头，因此是各品牌的销售旺日，于是聪明的商家开始自造节日。商场是自造节日最多的地方，如济南人民商场每年的“感恩节”总是人山人海，十天的“节日”期间，销量抵得上平时的几个月。

28. 广告传播创意概念

通过广告创意寻找概念也是常用的一种方法，优秀的广告人总能为产品找到绝妙的创意概念，如“农夫果园摇一摇”“金龙鱼1∶1∶1”等。

29. 具体目标市场定位概念

直接针对某具体目标市场也可以成为优秀的营销传播概念，如百事可乐的“新一代的选择”。功能性差的产品大多走感性路线，而针对目标市场的具体定位则可以直接获得目标消费者的认同。

30. 其他

伴随着主题概念的产生，我们还要在营销传播的各个方面进行概念配合，强化核心价值。比如，我们在为某乳业品牌确立了“新鲜”的传播主题后，可以将运输车辆起名为“新鲜快车”，将配送队伍起名为“新鲜快递”，将DM手册起名为“新鲜营养手册”等，以强化“新鲜”的品牌形象。

主要参考书目

朱勒等.广告创意战略[M].郭静菲,等译.北京:机械工业出版社,2003.
里斯等.广告攻心战略——品牌定位[M].刘毅志,等译.北京:中国友谊出版公司,1993.
科特勒.营销管理[M].王永贵,等译.上海:格致出版社,2009.
科特勒.营销管理:分析、计划和控制[M].梅汝和,译.上海:上海人民出版社,1993.
萨可.广告媒介实务:广告媒介研究策划与购买指南[M].赵劲松,译.上海:世界知识出版社,2001.
泰利斯.广告效果评估:广告何时、如何和为什么有效[M].李洋,等译.北京:中国劳动保障出版社,2005.
安德森.长尾理论[M].乔江涛,石晓燕,译.北京:中信出版社,2009.
林奇.公司战略[M].周煊,等译.昆明:云南大学出版社,2001.
屈特.广告创意[M].韩运荣,编译.呼和浩特:内蒙古人民出版社,2002.
贝克.市场营销百科[M].李垣,等译.沈阳:辽宁教育出版社,1998.
波特.竞争优势[M].夏中华,等译.北京:中国财政经济出版社,1988.
贝尔奇等.广告与促销:整合营销传播展望[M].张红霞,等译.大连:东北财经大学出版社,2000.
仁科贞文,田中洋,丸冈吉人.广告心理[M].北京:外语教学与研究出版社,2008.
邓肯.如何做提案[M].黄丽莎,编译.呼和浩特:内蒙古人民出版社,2002.
贝德伯里等.品牌新世界[M].苑爱玲,译.北京:中信出版社,2004.
杜卡.广告目标与效果测定[M].郭贞,译.呼和浩特:内蒙古人民出版社,2002.
舒尔茨等.整合营销传播[M].何西军,黄鹂,译.北京:中国财政经济出版社,2005.
舒尔茨等.广告运动策略新论[M].刘毅志,编译.北京:中国友谊出版公司,1991.
阿伦斯等.当代广告学(第11版)[M].丁俊杰,等译.北京:人民邮电出版社,2013.
琼斯.强势品牌的背后:从广告战略到广告攻势[M].范秀成,等译.北京:机械工业出版社,2002.
奥美公司.奥美的观点[M].庄淑芬,等译.呼和浩特:内蒙古人民出版社,2001.
陈俊良.广告媒体研究[M].北京:中国物价出版社,1997.

丁俊杰,康瑾. 现代广告通论(第 3 版)[M]. 北京:中国传媒大学出版社,2013.

丁俊杰. 现代广告活动理论与操作[M]. 北京:中国三峡出版社,1996.

何辉. 当代广告学教程[M]. 北京:北京广播学院出版社,2004.

黄升民等. 广告策划与创意[M]. 北京:高等教育出版社,2004.

柯惠新等. 民意调查实务[M]. 北京:中国经济出版社,1996.

李海荣. 泛时代媒体——媒介创新与未来[M]. 广州:暨南大学出版社,2011.

王冰. 广告调查[M]. 北京:中国物价出版社,2002.

魏启林. 策略行销[M]. 台北:时报文化出版企业股份有限公司,1993.

徐智明. 广告策划[M]. 北京:中国物价出版社,1997.

宋联可,杨婕. 较量[M]. 北京:中国言实出版社,2004.

金等. 蓝海战略(扩展版)[M]. 吉宓,译. 北京:商务印书馆,2016.

安德森. 长尾理论[M]. 乔江涛,等译. 北京:中信出版社,2015.

史密斯等. 体验式营销[M]. 黄巍,译. 北京:人民邮电出版社,2017.

梁丽丽. 程序化广告:个性化精准投放实用手册[M]. 北京:人民邮电出版社,2017.

朱国玮. 神经营销学:认知、购买决策与大脑[M]. 长沙:湖南大学出版社,2012.

余小梅. 广告心理学[M]. 杭州:浙江大学出版社. 2008.